侯建新 主编

欧洲经济—社会史丛书

西欧中世纪的大学与社会

李艳玲◎著

人民东方出版传媒
東方出版社

图书在版编目（CIP）数据

西欧中世纪的大学与社会 / 李艳玲著． -- 北京 :
东方出版社，2020.2
ISBN 978-7-5207-1355-9

Ⅰ.①西… Ⅱ.①李… Ⅲ.①高等学校—研究—西欧—中世纪
Ⅳ.①G649.560.9

中国版本图书馆CIP数据核字（2020）第011222号

西欧中世纪的大学与社会
（XIOU ZHONGSHIJI DE DAXUE YU SHEHUI）

责任编辑：王　璐
出　　版：东方出版社
发　　行：人民东方出版传媒有限公司
地　　址：北京市朝阳区西坝河北里51号
邮　　编：100028
印　　刷：三河市金泰源印务有限公司
版　　次：2020年2月第1版
印　　次：2020年8月第1次印刷
开　　本：787毫米×1092毫米　1/16
印　　张：16.5
字　　数：210千字
书　　号：ISBN 978-7-5207-1355-9
定　　价：56.00元
发行电话：（010）85924641　85924738

本书是教育部人文社会科学研究规划基金项目“近代英国阅读社会形成研究（18—19世纪）”（18YJA770004）阶段性成果。

总　序

为什么要编“欧洲经济—社会史丛书”？什么是经济—社会史？价值何在？我愿借此机会从个人的心路历程谈起。

以英国为领头羊的欧洲现代国家的崛起，大概是近代以来人类最重要、最具有深远影响的历史现象之一，所以人们对这一历史现象的探讨也就投入了巨大的劳动和持久的热情。近代西欧的崛起和一些国家和地区的落后，是一个问题的两个方面，理应在同一议题之内。关于发展和不发展的问题，不论研究西欧还是研究中国，国内学者多少都怀有一定的中国情结。该研究近三十年来进展明显，虽然在许多问题上还未取得广泛的一致，但勾画出的历史面貌越来越细致、清晰，由此具备了进一步深入研究下去的基础。重视数据分析、重视个案研究成为风尚，20 世纪 80 年代以来我国学者关于中西农业劳动生产率研究尤其值得肯定。这是一项相当有价值的研究。近代经济发展的基础是资本原始积累，而农业劳动生产率是原始积累成功的标尺。以英国为例，中世纪晚期至近代早期农业劳动生产率呈明显的上升趋势。16 世纪后，英国人口成倍增长，然而人均产量增长得更快。注意，不是经济总量而是人均产量的增长，被诺贝尔奖得主诺斯称为“现代意义的经济增长”，从而取得工业社会的首张入场券。中国传统社会晚期不乏资本主义萌芽，然而没有成功的资本主义原始积累，直接的经济原因是没有相应的生产效率。中国是东亚农业大国，农艺水平独步一时，然而始终没有创造出高水平的、不同凡响的劳动生产率。一种观点认为中国没有英国那样的海外殖民，这句话的另一面意思是说英国资本原始积累是殖民掠夺的结果。我以为这样的看法过于简单化了。从历史上看，上古的希腊城邦、罗马帝国，中古早期的北欧维金人，都有过著名的海外掠夺与殖民经历，可所获财富却与资本主义无缘。近代以来，英国最先发生具有世界意义的崛起，然而最早进行海外殖民与掠夺的却不是英国，而是葡萄牙和西班牙，后者并未因大规模的海外掠夺而成长为一棵参天大树，而是在现代化的道路上步履蹒跚，久久地滞留于农业社会。海外掠夺仅是西欧资本主义发生的外部条件之一，根本依据则在自身内部条件。英国资本原始积累的成功，是海外殖民掠夺的结果，更是该社会本身创造出高效劳动生产率的结果。这样的回答显然更合理，也更符合历史事实。

在前人研究的基础上，20 年前笔者对英国和中国相关时期的农业劳动生产率研究也做过一些尝试。16 世纪是英国迈向近代社会的重要开端。据估算，该时段一般农户年产 240 蒲式耳，大约相当于 5 吨谷物。农民除自家有限的食物、酿酒消费外，大部分农产品流向交易市场，换回货币以满足生产者不断增长的多方面的需求，同时投入扩大再生产。也就是说，每个农夫同时也是商人。生产是市场的基础，由此我们可以理解英国国内何以形成星罗棋布的市场网络，拿破仑何以称英国为商人之国，以及英国何以迫切希望开辟海外市场。16 世纪一般农户竟年产 5 吨谷物，至今仍令人刮目！而且，这个时期的劳动生产率呈明显上升趋势，比 13 世纪提高了一倍以上。反观中国以较为发达的江南农业劳动生产率为例，清中期即进入 19 世纪也远未达到英国 16 世纪的水平；而且，清代中期较之明代还出现了下降的趋势。①

以上的证明不无意义。不过，至此仍不能完全说明如下问题：西欧生产效率为何取得突破，进而启动资本原始积累？农业劳动生产率的增长推动了西欧的社会转型，那么推动农业劳动生产率增长的原因又是什么？显然，经济现象不能完全由经济因素来解释，或者说经济史不能解决全部问题，尤其不能回答全局性的重大社会问题。

欧洲史研究证明：中古晚期生产效率明显增长的奥秘，主要不是生产工具的改良，不是某项技术发明或能源发现，农业革命以前乃至工业革命以前欧洲田野外在的现代要素几近于无，与以往相比并无明显改观。个体农民发展的直接原因是依习惯法抗争而使其自身权益得到有效保护。西欧习惯法是双刃剑，既强制农民接受庄园秩序，又是农民保护自身利益的有效武器。佃农的负担量一旦规定下来，即为惯例，不可轻易改变，而随着农业技术的提高和贸易机会的增长，为自己创造的劳动成果却不断增长，个人和社会的财富就这样逐渐积累起来。此即人均产量的增长也就是诺斯所说的现代意义上的经济增长。17 世纪，在荷兰和英国第一次出现了这种“真正的增长”，“英国和荷兰，虽然人口持续增长，实际生活水平却大约提高了 35% 和 50%。这是史无前例的事情：在欧洲历史上，同时也是在人类历史上，两个国家第一次能够持续地向不断增加的人口提供不断提高的生活水准”。②

统治者的恣意与贪婪是本能的、普遍的，英国领主不比中国或其他地方的统治者更好些。英国佃农的幸运在于，他们不仅有抵抗领主的意识和勇气，而且很早就生成并坚持了限制对方权力的凭借和手段。对抗方式有

① 见拙著《现代化第一基石——农民个人力量与中世纪晚期社会变迁》，天津社会科学出版社，1991 年版，第七章。另见许涤新、吴承明：《中国资本主义发展史》，人民出版社 1985 年版，第三章。

② [法] 亨利 · 勒帕日著，李燕生译：《美国新自由主义经济学》，北京大学出版社 1985 年版，第 99—100 页。

暴力斗争，更普遍的则是法庭较量，结果有效地保护了农民个人财富的独立发展，从而在相当大程度上享受经济繁荣带来的自然增值。农民普遍的、连续的积累，是社会财富积累机制形成的基础，也是原始积累的基础。显然，资本原始积累不仅仅是财富的积累，也是精神的积累；是经济的增长，也是农民个体权利的不断伸张，新的法律政治关系不断确立的过程。是的，不存在单一的阶级斗争史，同样也不存在单一的经济史。

农业人均生产效率的突破取决于佃农权益的有效保护，还有赖于，并最终有赖于当时的社会大环境。佃农凭借习惯法在法庭上与领主据理力争，该现象不是偶然的，也不是孤立的，是社会总表象的一部分，或者说是社会总游戏规则的一部分。事实上，在西欧 12 世纪以后，具有悠久传统的抵抗的权利以及与此相联系的自然权利、主体权利得到了越来越广泛的社会共识，抵抗斗争表现在社会不同层次和不同领域。英国《大宪章》是贵族抵抗王权的典型例证。贵族认为国王破坏了他们之间的约定，所以贵族一方可以放弃原有的承诺，以至举兵讨伐。此后，《大宪章确认令》《牛津条例》以及众多的国会文件，甚至农民起义纲领都涉及个体或群体的权利问题。在法国，《三月大赦令》即可视为《大宪章》的同类文件，其中也涉及了有关臣民自由、权利的多方面问题。发生在 11、12 世纪的伯尔曼所称的“教皇革命”，则是教会抵抗王权的斗争，被认为“西方历史的断裂”，是一次真正的历史转折。[①] 最后的解决方案大多通过艰苦的谈判达成，德国、法国、英格兰和其他地区莫不如此。教俗对抗在德国持续了半个世纪，最后达成沃尔姆斯协定：德皇放弃圣职授任权，同时教皇承认皇帝的世俗授任权，双方管辖权都得到限制。“教皇革命”以法律的手段平抑了皇帝或国王的权力，剪灭了他们头上的光环，结束了神圣王权时代，从此，皇帝和

① 参见［美］哈罗德·J. 伯尔曼：《法律与革命》，中国大百科全书出版社 1993 年版，第 50 页。

国王在精神事务上完全不具有权能，为近代世俗国家奠定了基础。与此类似的现象，还有争取市民权利的城市抵抗运动、争取商人权利的商人抵抗运动以及村社抵抗运动等，逐渐形成多元政治力量，现代法律体系以及议会协商制呼之欲出！

不断完善的法律体系，使生产者和经营者的财产安全和财产积累得到进一步保障，反过来激发了整个社会积累机制和流通机制的发育，新的观念、新的语言、新的交往方式和新的力量随之破茧而出。社会重心逐渐下移，到中世纪晚期和近代早期，西欧第一次出现靠经营实业起家并且相当富足、相当有社会地位的群体，足以与身份贵族抗衡，从而形成一种开放的社会结构。契约、货币关系逐渐替代身份政治关系，进入了所谓市场经济 + 契约社会的时代。显然，西欧资本原始积累以及后来工业革命的成功的原因是相当复杂的，单纯的经济史远远不足以说明之。相比之下，主张全方位、长时段、描述整体社会的经济社会史更富有解释力，更鲜活生动，更接近于历史原貌，无疑也更有魅力和前途。

下面我们进入经济社会史学科这个主题。

产生于 20 世纪 70 年代的经济社会史（Economic and Social History）在西方也经历了一个发展、探索过程。简单说来，它是从经济史发展而来的。英国的经济史研究始于 19 世纪末，各大学先后设置经济史课程和经济史教授，成立经济史学会，出版专业杂志，经济史逐渐成为一门独立的学科。第二次世界大战以后，欧洲经济凋敝，民不聊生，随着对经济发展的高度重视，经济史学科也达到鼎盛。据 1977 年的统计，此前 50 年里出版的经济史论著论文，绝大多数都是 1950 年后发表的。[①] 此后的 15 年依然

① 参见 C.Dyer, "Economic History", in *A Century of British Medieval Studies*, ed. By Alan Deyermond, Oxford: Oxford University Press, 2008.

保持高产量。不过，鼎盛之中也孕育着危机，60—70 年代计量史学的冲击，使得经济史变成了计量史，越来越多地依赖建构数学模型，其结果是“使得经济史变得面目可憎。他们总是搜集一大堆资料，然后就好奇地算个不停，而根本就不管他们算的是什么”[①]。因而，许多经济史家，尤其是具有历史学专业背景的经济史家都呼吁，“历史、社会史与经济史要联手合作，经济史应当是一种更加广泛的研究，而不是那种选题狭隘的历史，这种研究应当是‘跨学科的’经济社会史”[②]。这样，到了 70 年代末，经济史调整了研究取向，渐渐变成“经济—社会史”。

经济—社会史兴起后，很快就显示出强劲的发展势头，以至时至今日，它伸张与宣扬的理念、取向与方法已基本取代了传统的社会史与经济史而一枝独秀，今天，几乎已没有哪位研究经济史或社会史的专家声称只作单纯的社会史或经济史研究，而是更喜欢作经济—社会史研究。英国当代史学界的领军人物之一克里斯托弗·戴尔说，现在，经济史通常被称为“经济—社会史”[③]。之所以如此，主要原因可能是他们本能地觉得，单纯的经济史与社会史并不能解释所有问题，而经济史与社会史的“联姻”才能赋予社会问题研究应有的深度和广度。

尽管如此，经济—社会史作为一个学科，目前似乎还不能获得一般意义上的严格定义，即使西方学者似乎也不尽一致，甚至言人人殊，而且在用词上往往也不大在意它与经济史的区别，在他们那里“经济史”与“经

---

① Eric Kerridge, “Looking to the future”, in Pat Hudson ed., *Living Economic and Social History*, published by the Economic History Society, Glasgow, 2001, pp.190–191.

② Martin Chick, “Interesting but not Popular: Making Economic History Mean More to Others”, in Pat Hudson ed., *Living Economic and Social History*, published by the Economic History Society, Glasgow, 2001, pp.38–41.

③ C.Dyer, “Economic History”, in *A Century of British Medieval Studies*, ed. By Alan Deyermond, Oxford: Oxford University Press, 2008, p.159.

济—社会史”“社会—经济史”经常是混用的。经济—社会史仍然在形成中。当然，经济—社会史在开拓历史学研究领域方面已经获得了显著的成功，同时，关于该学科的基本特征，例如提倡经济史与社会史的互动；提倡与社会史的整合并主张“整体历史”研究；强调研究长时段、普通人的生活等几方面，亦已达成广泛共识，从而作为一个新兴学科异军突起，似也无可置疑。

经济—社会史具有广阔的学术视野，将不同的社会层面，诸如经济、宗教、法律、教育、社会结构、生活方式、文化与文化传统等纳入历史学家的认知领域，使得历史认识对象扩大到人类活动的一切方面。一些普通的历史现象，例如饮食结构、住房、服饰、旅游、婚恋和性、私人财产继承、生活水准和消费等日常生活内容，都可能成为重要的话题。通过长时段的动态追踪，这些具体的、分散的社会现象成为宏大历史解释的基础，见微知著。经济—社会史不拒绝细微的社会现象研究，注重具体生动的个案分析，然而不能忘记的是，经济—社会史始终着眼于结构性的社会整体的历史。于是，引出它的第二个特征，大概也是最重要的特征：长时段的历史、整体的历史、大众的历史。所以，它可以做到具体而不琐碎，宽阔而不零散，“剩余的历史”不被剩余却因被赋予新的内涵而鲜活起来。所以，该学科特别适于宏大、复杂历史题材的研究，例如传统社会向现代社会转型、农业社会向工业社会转型一类问题研究。

可以毫不溢美地说，西方史学界关于“转型”问题研究的最杰出的作品，大多出于经济—社会史学家之手，创新之作迭出。近年的代表作当属英国著名史学家戴尔的《转型时代——中世纪晚期英格兰的经济与社会》[①]。

---

① C.Dyer, *An Age of Transition: Economic and Society in England in the Later Middle Ages*, Oxford: Clarendon Press, 2005。此书已有中译本，见莫玉梅译、徐浩审校《转型时代——中世纪晚期英格兰的经济与社会》，社会科学文献出版社2010年版。

它以极其丰满的史实表明“社会转型”是一个漫长的历史过程，涉及政治、经济、社会、文化等领域一系列重大的结构性变迁，例如从共同体中心到个人本位，从领主强权到个人自由，从生活性消费到投资性消费。从糊口经济到商品生产，从劳动到休闲等。这样的过程不是一次性完成的，也不仅仅发生在近代，而是从中世纪就开始了，从而反驳了经济史为代表的旧中世纪史观，提出了经济—社会史的“新中世纪观”。戴尔认为，自中世纪中晚期起，历史就逐渐发生深刻的变化，贵族不断减少特权，而普通人相应地扩大和获得许多权利。贵族和普通人权利彼此消长的历史，就是封建主义向资本主义转型的历史，而且这样的转型一直持续到工业革命时期。

中国社会由传统向现代的转型则要更为曲折复杂，这一过程可从 19 世纪中叶算起，一直延续到当代。近三十年来，随着改革开放事业和现代化进程的推进，中国的社会转型进入了一个前所未有的新时期，经济社会生活的各个层面都在发生着变化，我们处于一个内容多样、层次繁复的过渡时代。满足与痛苦共生，希望与迷茫同在。在这样一个现实背景下，社会转型问题成为学术界一个亟待探讨的重大理论问题。不断吸纳和更新史学研究方法，开拓史学观察视角，深化对欧洲文明进程的认识，分析和消化这一历史遗产，乃是鸦片战争以来我国学界的重要任务，不仅具有学术的价值，也会为我们强国、富民和惠民的现代化大业提供一份厚重的思想资源。

在这种学术价值与现实意义的双重诉求下，近十余年来，我与天津师范大学欧洲经济—社会史研究中心的同人一直致力于倡导与引入这个学科。2001 年金秋时节，三十多位国内著名学者聚首天津蓟县盘山，就一个新兴学科的概念、理论与方法进行探讨，并试图对该学科在我国的发展前景做出评估。盘山的秋天是美丽的，盘山脚下的学术讨论是紧张而又愉快的，其情景至今历历在目，此为这个学科被引入我国的明确开端。[①]盘山会议后，为推动该学科的本土化，我们提出了“一份刊物、一批精品、一批译著”的“三一计划”：也就是未来数年内，联合国内相关专家，出版融学术性、思想性与社会性于一炉的专业刊物和网站；出版一批参照该学科理念与方法作成的学术精品；翻译一批经济—社会史名著。10 年过去，我们欣喜地看到，这个计划基本得以实现：专业刊物《经济—社会史评论》（生活·读书·新知三联书店）已出版五辑；“经济—社会史评论网站”一直受到学界关注；在欧洲封建制度特征研究、领主佃农权力权利关系研究，以及日常生活史、宗教与法律史、城市史和大众教育史等方面的研究均取得进展；《英国庄园生活》《欧洲中世纪生活》《欧洲近代生活》《欧洲的宗教与虔诚》等西方名著陆续翻译出版。2000 年成立专门研究基地“欧洲经济—社会史研究中心”，后更名为“欧洲经济—社会发展研究院”；不间断地开设一系列经济—社会史课程，面向研究生，也面向本科生，推动经济—社会史教学在大学的开展；建立欧洲经济—社会史硕士点和博士点，招收和指导该研究方向的硕士生和博士生数十名，致力于学科人才的培养；筹集资金，建立专门资料库，成为西欧经济—社会史和西欧社会转型问题研究重要信息和资料来源等。总之，经过近二十年发展它已被视为中国该领域的领跑者。当然，更令人欣慰的是，经济—社会史的概念、学理和研究方法已经逐渐推向全国史学界，得到越来越广泛的共识，相关的学术成果和专业人才不断涌现，很明显，正在大范围地进入活跃期。[②]

学术贵在创新，而积累和传承则是创新的源泉。在纪念盘山会议召开

① 关于这次研讨会的成果，见侯建新主编《经济—社会史：历史研究的新方向》，商务印书馆 2002 年版。

② 参见侯建新、刘景华：《从经济史到经济—社会史》，《世界历史》（纪念改革开放 30 年、创刊 30 年）2008 年增刊。

10周年之际，为推动欧洲经济—社会史在中国的发展，也为使国人多视角、深层次地了解欧洲文明，我们决定组织出版“欧洲经济—社会史丛书”，该丛书的规模初步定在20本上下，作者中既有中国学者，也包括国外学者，预计用5年左右的时间出齐。我们愿以这套丛书进一步明晰该学科的方法与特征，逐渐构建起一套本土化的欧洲经济—社会史话语体系，赋予历史学一份新鲜的活力。丛书的每一辑都是作者数年甚至更长时间的心血之作，都是从一个方面或一个专题反映欧洲社会的历史进程。内容不一，风格各异，但都是在讲述同一个故事，另一种文明的故事。在“润物细无声”中，相信读者会增进可靠的知识，扩大观察的视野，获得丰富的内心世界。

愿本套丛书与新一代经济—社会史学人同步成长!

侯建新

2011年5月

目 录

前　言

西欧从传统农业社会向近代工业社会转型问题是多年来国内外学术界历史研究中的一个重要课题。西欧之所以能最先实现向近代工业社会的转型，其原因是多方面的。正如侯建新教授在《社会转型时期的西欧与中国》一书中所提到的："西欧社会的起步比人们一般所认为的要早得多。总起来看，是个体发展与社会发展、物质发展与精神发展双向互动的结果。"① 因此，对西欧社会转型问题的研究，我们不仅可以从经济方面考察，还可以从非经济因素进行研究，如对转型期西欧社会的科学、文化、宗教和法律等方面的发展与变化进行研究。长期以来，随着学术界在该领域探讨的不断深入，物质层面上的研究有了一定的进展，有的着眼于乡村经济的发展，有的对城市工商业的兴起进行研究等；而对于精神层面的研究，特别是在西欧文明开化进程中发挥了重大作用的大学的研究则相对缺乏。

众所周知，中世纪这一上承光辉灿烂的古希腊、罗马文明，下续近现代文明的千年历史时期曾被冠以"愚昧与黑暗"的恶名，在被视为西方文明史上的"空白"时期里，中世纪教育制度却绽放出最绚丽的花朵——大

① 侯建新：《社会转型时期的西欧与中国》（第二版），高等教育出版社 2005 年版，第 299 页。

学。美国历史学家、美国中世纪史学会创始人之一查尔斯·霍默·哈斯金斯曾经这样评价:“大学的产生是中世纪对文明的贡献,特别是12世纪对文明的贡献。”[①]在西欧社会转型过程中,作为高等教育机构主体的大学发展得怎样?它对西欧社会的转型影响如何?年鉴学派第三代领军人物、心态史大师乔治·杜比写道,“研究学校的机构、组织、方法,学校传授的概念,学校的设施,学校在社会中的分布,学校与其他家庭的、军事的、宗教的、政治的社会环境的关系”对于一定社会“精神状态的认识”,“是必不可少的前提”。[②]社会学奠基人之一爱弥尔·涂尔干也曾经说:

> 再没有什么机构能够比它更好的体现中世纪的精神。大学不仅仅是一所教授一定数量学科的学校,而是最如实、最具代表性地反映这个时期的机构,甚至可以说强于教会和封建制度。欧洲民众精神所配备的器官,从来没有这样的精确,从来没有获得过这样普遍的认可。一句话,从来没有这样良好地适合于它的功能。因此大学的影响力远比政治史家引导我们猜想的要高。[③]

从社会学角度来看,一方面,教育是社会变迁的结果,剧烈的社会变迁会对教育产生巨大影响。“学校教育的产生、教育制度的变革、教育目标和教育观念的变化、教育功能的变革等几乎都是社会变迁的结果。”[④]12—15世纪,大学在西欧社会产生与形成,大学是欧洲的原创,并非古代教育模式的复兴。这一事实表明,这个时期西欧社会的教育机构经历了深

① [美]查尔斯·霍默·哈斯金斯:《12世纪文艺复兴》,夏继果译,上海人民出版社2005年版,第296页。

② 参见 Dans, *L'histoire er ses méthodes*, vol. publie sous la direction de Ch. SAMARAN, Paris: Bibl. Dela Pl é iade (N. R. F.), 1961, p. 958. 转引自[法]雅克·韦尔热:《中世纪大学》,王晓辉译,上海人民出版社2007年版,第2页。

③ [法]爱弥尔·涂尔干:《教育思想的演进》,李康译,上海人民出版社2006年版,第86-87页。

④ 马和民:《新编教育社会学》,华东师范大学出版社2002年版,第279页。

刻的变革，而这个时期社会的剧变是构建新的教育体系的根本动力。另一方面，教育也是社会变迁的动因和条件。教育可以导致人们的观念和意识形态发生变化，从而最终引发社会变迁。大学的建立在西欧具有划时代的意义。中世纪的大学为后来西欧社会的转型提供了智力上的准备和人才的储备。美国文化史学家道森认为："只是随着大学的兴起，西方文化才获得了它后来的成就所依赖的那种新的理解和科学的训练。"[①] 这种新的理解和科学的训练使西欧的知识传播和学术研究不仅向广度扩展而且向深度推进，从而推动了整个西欧社会的进步。

因此，对西欧中世纪大学予以探讨，对其运行机制、管理机构、学术研究和教学内容等进行考察和分析，将有助于我们从历史的细微之处更为深入地了解西欧社会，进一步认识西欧社会转型的动因以及社会变迁的历史发展轨迹。

通过深入了解中世纪大学的本来面貌，研究中世纪大学的基本特征以及它所依存的外部环境，对我国现代高等教育制度的改革和发展也具有借鉴意义。从京师大学堂建立至今，我国现代大学教育已经走过了一百多年的风雨历程。在这段时期，我国大学教育的发展虽然取得了一些成就，但也经历了一些曲折和磨难。关于大学教育的一些宏观或微观决策的失误，不仅招致普通民众对我国现存教育体制的指责声不绝于耳，而且在很大程度上也反映了我们对大学认识的局限性和片面性，因此我们有必要追根溯源，对现代大学的直接源头进行研究。虽然在一些重要的、古老的文明中间曾经拥有一些高等教育机构，如中国的国子监和太学、古代印度的"塔克希拉"、古希腊柏拉图创办的"学园"以及亚里士多德的"吕克昂"等，

① ［美］克里斯托弗·道森：《宗教与西方文化的兴起》，长川某译，四川人民出版社 1989 年版，第 217 页。

但是它们都不是现代大学的直接来源。清华大学前校长梅贻琦曾经明确指出："今日中国之大学教育，溯其源流，实自西洋移植而来。"[①]哈斯金斯也曾说："现代大学的一些根本特征都是从这些大学——萨莱诺、博洛尼亚、巴黎、蒙彼利埃和牛津大学——演化而来的。从这里，这种源流一直延续到今天，再没有其他源流。"[②]因此对西欧中世纪大学进行研究，"不仅是因为它有助于我们了解，在那个相隔久远的时期究竟是什么构成了大学，而且也因为它有助于我们了解大学的典范形式是什么，乃至今天的大学应该是什么"[③]。

人类的历史是多维的，人们只有从多个角度去审视历史，才能看清历史的全貌。自20世纪70年代以来，社会史日益为欧美社会普遍接受，社会史研究目前已引起全社会的关注，其中大学史也是与这一主题密切相关的课题之一。目前国内学界对西欧中世纪大学的研究散见于高等教育史、文明史、文化史、基督教会史和通史类的著作中，对中世纪大学的研究是零散的，对中世纪大学的探讨不够深入，因此笔者不揣浅陋，以"西欧中世纪大学研究"作为主题，试图将大学史、社会史、文化史和科学史结合起来，将大学置于当时的社会大背景之中，探究大学得以存在的外部环境，分析这一机构的性质和本质特征，尝试从非经济因素认识西欧社会的转型和历史发展的轨迹，从一个新的维度切入西欧经济—社会史的研究。

大学是欧洲中世纪以降人类社会最有价值的发明之一，在文明史和教育史上占有重要地位，因此西方学者很早就关注大学史的研究。比较早的大学史著作有1665—1679年出版的杜布雷编写的《巴黎大学校史：自查

① 梅贻琦：《大学一解》，《清华学报》，1941年第13卷第6期。

② [美]查尔斯·霍默·哈斯金斯：《12世纪文艺复兴》，第296页。

③ [法]爱弥尔·涂尔干：《教育思想的演进》，第97页。

理大帝至本朝》和哥廷根大学教授克里斯蒂安·迈纳斯于1802—1805年间完成的四卷本《高等学校发生和发展史》等著作。此后，国外有关大学史的著作和论文可谓汗牛充栋，笔者难以通读遍览，下面就笔者收集到的、举其中具有代表性的作品进行叙述。由于本文的研究对象主要为西欧中世纪的大学，因此对大学史研究的文献回顾主要以欧洲特别是以西欧中世纪为主。大致可以分为以下两个部分。

1. 综合文献类

1895年，赫斯汀·拉什道尔出版了3卷本《欧洲中世纪大学》[①]。该书一经出版，就引起学界普遍关注，哈斯金斯称其为“权威性的著作”[②]。他通过翔实、独立的考证，描述了中世纪大学的起源、组织结构、与外部权力机构的关系、每个学校的教学和学术研究状况等，堪称一部大学机构制度史研究的佳作。作为一位神学家和哲学家，在本书中他把大量的篇幅同样放在了中世纪的思想和学术研究方面，史料丰富、论据条理清楚、富有说服力，“使读者第一次看到了中世纪历史研究的广阔和多彩的前景”[③]。该书于1936年修订再版，至今仍然是国内外学者广为引用的关于中世纪大学研究的权威性资料，该书为本论文的撰写提供了许多有价值的史料。

就大学史著作而言，比较接近通史性质的著作是4卷本《欧洲大学史》。该丛书由欧洲大学校长联合会主持编写，迄今为止，已出版3卷。1992年，剑桥大学出版了大学史研究专家希尔德·德·里德–西蒙斯主编

① H. Rashdall, *The Universities of Europe in the Middle Ages*, Oxford: Oxford University Press, 1936.

② [美]查尔斯·霍默·哈斯金斯:《12世纪文艺复兴》，第318页。

③ H. Rashdall, *The Universities of Europe in the Middle Ages*, Vol. I, p. xxxiii.

的第一卷《中世纪大学》[①]。该书内容广泛，可以说涉及了大学所包含的方方面面，体现出大学不仅是作为一个教育机构、文化机构而存在，同时也是一种学术机构和社会机构。该书第一部分对作为一个机构的中世纪大学进行了整体描述；第二部分勾勒出中世纪大学的结构，其中包括大学与当局的关系、大学的财政和设备、大学的管理机构及大学教师等内容；第三部分主要描述了中世纪大学中的学生，介绍了学生的入学考试、日常生活以及毕业后的就业情况等内容；第四部分涉及了大学的教学和学术研究状况，分别介绍了七艺、神学、法学和医学 4 个知识领域以及 4 个学院在大学中的发展和演变。从地域上来看，该书对涵盖了东欧、中欧和西欧在内的中世纪大学进行了整体的研究，即把欧洲大学作为一个整体进行考察，而不是把目光仅仅局限于博洛尼亚、巴黎和牛津这三所“原生型”大学。该书的另一个突出特点是，不同学科背景的作者共同完成了本书的撰写：从事社会学研究的阿萨·伯里格斯、从事中世纪史研究的戈登·莱夫、从事哲学史和科学史研究的奥拉夫·彼得森等人，作者学科背景的多样性使其可以从多角度对大学进行考察，极大地拓宽了对大学认识的视野，从而避免了以往研究中就大学而论大学的局限性。以上两部著作为笔者在梳理、分析资料的过程中提供了很多启示，并且对于深入理解中世纪的大学提供了重要的背景资料。

2. 专题文献类

第二次世界大战以来，欧洲各国进行了一系列大学教育的改革，但是这些改革并没有使大学教育真正满足社会的需要，反而使大学自身陷入功能与理念的相互冲突之中，因此越来越多的西方学者开始关注大学史，特

① H. D. Ridder-Symoens, *A History of the University in Europe, Vol. I: Universities in the Middle Ages*, Cambridge: Cambridge University Press, 1992.

别是中世纪大学史的研究。不仅教育界的学者，其他人文学科如社会学、历史学、经济学、法学、政治学等领域的学者，也把中世纪大学作为研究的对象，他们从不同的角度对中世纪大学进行了研究，而且成果颇丰，笔者只能举其中比较具有代表性的作品进行叙述。

珀尔·柯伯尔的两部著作《中世纪大学的同乡会》[①]和《中世纪知识者的权利》[②]是大学史领域中经典的专题研究著作。同乡会（nation）是中世纪大学中非常重要的基层组织，因此如果要了解中世纪大学的全貌，必须对同乡会有所知晓。在珀尔·柯伯尔教授之前，只有格雷·鲍耶斯教授曾经对同乡会问题作过研究，然而他的研究仅局限于对巴黎大学中“英格兰—日耳曼同乡会”的研究。柯伯尔教授收集了同乡会的会议备忘录、学校的法令法规和财务官员的账簿等大量第一手资料，以博洛尼亚大学和巴黎大学为典型范例，主要研究了同乡会从13世纪到15世纪二三百年间的发展历程，包括同乡会的构成、同乡会官员的选举和职能以及同乡会之间的关系等内容，使我们对同乡会的运行方式和原则有了具体的了解。作者认为，“同乡会是由学生或者教师组成的半自治团体”，是“大学管理的基本组织单位”[③]。该书为本论文提供了丰富的同乡会方面的史料。

“知识者的权利”这个问题曾经在16、17世纪引起历史学家们的关注，但是后来逐渐淡出历史学家们的视野。19世纪以降，除了一些学者在他们著作的部分章节中涉及知识者的权利之外，鲜有历史学家对这个问题进行专门研究，《中世纪知识者的权利》是迄今为止唯一一本对中世纪大学和知

① P. Kibre, *The Nations in the Mediaeval Universities*, Cambridge, Mass.: Mediaeval Academy of America, 1948.

② P. Kibre, *Scholarly Privileges in the Middle Ages*, Cambridge, Mass.: Mediaeval Academy of America, 1961.

③ P. Kibre, *The Nations in the Mediaeval Universities*, p. x.

识者的特权进行研究的专题著作。[①] 该书首先阐释了“权利”一词的内涵，追溯了知识者权利的起源，然后利用所收集到的大量的相关历史档案和手稿对巴黎、博洛尼亚、帕杜瓦和牛津等大学的权利内容和特点进行了梳理。作者认为：“中世纪时期的大学远非一个脱离现实生活的‘象牙塔’”，“中世纪知识者的权利与当时的外部环境密切相关。”[②] 因此本书为我们展示了一幅生动的权利斗争的画面。为了捍卫自己的独立和自由，大学在方方面面与当权者展开了斗争，既包括为维护大学法律地位这样高层次的权利斗争，亦包括诸如争取居住权这样基本的权利斗争，从而为我们理解中世纪时期大学与当权者之间的关系提供了一个新的视角。

艾伦·科班是英国大学史研究领域中孜孜不倦的开拓者，他的著作是研究中古时期英格兰大学史的必读书籍。他的著述颇丰，包括《中世纪后期剑桥大学中的国王学院》[③]《中世纪大学的发展与组织》[④]《中世纪英格兰的大学：1500 年之前的牛津和剑桥》[⑤] 和《中古时期英格兰大学生活》[⑥] 等，这些著作为本书提供了翔实的英格兰大学的史料。

---

① 据笔者收集到的资料，拉什道尔的《欧洲中世纪大学》、希尔德·德·里德—西蒙斯主编的《欧洲大学史》第一卷《中世纪大学》等著作曾经对大学和知识者的权利问题进行了研究。乔治·戴尔的《剑桥大学的特权》、亨利·梅登的《大学的起源和学位》曾经对知识者的特权进行了研究。

② P. Kibre, *Scholarly Privileges in the Middle Ages*, p. xv.

③ A. B. Cobban, *The King's Hall within the University of Cambridge in the Later Middle Ages*, Cambridge: Cambridge University Press, 1969.

④ A. B. Cobban, *The Medieval Universities : their Development and Organization*, London: Methuen & Co. Ltd, 1975.

⑤ A. B. Cobban, *The Medieval English Universities: Oxford and Cambridge to c. 1500*, Aldershot, Hampshire: Scolar Pr., 1988

⑥ A. B. Cobban, *English University Life in the Middle Ages*, Columbus: Ohio State University Press, 1999.

在《中世纪英格兰的大学：1500 年之前的牛津和剑桥》一书中，作者深入地研究了中古英格兰大学的代表：牛津和剑桥。作者对牛津和剑桥的起源、早期发展、内部管理、会馆和学院的建立、两所大学与社会的关系等内容进行了翔实的考证和分析。科班认为，教师广泛参与学校的管理是中古英格兰大学的一个显著特征，"到 15 世纪末期，大学依然是由教师和学生组成的行会，非学术人员只居于从属地位"[①]。在《中古时期英格兰大学生活》一书中，作者以生活在中古时期英格兰大学中的人为研究对象，栩栩如生地勾勒出一幅中世纪大学的生活图景。作者首先对大学中的主体—— 学生进行了细致入微的研究，不仅研究了当时学生的构成，而且还描述了学生的学习、娱乐生活和经济状况。作者同时提醒其他学者应该关注自费生的研究："对中世纪学术群体的任何描述如果忽略了大学中自费生的部分则是不完整的。"[②] 不仅如此，作者还对大学中的非学术人口进行了研究，如捐赠者和行政管理人员，等等，作者得出的结论是："中世纪的英格兰大学主要还是一个教师行会，由自己的成员严格控制学术领域，很少受到外界捐赠者的干涉，只是零星地依赖于非学术的行政管理。"[③]他的观点为笔者研究中世纪大学的管理状况提供了有益的启示，但是，科班教授的著作中关于英国大学中学术研究的状况涉及得较少，这一点甚为遗憾。

奥拉夫·彼得森的《最早的大学："泛邦学院" 和欧洲大学教育的起源》[④]一书着重探讨了欧洲大学教育的起源。许多学者曾经对大学的起源问题进

① A. B. Cobban, *The Medieval English Universities: Oxford and Cambridge to c. 1500*, p.97.

②③ A. B. Cobban, *English University Life in the Middle Ages*, p.95, p.x.

④ O. Pedersen, *The First Universities: Studium Generale and the Origins of University Education in Europe*, Cambridge: Cambridge University Press, 1997.

行研究，[1] 本书则着重强调了古代科学、修道院的学习、加罗林文艺复兴、中世纪初期的学校等各种传统因素对中世纪大学形成的促进作用。作者认为“罗马法”对于中世纪大学的贡献不可小觑：“罗马法不仅是中世纪大学的重要科目，而且罗马法中的‘法人’原理是中世纪大学这一有机体成立的基本准则，由此大学形成了其最终的模式，也正是基于这个原则，大学在与外界的斗争中不断获得胜利，从而赢得了独立。”[2] 由于他是一名科学史教授，因此他对中世纪大学中的知识生活给予了特别关注，使我们对中世纪大学中的自然科学研究状况有了具体的了解。

托马斯·班德主编的论文集《大学与城市——从中世纪的起源到现在》[3] 按照年代顺序排列，选取了具有代表性的 14 篇文章，分别介绍了大学和其所属城市之间的关系，涵盖了意大利、法国、荷兰、英格兰、德国以及美国等国家和地区。众所周知，大学和城市这两者都是中世纪欧洲的创造物，城市是大学诞生的载体，反过来，大学又促进了城市的发展，两者的关系密不可分。 正如该书作者所言：“城市的复兴与大学制度庇护下的知识的复兴是同时发生的，大学与城市共同拥有的历史要比我们通常认为的要长得多。”[4] 要研究大学，必然离不开对其所在地的考察。在时间上，该书考察了从大学产生之初到 20 世纪的现代大学共计八百多年的大学与其所属城市的历史，尤其是该书的第一部分“中世纪的起源”，拓宽了笔者的视野。作者认为：“正是大学所具有的法人形式，才使得大学能够长期生存并延续下

① 拉什道尔的《欧洲中世纪大学》、希尔德·德·里德—西蒙斯主编的《欧洲大学史》第一卷《中世纪大学》、哈斯金斯的《大学的兴起》、威利斯·鲁迪的《1100—1914 年欧洲的大学》等著作曾经对大学的起源进行了研究。

② O. Pedersen, *The First Universities: Studium Generale and the Origins of University Education in Europe*, p. xi.

③ T. Bender, *The University and the City: from Medieval Origins to the Present*, Oxford: Oxford University Press, Inc., 1988.

④ T. Bender, *The University and the City: from Medieval Origins to the Present*, p.3.

来。"[①]这或许就是大学长盛不衰，历久弥新，在复杂多变的社会条件下始终具有不断自我调节、自我更新和自我发展的强大动力的主要原因。他的观点为笔者更好地理解中世纪大学的性质提供了有益的启示。

其他比较重要的学术著作还有：哈斯金斯的《大学的兴起》以简洁的语言介绍了中世纪大学的形成、教师的教学和学生生活；[②]阿弗索·梅鲁的《欧洲中世纪大学的训练》着重研究了中世纪大学的教学内容和方法；[③]威利斯·鲁迪的《1100—1914 年欧洲的大学》简要概述了欧洲大学八百余年的发展历程；[④]雅克·韦尔热的《中世纪大学》主要考察了中世纪大学机构的运行情况；[⑤]威廉姆·库特内主编的《中古社会的大学和学校》是一本论文集，为本文提供了丰富的中世纪时期德国大学的资料；[⑥]戈登·莱夫的《13、14 世纪的巴黎大学和牛津大学》试图通过对 13、14 世纪时的巴黎和牛津大学进行考察来研究当时欧洲学术发展的状况；[⑦]丽塔·科普兰的《中世纪后期的教学、知识者和异端》主要研究了中世纪后期大学中的教学方法和知识者在异端运动中的作用；[⑧]海琳的《中世纪大学：教师、学生和学习》编纂了中世纪大学的法令、法规、课程设置等原始资料；[⑨]爱弥尔·涂尔干

① T. Bender, *The University and the City: from Medieval Origins to the Present*, p.4.

② 参见 C. H. Haskins, *The Rise of Universities*, Ithaca and London: Cornell University Press, 1957.

③ 参见 A. Maierù , *University Training in Medieval Europe*, Leiden · New York · Köln: E. J. Brill, 1994.

④ 参见 W. Rudy, *The Universities of Europe, 1100–1914: A History*, London and Toronto: Associated University Presses, Inc., 1984.

⑤ 参见［法］雅克·韦尔热：《中世纪大学》，王晓辉译，上海人民出版社 2007 年版。

⑥ 参见 W. J. Courtenay &J.Miethke, *Universities and Schooling in Medieval Society*, Leiden · Boston · Köln: Brill, 2000.

⑦ 参见 G. Leff, *Paris and Oxford Universities in the Thirteenth and Fourteenth Centuries: An Institution and Intellectual History*, New York · London · Sydney: John Wiley & Sons, Inc., 1968.

⑧ 参见 R. Copeland, *Pedagogy, Intellectuals, and Dissent in the Later Middle Ages: Lollardy and the Ideas of Learning*, Cambridge: Cambridge University Press, 2001.

⑨ 参见 H. Wieruszowski, *The Medieval University: Masters, Students, Learning*, Princeton: D. Van Nostrand Company, Inc., 1966.

的《教育思想的演进》在一种历史的框架内来研究教育制度，“展现知识制度化过程中错综复杂的权力关系，使我们看到了教育思想体系的生产和选择机制”①。勒高夫和雅克·韦尔热二人先后对欧洲中世纪时期的知识者进行了研究，前者在《中世纪知识分子》②一书中，以12、13世纪的知识者为研究对象，分析了中世纪的知识者是如何形成并走向成熟的；后者在《欧洲中世纪晚期的知识者》③一书中主要研究了14—15世纪期间欧洲知识者的构成，并深入分析了晚期知识者与早期知识者的不同之处，这两部著作对中世纪大学中的知识者的研究互为补充，成为我们深入了解这一时期知识者的学术和生活状况不可或缺的重要参考著作。

以上研究成果对于本书的研究思路具有重要启发，而且为笔者就某一方面的专题研究提供了丰富的史料。

此外，哈斯金斯的《12世纪的文艺复兴》和《中世纪科学史研究》④、罗伯特·本森的《12世纪的文艺复兴与革新》⑤、威尔·杜兰的《世界文明史》⑥、勒纳的《西方文明史》⑦、哈罗德·J.伯尔曼的《法律与革命》⑧、戴维·诺勒斯的《中世纪思想的演进》⑨、吉尔松的《中世纪哲学精神》⑩和《中世纪基督教哲

① [法]爱弥尔·涂尔干:《教育思想的演进》，第2页。

② [法]雅克·勒高夫:《中世纪的知识分子》，张弘译，商务印书馆1996年版。

③ 参见J. Verger, *Men of Learning in Europe at the end of the Middle Ages*, Notre Dame: University of Notre Dame Press, 2000.

④ C. H. Haskins, *Studies in the History of Mediaeval Science*, Cambridge: Harvard University Press, 1924.

⑤ R. L. Benson & G. Constable, *Renaissance and Renewal in the Twelfth Century*, Oxford: Clarendon Press, 1982.

⑥ [美]威尔·杜兰:《世界文明史》，幼狮文化公司译，东方出版社1999年版。

⑦ [美]罗伯特·E.勒纳:《西方文明史》，王觉非等译，中国青年出版社2003年版。

⑧ [美]哈罗德·J.伯尔曼:《法律与革命》，贺卫方等译，中国大百科全书出版社1993年版。

⑨ D. Knowles, *The Evolution of Medieval Thought*, London: Longman Group Ltd., 1988.

⑩ E. Gilson, *The Spirit of Medieval Philosophy*, London: Sheed & Ward, 1936.

学史》[①]、萨顿的《科学史导论》(第一、二卷)[②]、桑戴克的《15世纪的科学和思想》[③]和《巫术的历史与试验科学》[④]、爱德华·格兰特的《西方科学的中世纪基础》[⑤]、戴维·林德伯格的《西方科学的起源》[⑥]等文化史、哲学史、法律史、科学史的著作有助于笔者从不同角度了解西欧中世纪大学基本的学术状况，为笔者梳理、分析中世纪大学的学术发展过程提供了价值较高的参考。

综上所述，国外学者关于中世纪大学的研究取得了丰硕成果，可谓卷帙浩繁。在研究过程中，他们注重史证，资料翔实，特别是凭借着原始材料，有了基础性的研究之后，各类专题研究逐步展开，从而使得他们的研究深入而且具体，这些都为国内的研究提供了有利的参考。但是，总览所能查阅的相关内容的各项成果，笔者发现，以一个东方人的视角来看待西欧中世纪的大学，对孕育大学产生的外部环境、大学的组织机构及其教学和学术研究的状况进行系统的研究与分析在国外学者的著作中还没有见到；也没有从大学这一社会有机体的角度来认识西欧社会以及西欧社会的转型。

近年来国内学者发表了一些高质量的学术论文和著作，虽然这些研究成果没有涉及中世纪大学的研究，但是这些研究成果拓宽了笔者的视野，为本书的研究提供了很大的帮助。早在2001年，侯建新教授在其专著《社会转型时期的西欧与中国》[⑦]一书中，就提出："主体权利既包括中世纪的个

---

① E. Gilson, *The History of Christian Philosophy in the Middle Ages*, London: Sheed & Ward, 1980.

② G. Sarton, *Introduction to the History of Science*, Vol. I & Vol. II, Hungtington: Robert E. Krieger Publishing Co. Inc., 1931.

③ L. Thorndike, *Science and Thought in the Fifteenth Century*, New York: Columbia University Press, 1929.

④ L. Thorndike, *A History of Magic and Experimental Science*, Vol.I & Vol. II, New York: Columbia University Press, 1947,1949.

⑤ E. Grant, *The Foundations of Modern Science in the Middle Ages*, Cambridge: Cambridge University Press, 1996.

⑥ [美]戴维·林德伯格:《西方科学的起源》，王珺等译，中国对外翻译出版公司2001年版。

⑦ 侯建新:《社会转型时期的西欧与中国》，济南出版社2001年版。

人权利，又包括某个等级或团体的集体权利，比如村社的权利、行会的权利、市民的权利、封建诸侯的权利等。主体权利在中世纪不等同于近代意义上的个人权利或个人基本权利，中世纪的主体权利实质上是一种身份或等级权利，或者称之为潜在的个人权利"，"'权利'概念及其相连的法律制度在西欧经历了上千年的发展，却迟迟没有进入中国的传统社会，此点应当引起人们的格外关注，这无疑是中西传统社会异同比较研究的重要切入点。"[①] 之后，侯建新教授在其专著《社会转型时期的西欧与中国》(第二版)[②] 一书中，对"主体权利"的文本予以了详细的解读，分析了"中世纪的权利有自下而上的特点，它赋予人们抵制权和反抗权"，同时指出："主体权利观念是西方文明之魂，自那一时起逐渐浸润了西欧社会的整个肌体，包括它的法律政治制度。如同儒家思想深深弥漫于数千载的中国传统社会一样，西欧的历史到处都可以发现主体权利及其实践的足迹。"[③] 进入12世纪，随着权利语境的形成，政治、经济、宗教以及社会生活领域内的斗争日趋激烈，大学的形成，实际上就是主体权利发展的结果，是主体权利观念在文化教育上的集中表现，彰显着理性的力量。另外，侯建新教授在该书中同时指出："人们发现，在社会活动主体之间，包括统治者和被统治者之间，尤其在王权和其他社会力量之间，存在着既紧张又合作的关系，或者说某种程度的契约关系。"[④]其实，这种契约关系在王权和大学、教皇与大学之间的表现同样令人印象深刻，在某种程度上，王权和教皇授予大学的特许状即被认为是王权、教皇与大学之间的一种文字"约定"，该约定确定了双方的权利和义务，同时也使大学拥有了捍卫其独立的"有力武器"。因此，侯建新教授的观点为西欧历史的研究，同时也为中世纪大学史的研究开辟

① 侯建新:《社会转型时期的西欧与中国》，第 203-204 页。

② 侯建新:《社会转型时期的西欧与中国》(第二版)，高等教育出版社 2005 年。

③④ 侯建新:《社会转型时期的西欧与中国》(第二版)，第 130、135 页，第 135 页。

了一个颇有价值的观察视角。

侯建新教授的《"封建主义"概念辨析》一文从"封建"的概念入手，从实证和理论两方面阐述了"封建"是欧洲历史发展的产物，只属于欧洲。他认为"国家统治权力的分散，庄园制度和武士等级制，领主附庸制及其包含着的原始契约因素等几个方面——是西欧封建制的基本特征，是西欧社会历史的产物"[①]。他对西欧封建社会鞭辟入里的分析对本书写作起到了很大的指导作用。此外，王亚平教授的《浅析西欧中世纪社会中的权力和权利》[②]、刘景华教授的《封建时代中西城市比较的几个问题》[③]、从日云教授的《西方政治法律传统与近代人权学说》、赵文洪教授的《中世纪欧洲村庄的自治》[④]、张乃和教授的《近代英国法人观念的起源》[⑤]等政治、法律和经济方面的论文为笔者深入研究中世纪大学提供了重要的社会背景的参考内容。张绪山教授的《经院哲学：近代科学思维之母体》一文从"经院哲学确立的对上帝理性的坚定信仰和经院哲学培育的严格的逻辑论证传统"[⑥]两个方面分析了中世纪的经院哲学与近代科学之间的内在联系，为笔者正确认识和理解经院哲学的价值和贡献具有重要启发。

目前，国内学术著作中没有以中世纪大学为专论的，相关内容的研究多散见于高等教育史、文明史、文化史、基督教会史和通史类等著作之中。

---

① 侯建新：《"封建主义"概念辨析》，《中国社会科学》2005年第6期，第182页。

② 王亚平：《浅析西欧中世纪社会中的权力和权利》，《天津师范大学学报》（社会科学版）2005年第4期。

③ 刘景华：《封建时代中西城市比较的几个问题》，《天津师范大学学报》（社会科学版）2007年第2期。

④ 赵文洪：《中世纪欧洲村庄的自治》，《世界历史》2007年第3期。

⑤ 张乃和：《近代英国法人观念的起源》，《世界历史》2005年第5期。

⑥ 张绪山：《经院哲学：近代科学思维之母体》，《经济－社会史评论》（第一辑）2008年。

近年来关于高等教育史的著作有黄福涛的《外国高等教育史》[①]、滕大春主编的《外国教育通史》[②]、戴本博主编的《外国教育史》[③]。其他相关著作有罗芃的《法国文化史》[④]、杜美的《德国文化史》[⑤]、刘明翰的《人类精神文明发展史》[⑥]和《欧洲文艺复兴史·教育卷》[⑦]、陈曦文的《基督教与中世纪西欧社会》[⑧]、张芝联的《法国通史》[⑨]、张广智主编的《世界文化史》(古代卷)[⑩]和姚介厚等人合著的《西欧文明》[⑪]等等。上述著作都涉及了中世纪大学的内容，但仅仅局限于一些基本状况的介绍。

另据文献检索，从1979年至2008年近30年间，公开出版的中文期刊、优秀硕士论文数据库提供的关于西欧中世纪大学的研究共计99篇，这些相关文章对中世纪大学的研究集中在以下几个方面：

1. 大学的起源问题：如石广盛的硕士学位论文《试论中世纪西欧大学的起源》，潘后杰、李锐的《欧洲中世纪大学兴起的原因、特点及其意义》[⑫]，宋文红的《欧洲中世纪大学产生的历史原因和历史文化背景》[⑬]等；

① 黄福涛:《外国高等教育史》，上海教育出版社2003年版。
② 滕大春主编:《外国教育通史》，山东教育出版社1989年版。
③ 戴本博主编:《外国教育史》，人民教育出版社1989年版。
④ 罗芃:《法国文化史》，北京大学出版社1997年版。
⑤ 杜美:《德国文化史》，北京大学出版社1990年版。
⑥ 刘明翰:《人类精神文明发展史》，中国青年出版社2003年版。
⑦ 刘明翰:《欧洲文艺复兴史·教育卷》，人民出版社2008年版。
⑧ 陈曦文:《基督教与中世纪西欧社会》，中国青年出版社1999年版。
⑨ 张芝联:《法国通史》，北京大学出版社1989年版。
⑩ 张广智主编:《世界文化史》(古代卷)，浙江人民出版社1990年版。
⑪ 姚介厚等:《西欧文明》，中国社会科学出版社2002年版。
⑫ 潘后杰等:《欧洲中世纪大学兴起的原因、特点及其意义》，《四川师范大学学报》(社会科学版)1993年第3期。
⑬ 宋文红:《欧洲中世纪大学产生的历史原因和历史文化背景》，《现代大学教育》2005年第5期。

2. 大学的历史作用和影响：如张育林的《西欧中世纪大学的法学教育对城市运动的影响》[①]，辛彦怀的《欧洲中世纪大学对近代科学的影响》等；

3. 大学精神的研究：如宋晓云的硕士学位论文《欧洲中世纪大学教师与大学精神》，冯典的《中世纪大学自治精神探析》[②]，赵瑶丹的《浅谈欧洲中世纪大学的独立性》[③]，刘宝存的《中世纪的大学理念及其对后世的影响》[④]等；

4. 欧洲大学与宋代书院的比较研究：如赵春娟的《中国早期书院与西欧中世纪大学的比较研究》[⑤]，杨渭生的《宋代书院与欧洲中世纪大学之比较》[⑥]等；

5. 大学管理制度的研究：如张小杰的《中世纪大学教师的薪俸制》[⑦]，宋文红的《中世纪大学教材的发展及其特征》[⑧]，孙益的《欧洲中世纪大学的学位》[⑨]等；

6. 大学生存的外部环境研究：如赵颖的硕士学位论文《论中世纪英国大学与市民冲突》，阎光才的《牛津大学与牛津城》[⑩]，刘亚敏的《中世纪大学：权力夹缝中的生存与发展》[⑪]等。

---

① 张育林：《西欧中世纪大学的法学教育对城市运动的影响》，《中州大学学报》2006年第2期。

② 冯典：《中世纪大学自治精神探析》，《广东工业大学学报》（社会科学版）2006年第1期。

③ 赵瑶丹：《浅谈欧洲中世纪大学的独立性》，《广西民族学院学报》（哲学社会科学版）2001年第1期。

④ 刘宝存：《中世纪的大学理念及其对后世的影响》，《复旦教育论坛》2004年第4期。

⑤ 赵春娟：《中国早期书院与西欧中世纪大学的比较研究》，《外国教育研究》2001年第1期。

⑥ 杨渭生：《宋代书院与欧洲中世纪大学之比较》，《浙江社会科学》2001年第3期。

⑦ 张小杰：《中世纪大学教师的薪俸制》，《清华大学教育研究》2007年第4期。

⑧ 宋文红：《中世纪大学教材的发展及其特征》，《现代大学教育》2007年第2期。

⑨ 孙益：《欧洲中世纪大学的学位》，《清华大学教育研究》2003年第6期。

⑩ 阎光才：《牛津大学与牛津城》，《比较教育研究》2004年第4期。

⑪ 刘亚敏：《中世纪大学：权力夹缝中的生存与发展》，《理工高教研究》2006年第5期。

虽然近年来关于中世纪大学的文章数量不少，但是上述文章的作者多以从事高等教育学研究的学者为主，他们看待问题的角度、研究的方法与历史学有很大差异。另外，从笔者收集到的关于中世纪大学的研究成果和相关文献来看，目前国内学者对这个领域的研究还存在以下几个问题。一是研究的内容往往限于教育的本体研究，缺少从社会历史的角度认识教育的诸多问题，对于理解教育于社会发展的作用、两者间的互动关系等问题的认识有所欠缺。二是资料积累不够：就目前的相关研究来看，许多论文的内容多是引自外国教育史的中文译著，如 E.P. 克伯雷选编的《外国教育史料》[①]和S.E.佛罗斯特所著的《西方教育的历史和哲学基础》[②]等，资料明显过于薄弱。近年来有少量的博士论文曾经对中世纪时期的大学作了初步探讨，但是为进一步的深入研究仍然留下了空白。因此笔者尝试继续对西欧中世纪大学的研究作一努力，期望能起到拾遗补阙的作用。

在正式论述之前，笔者需要对本研究和写作中涉及的几个概念作一简要说明。

1. 中世纪

对西欧大学来讲，本文中的“中世纪”这一时段主要是指从大学形成的 12 世纪到 15 世纪这一时段，12 世纪之前与 15 世纪以后的叙述主要起辅助说明的作用。

2. 大学

我国古籍《大学》曾经说“大学之道，在明明德，在亲民，在止于至善”，这里所讲的“大学之道”是教人自我修养，彰明自身天赋的完美德

① [美]E.P. 克伯雷选编：《外国教育史料》，任宝祥译，华中师范大学出版社 1991 年版。
② [美]S.E. 佛罗斯特：《西方教育的历史和哲学基础》，吴元训译，华夏出版社 1987 年版。

行，然后使他人也能清除后天外界的物欲污染而自我更新，从而使所有人的道德和社会达到最完善的境地，显然这里所描述的大学指的是“高深的学问与修养”。本文所要探讨的，也是我们所生活于其中、工作于其中的“大学”，是大学的另一个含义，是实施高等教育的学校的一种，指由教师或者学者传授高深学问或进行学术研究活动的学术机构，即一种“高等教育机构”。

西方权威词典《韦伯斯特国际大辞典》对“university”词条有较为详细的释义，“大学”的基本特征如下：最高级的教育机构，由一个以上的本科学院组成，开设一系列的研究生课程，包括相当数量的职业学校，并且有权授予学士、硕士、博士学位等。[①] 在今天看来非常清晰的“university”这个词，在中世纪却是含混芜杂的，因此对“大学”进行词源学的研究还是有必要的。

现代意义上的大学“university”一词最初来源于拉丁语“universitas”，指的是一群人的集合。如，在写信的时候，“universitas vestra”指“你们全体（the whole of you）”，或者指法人团体或法人；罗马法中“universitas vestra”等同于“collegium”。[②]12 世纪末至 13 世纪初，对于中世纪的法理学家来说，这个词指的是各种各样的团体或协会，如行会、贸易商会、兄弟会等。另外，在当时，这个词通常并不单独使用。如，在第一批大学的档案材料中可以发现“学生行会（universitas scholarium）”或者“教师和学生行会（universitas magistrorum et scholarium）”等名称。[③] 这个词逐渐地被用来专指教师或者学生组成的行会或者法人团体纯属偶然，正如“convent”“congregation”等单词专指“女修道院”或“圣公会”等

---

① 参见《韦伯斯特国际大辞典》（英文版），克林斯出版社 1979 年版。

② 参见 H. Rashdall, *The Universities of Europe in the Middle Ages*, Vol.I, p.5.

③ 参见 H. D. Ridder-Symoens, *A History of the University in Europe*, Vol.I, p.37.

某种特殊团体一样。

需要注意的是，“universitas”仅仅指教师或学生等组成的知识者群体，并不是指这个群体建立的地方，也不是指联合的学校，而当时与我们今天所称的“大学”的含义最为匹配的词是“studium generale”，即“泛邦学院”[①]。根据拉什道尔的叙述，泛邦学院具有三个特征:（1）吸引或至少邀请来自多个国家或地区而不是某一特定国家或地区的学生前来学习的学校;（2）它是高等教育的场所，至少设有一个高级学部，如神学、法学、医学，并开设相应的课程;（3）这些课程不是由个别教师而是由许多教师集体教授。泛邦学院的“泛”主要体现在学生所属地域的广泛性，并不是指该学校拥有学科的多样性，实际上，中世纪时期仅有几个泛邦学院能够拥有比较齐全的学科。13世纪初，一个学校是否属于泛邦学院，不是由权威机关而是由习惯来决定，除博洛尼亚和巴黎大学之外，很多学校都宣称自己是“泛邦学院”。直到1291年和1292年，教皇尼古拉四世批准博洛尼亚和巴黎这两所原生型大学有权颁发教学许可证后，拥有自由教学的权利才成为泛邦学院的一个显著特征。[②]

如上所述，最初“universitas”和“studium generale”这两个单词分别有不同的内涵，二者之间也没有任何联系，并且“universitas”这个词要早于“studium generale”的出现。有证据表明，一些学校虽然不是泛邦学院，但是由教师或者学生组成的知识者行会已经出现，如在佩鲁贾

---

① 国内学者对这个术语的翻译不统一，有“广学院”“普通学习室”“总学”等译法。如果根据拉什道尔书中所描述的studium generale的特征来看，笔者认为陈洪捷教授翻译的“泛邦学院”最为恰当。（详见陈洪捷:《何谓studium generale？》,《北京大学教育评论》2006年第2期。）

② 牛津和帕杜瓦两所大学是个例外。拉什道尔曾经明确指出，牛津和帕杜瓦从来没有获得教皇的认可和授权，只是出于对既成事实的尊重，按照习惯这些学校仍然被认为是泛邦学院。参见H. Rashdall, *The Universities of Europe in the Middle Ages*, Vol.I, p.10.

和比萨等地。[1] 这些知识者行会的建立并不需要国王、教皇的批准，它们是自然而然产生的，如同 11、12 世纪其他各种行会雨后春笋般地突然出现在欧洲大陆的各个市镇中一样。博洛尼亚和巴黎这两个地方的知识者行会发展得最好，重要性与日俱增。后来，一些脱离博洛尼亚或巴黎的知识者在其他地方建立第二代的泛邦学院的时候或多或少地模仿了这两个学校的行会，因此由教师或者学生组成的“universitas”逐渐与泛邦学院的联系越来越密切，“studium generale”这个术语不仅指具有自由教学权利的学校，而且指具有某种特权的知识者组织。15 世纪，二者的界限消失，“universitas”与“studium generale”成为同义语。[2]

3. 知识者

本文主张用“知识者”这一称谓来泛指在中世纪大学学习或者教书的人。首先，他们并不等同于现代意义上的“知识分子”。现代英语中通常用“intellectual”一词泛指“知识分子”，这个词最早出现在 19 世纪末的法国。现代意义的知识分子是指受过专门训练，掌握专门知识，以知识为谋生手段，以脑力劳动为职业，具有强烈的社会责任感的群体。[3] 在中世纪大学学习和教学的人虽然受过一定的训练，掌握一些专业知识，他们或许具有了现代知识分子的一些特征，但很难与现代意义的知识分子同日而语，如果在文章中采用“知识分子”一词很容易引起歧义。其次，能够比较恰当地描述中世纪大学成员的英文应该是“scholar”一词。英文“scholar”包含两层意思，一是指“学者，有学问的人”；二是指学习者或与教师一起学习的人。英文第二层含义指中世纪大学成员最为贴切，但是现代汉语中的“学者”仅仅包含英文中的第一层含义，并没有第二层含义，因此如果

---

①② 参见 H. Rashdall, *The Universities of Europe in the Middle Ages*, Vol.I, p.15 footnote, p.17.

③ 见 http://baike.baidu.com/view/22129.htm。

采用“学者”这一称谓来指中世纪大学的成员会产生混淆，因此在本文中，用“知识者”这一名称来泛指在中世纪大学学习和从事教学的人，而对于文中涉及的有一定学术成就的人仍采用“学者”这一称谓。

本书的史料主要来自国家图书馆、北京大学图书馆、南开大学图书馆、天津师范大学欧洲文明研究院所藏英文原版书籍。另外，天津师范大学图书馆国外电子期刊（JSTOR）也是本书史料的重要来源。

第一章
中世纪大学产生的历史背景

大学产生于中世纪盛期的西欧，它的形成和发展是为了适应当时社会物质生产和社会生活的需要，是社会发展的产物。“大学及其依存的社会是相互作用、相互影响的，大学只有在中世纪欧洲的某些城市中，在当时特殊的经济、政治和社会环境下才能产生。”[1]因此，若想深入了解中世纪大学必须追溯其当时所在的外部环境。

---

① H. D. Ridder-Symoens, *A History of the University in Europe*, Vol.I, p.11.

第一节

大学产生的经济背景

马克·布洛赫认为，在入侵停止的几代人之后，即从11世纪中期开始，西欧社会经历了一系列非常深刻而广泛的变化。“虽然这些变化不是与过去的断然决裂，但方向的改变却反过来影响了整个社会活动的变化。”[①]因而法国的中世纪学者曾经称11世纪为“伟大的变革时代”[②]。

一、农业的进步

11世纪中期，西欧的农业生产率先发生变革。许多地区的耕作制度开始发生变化，农民们开始尝试三圃轮作制，三圃制不仅大大提高了土地使用率，增加了可耕地的面积，而且可以使粮食产量增加1/2到1/3。与此同时，西欧的农业生产技术出现了进步，最主要的一项突破便是重犁的使用。重犁的犁头是铁制而不是木制的，它不仅能翻腾稠黏的土壤，而且它的犁壁便于翻耕垄沟，使土壤充分保持透气，它犁出的垄沟提供了极好的排灌系统，因而节省了劳力。在耕犁技术改进的同时，耕畜的质量也得到提高。一种带衬垫的马轭开始在欧洲广泛使用，这种马轭可以使马倾其全

① [法]马克·布洛赫:《封建社会》(上)，张绪山译，商务印书馆2004年版，第122页。

② C. R. Backman, *The Worlds of Medieval Europe*, Oxford: Oxford University Press, 2003, p.155.

力拖曳而不会窒息，后来人们又利用铁质马掌来保护马蹄，三圃制的推广使得燕麦有了稳定的产量，解决了马的饲料问题，因此马逐渐加入了挽畜的行列，而且它们具备耕作速度快，劳动时间长的优势，从而提高了耕作的效率。当时的欧洲人已经非常了解马作为耕畜所具有的优势。根据编年史作者赫姆德的记载，12 世纪斯拉夫人将两头牛或一匹马所完成的耕地面积称为“一个耕犁单位”，同一时期的波兰人也知道一匹马的耕地面积等于两头牛所完成的面积。①

11—12 世纪，欧洲人重新拾起了拓殖欧洲的伟大事业。他们排干积水的沼泽，修建堤坝抵御海水和洪水的侵袭，走向荒芜良久的田野、人迹罕至的森林和山地，进行了一场史无前例的拓荒与移民。这场伟大的垦殖运动改变了西欧大地古老的风貌，到 12 世纪，有清楚的迹象表明，整个西欧的土地都得到了充分的利用，大体确定了今后 500 年的耕地面积。②除了大规模开垦荒地增加土地面积之外，为了使自己获得更多的收入，农民们还在业已开垦的土地上精耕细作。11—13 世纪，播种冬季作物翻土三次代替了两次；到 13、14 世纪之交的时候，犁耕四遍已经很普遍了。③这一时期的西欧农民还开始为使土壤肥沃而进行了成效明显的改良。下述资料表明了当时的人们对肥料的重视程度:有时“一罐粪便”是佃农向领主缴纳的一项重税；12 世纪德意志敏希维勒（Münchweiler）地区某个管家为了给自己的土地施肥，他领取的工资是“一头牛的粪便和牛舍里的垃圾”。④

农业生产的进步提高了西欧的粮食产量。乔治·杜比经过研究认为，

---

①③④　参见 J. Le Goff, *Medieval Civilization 400–1500*, Oxford: Basil Blackwell Inc., 1988, p.213, p.209, p.209.

②　参见侯建新:《社会转型时期的西欧与中国》(第二版)，第 44 页。

9 世纪欧洲农民的粮食收成平均很少能超过所播种子的 2 倍。[①]12 世纪，温彻斯特教会领地一块不错的土地，小麦和大麦的产量大约是所播种子的 3.8 倍，燕麦的产量是种子的 2.4 倍。[②] 到 14 世纪中期，欧洲大部分农民的粮食收成可以达到所播种子的 3 倍与 4 倍，[③] 也就是说，这一时期粮食的单位产量比中世纪早期增加 100%。这一增长具有重要意义。这一时期农业的发展使西欧人第一次依靠定期的、稳定的食物供应生活，在满足生存需要之外，西欧的粮食产量有了盈余。

西欧的农业生产力不仅有了明显增长，而且农民的主体权利在某种程度上得到了保护，因此西欧农民的收益也有了稳定的、正向的积累。12 世纪以降，庄园惯例中对农民的劳役和义务规定得越来越详细，如对每周工作的天数、赋税的额度都有具体的规定，临时的义务和赋税也被逐渐加以限定。12 世纪诺森伯兰郡的比切利庄园规定：全份地的维兰每周需为领主服役 3 天，在冬季的周工日里，他们要犁、耙 1 英亩；在春季的周工日里，除了犁地和耙地之外，他们还要按照庄头的安排去播种。半份地的维兰也应该按照上述标准折算完成工作量。[④] 对劳役量和赋税额的限定一方面可以保障领主获得一定的利润，另一方面农民的收益可以避免受到过分的侵夺。农民的产品有了剩余，他们经常拿出自己剩余的产品进行交换。除了从事农活以外，他们还有了一些剩余时间从事手工业制作。农业生产力水平的提高使社会拥有了更多的剩余产品，劳动生产率的提高使相当一部分劳动力从农业和农村中分离出来去从事以工商业为主的活动，从而为工商业的发展和扩大提供了可能性，并推动了城市的复兴和新建。

---

①③ 参见 [意] 卡洛 · 奇波拉：《欧洲经济史》（第一卷），徐璇译，商务印书馆 1988 年版，第 154 页，第 154 页。

② J. Le Goff, *Medieval Civilization 400–1500*, p.211.

④ 参见 J.F.C. Harrison, *The Common People: A History from the Norman Conquest to the Present*, London: Fontana Press, 1984, p.35.

二、工、商业的发展

伴随着农业生产的进步，西欧的手工业有了一定程度的发展。13 世纪，在一些经济比较发达的地区出现了具有一定规模的工业，如根特、伊普雷、里尔、佛罗伦萨的织布工业，威尼斯的丝织品工业，迪囊的铜器工业等。[①] 随着生产规模的不断扩大，生产的分工也越来越复杂。如，单在 13 世纪的羊毛工业中就有 25 种不同的专门工作。[②] 一个男修道士在 1288 年的著作中告诉我们，当时米兰有 30 家铸造铜器的工场和 100 个以上的制造武器的工场，一个专门制作装在马具上、能够丁零作响的小铃的黄铜铸工有许多助手。[③] 随着手工业生产人数的增加，城市中渐渐出现了一些手工业劳动者的组织，即手工业行会。行会按照行业进行组织，并制定了自己的规章制度。从 12 世纪中期至 14 世纪中叶，行会发展迅速。在 14 世纪初期，威尼斯有 58 个行会，曼图亚有 21 个，热那亚有 33 个。巴黎在 1180 年时只有 12 个行会，而到了圣路易时代就达 100 个。[④]

商业的繁荣可以通过地方商品交易的活跃和长距离贸易的扩大等两个方面进行追溯。地方商品交易的重要场地是市场。随着生产的发展，财富的积累，交易越来越频繁，市场越来越多。1198 年至 1483 年间，英王颁布了大约 2800 份允许建立市场的特许状，其中一半以上是在 13 世纪的前 75年中颁发的，而且这些新建的市场大部分都位于农村。[⑤] 以英国贝德福德郡的 44 个乡村为例，每个村周围 6 英里的半径之内都有一个市场，每个村

①②④　参见 [法]P. 布瓦松纳：《中世纪欧洲生活和劳动》，潘源来译，商务印书馆 1985 年版，第 185 页，第 185 页，第 214 页。

③　参见 [意] 卡洛・奇波拉：《欧洲经济史》(第一卷)，第 199 页。

⑤　参见 J. L. Bolton, *The Medieval English Economy 1150–1500*, London: J M Dent & Sons Ltd., 1980, p.119.

与市场的平均距离是 3.7 英里。[①] 市场的密集化反映了地方交易的活跃，商品经济交换已经深深渗透到了乡村社会。集市一般是区域性贸易或长距离贸易的主要场所。集市在 13 世纪下半叶发展到了高峰，除了著名的香槟和弗兰德斯的集市之外，英格兰的斯特布利治，德意志的阿克斯拉沙培尔、法兰克福和康斯坦茨，低地国家的里尔、伊普雷和布鲁日，卡斯蒂尔的塞维尔，意大利的巴里、卢卡和威尼斯等地区都建有集市。[②] 集市的勃兴是西方商业发展的一个重要阶段，由此可见，西欧社会商品经济活动扩大的趋势是显而易见的。

三、城市的兴起

由于农业生产的进步，剩余产品的增加，促使商品经济日益活跃，在商人和手工业者聚集的地方逐渐出现了城市。从 12 世纪开始，西欧社会开始了一场伟大的城市运动。根据戴尔的估计，英国城市的数量在 1100—1300 年间从 100 个增加到了 830 个。[③] 汤普逊的估计更为大胆："西欧自治城市的数量在 1100 和 1300 年之间增加到 10 倍。"[④] 不仅城镇的数量大量增加，而且西欧的城市人口逐渐膨胀。如根据《末日审判书》的记载，军事重镇约克当时的人口大约为 4000~5000 人，到 14 世纪初增加到了 8000 人；同时期西欧大陆上佛罗伦萨约有 90000 居民，米兰约有 75000 人，威尼斯约有 90000 人，帕杜瓦、博洛尼亚、卢卡和维罗纳的城

---

① 参见 K. Biddick, "Medieval English Peasants and Market Involvement", *The Journal of Economic History*, Vol. 45, No. 4. (Dec., 1985), p.826.

② 参见［法］P. 布瓦松纳：《中世纪欧洲生活和劳动》，第 174 页。

③ 参见 C. Dyer, *Making a Living in the Middle Ages: the people of Britain 850–1520*, New Haven and London: Yale University Press, 2002, p.187.

④ ［美］汤普逊：《中世纪经济社会史》（下），耿淡如译，商务印书馆 1997 年版，第 434 页。

市人口达到 25000 人左右。[1] 戴尔估计，1100—1300 年之间，英格兰的城镇人口比例从 10% 上升到 20%，苏格兰和威尔士的城镇人口比例几乎从零增加到 10%。[2]

城市的兴起离不开经济的发展。正如庞兹指出的："城市一般都绝非离开农村社会而建立的，两者都需要劳动力来建设和维持它们的结构，都需要为生活在城里的人们提供稳定的粮食供应。"[3] 根据英国著名中古经济史专家波尔顿的估计，一座 3000 人的城镇，每年至少消费掉 1000 吨谷物，大约相当于 4500 英亩耕地的年产量。如果按两圃制耕作，加上休耕地，总面积达到 9000 英亩；如果按三圃制耕作，也需要 7500 英亩的耕地。[4] 中国古代的城市供应主要通过官府调拨和市场配置来进行，而中古西欧的城市供应却几乎完全依赖于周围市场或者长距离贸易，因此如果从这个角度来看，城市的兴起是中世纪西欧社会经济进步的一个重要标志，正如近代一个大学者西摩勒所说：

> 这场运动（城市运动）是一个经济革命：我认为它比任何后来的革命更为重要，甚至比文艺复兴运动和印刷术的发明和罗盘针的发现，或比十九世纪的革命和由此而产生的所有产业上的革命，更为重要。因为这些后来的革命，只是十二到十三世纪伟大的经济社会转化的从属的后果而已。[5]

经济的发展使西欧人提高了生活水平，他们不再为缺衣少穿而发愁，他们开始寻求精神生活的满足。"从某种意义上来说，艺术、科学乃至整体

①④　参见 J. L. Bolton, *The Medieval English Economy 1150–1500*, p.121, p.123.

②　参见 C. Dyer, *Making a Living in the Middle Ages: the people of Britain 850–1520*, p.187.

③　N. J. G. Pounds, *An Economic History of Medieval Europe*, London: Longman Group Ltd., 1974. p. 242.

⑤　西摩勒：《斯特拉斯堡的繁荣与十三世纪的经济革命》，转引自［美］汤普逊：《中世纪经济社会史》（下），第 407 页。

上的精神生活，都属于奢侈的消遣，先得在共同体中有多余的能量，超出了维持生存的必需。一旦有这样的储存，由于并没有什么强迫它用到外部去，它自然就会转向内在生活，转向思想，转向反思。…… 这种普遍弥漫的过度兴奋，不可能不有助于对学术研究的兴趣，不仅是期望受教育的人数增加了，而且由于没有国界的障碍阻止他们，他们自然可以成群结队地游历到一些特定的地方，他们最有机会找到这种为自己所需的教育。”① “对知识的好奇心在这些蒙昧的人民大众中已经醒悟过来。工匠很愿意把他的子女送到大学和一般学校中去，并且已经开始听到上层阶级关于普及教育的危险和把人从他们阶级中提拔出来的危险的不绝的抱怨声。”② 普遍的经济活动也使人们逐渐意识到教育的重要性，很多父母千方百计地送子入学。在英国，很多农奴为了使自己的儿子离开庄园去接受教育，甘愿向领主缴纳一定数量的罚金。1344 年，埃塞克斯科吉绍尔的一个维兰因为未经允许而擅自送子入学而被罚款 3 先令 4 便士。③ 英国的庄园账簿和法庭案卷到处都充斥着这样的记载。

经济的日益繁荣为大学的发展提供了物质基础。城市是大学的载体，只有经济富裕、供应充足的城市才能为大学成员提供基本的住房和其他生活需要。“巴黎的富足能为大量的教师和学生提供充足的食物和美酒，这一点被其他城市艳羡不已，因而城市的富足是创办大学的首要条件。”④ 博洛尼亚和牛津等城市也因其经济上的富裕成为大学选址的基础。但是还有一个问题值得我们深思：既然城市的富足是大学创办的首要条件，中世纪时期的佛罗伦萨、威尼斯、热那亚、米兰和伦敦等城市不可谓不富裕，但是为

① [法]爱弥尔·涂尔干:《教育思想的演进》，李康译，商务印书馆 2016 年版，第 76–77 页。
② [法]P. 布瓦松纳:《中世纪欧洲生活和劳动》，第 226 页。
③ 参见 A. F. Leach, *The Schools of Medieval England*, London: Methuen, 1915, p.206.
④ R. L. Benson & G. Constable, *Renaissance and Renewal in the Twelfth Century*, p.119.

什么这些富裕的城市直到很晚才拥有了大学？例如：佛罗伦萨大学成立于1349年；威尼斯大学成立于1470年；热那亚大学成立于1471年；米兰直到17世纪，伦敦直到19世纪才拥有大学。虽然城市的富足是大学创办的首要条件，但是如果该城市自身的繁荣基础是最大可能地攫取外部的经济因素，如果该城市与周围农村的经济联系松散，即该城市自身生活资料的供应是主要靠外部供给的，正如1297年吉依·德·皮埃尔所说，“如果没有外来的粮食，法兰德斯是不能自给的”[①]，那么即使经济再富裕的城市也很难为大学及其成员提供生活所需。16世纪，因为缺粮，那不勒斯就解散了城里的大学。[②]由此可见，在中古的社会条件下，周围农村经济的繁荣对一个城市乃至大学的重要性。因此如果从这个角度观察，经济的繁荣，特别是大学城周围农村经济的富裕与否成为大学产生和发展的重要因素。

中世纪时期，拥有大学的城市都想方设法为大学成员提供生活所需，把保障他们的生活作为城市的重要事务，并将为他们所提供的各种保护性措施以法律的形式固定下来。例如，1227年博洛尼亚市规定，允许城内的知识者为自己和他们的随从购买粮食，保障他们的住房，固定房租，并于1273、1284年反复确认了上述规定。[③]除了保障大学成员的生活所需之外，随着财富的增加，有些富裕的城市也逐渐开始为教师提供薪俸。1317年，博洛尼亚城市规定为额外讲授民法、教会法和医学的3名教师支付薪水，并将一位名叫乔万尼（Giovanni da Bonandra）讲授修辞学教师的薪水涨到了600博洛尼亚里拉。[④]在当时，他的薪水是相当高了，因为直到

① [比]亨利·皮朗：《中世纪欧洲经济社会史》，乐文译，上海人民出版社2001年版，第168页。

② 参见刘景华：《西欧中世纪城市新论》，湖南人民出版社2000年版，第204页。

③④ 参见P. Kibre, *Scholarly Privileges in the Middle Ages*, pp.21–29, p.41.

1526—1527年，博洛尼亚的平均年薪才达到了306博洛尼亚里拉。[①] 综上所述，中世纪西欧的经济发展不仅使人们的思想观念发生变化，使人们对文化和教育有了更高的追求，而且为大学的产生和发展奠定了坚实的经济和物质基础。

① 参见M.Wyatt, "The Universities of the Italian Renaissance by Paul F. Grendler", *University of Toronto Quarterly*, Vol. 74, No. 1. (Winter, 2004), p.394.

第二节

大学产生的社会条件

一、多元的权力体系

大学产生于中世纪的西欧社会，而中世纪的西欧则是封建主义的欧洲。公元1000年后，西欧社会兴起了以地方权力为中心的历史现象，具体表现为权力分散在无数大小领主手中，时时表现出独立的倾向，而国家权力和公共权威则降到了最低点，从而带来了所谓的整个社会的“封建无政府状态”。正如马克·布洛赫说：“尽管凌驾于众多小权力之上的公共权力的观念仍持续存在，但封建主义是与国家的极度衰弱，特别是与国家保护能力的衰弱同时发生的。”[①] 这既会造成社会的某种动荡不安，也意味着新的萌芽可能会易于在较为松散的社会结构里生长。中世纪大学就诞生和发展在这样一个“国家统治权力分散”的社会环境之中。

国家统治权力的衰微意味着各种社会力量可以合法、长期地存在，因此西欧的封建制是多元权力体系存在的重要条件。中世纪西欧的统一是宗教上的统一、文化上的统一，而在政治层面上，西欧则形成了多元的权力体系。上层权力体系最突出的表现是教权和王权各自独立、互相平行并相互制衡，分别形成了传统的相对稳定的控制领域。地方上各种政治实体并

---

① [法]马克·布洛赫:《封建社会》(下)，第700页。

存，如公国、伯爵领地、城市、主教领地和修道院等。它们分别代表不同的社会力量，分别有特定的管辖权和管辖范围，但是它们的权力和地位常常相互重叠和冲突，因此它们之间虽然长期并存，但相互掣肘。即使同一权力集团内部也没有形成统一的权力中心，比如，罗马教会与各地教会、王权与贵族、王权与城市、领主与附庸，权力的上下层之间保持着某种张力，但没有完全破裂。多元的权力体系使各种权力彼此分割，每一种权力都无法实现对被统治者的绝对控制，从而给个人留下了一定的自主和自由的罅隙，也使各种社会力量可以享有一定的自治和独立，并形成了各自丰满的个性。

中世纪时期，各种独立的社会力量普遍存在于西欧社会之中。中外学者经过研究发现，中世纪西欧农村的基层组织——村庄就是“一个具有自治意义的单位”[①]；苏珊·雷诺滋也认为，农村地方共同体大小不等，可以是一个教会的堂区，也可以不是；但是，作为一个群体，其本质特征是自治。[②]中世纪的欧洲存在着大量具有自治性质的村庄共同体，其自治特征主要表现在以下几个方面：村民自主地管理村庄内部的事务，有自己的习惯法，村规是共同体内部的最高法律，庄园法庭和村民会议既是村内制定法律的权力机构，也是村规的执行机构，共同体内还有自己的管理人员等。如 1116 年，意大利艾米利亚的村民经领主的同意后选举出 12 人来管理村民的内部事务。[③]

城市也是一个自治的共同体。在上一节中，我们从经济的角度曾经分析了西欧城市的兴起和发展，其实，中古西欧的城市远非一个经济的产物，它还是一个政治和法律的产物。12 世纪以降，西欧许多城市通过暴力斗争

① 赵文洪：《中世纪欧洲的村庄自治》，《世界历史》2007 年第 3 期，第 87 页。

②③ 参见 S. Reynolds, *Kingdoms and Communities in Western Europe,900–1300*, Oxford: Clarendon Press, 1984, p. 102, p.132.

或是金钱赎买等方式，迫使领主做出某种让步，使得城市在立法、司法和行政管理上获得了不同程度的自治权：城市有着自己的管理机构，市民们自己选举城市的主要官员；城市具有独立的司法管辖权和司法管理体系，城市还控制着内部的经济管理权。[①] 因而社会学家波齐曾经指出："在中世纪的西方，城市的发展不只是生态学那种独特的定居，稠密的定居居民专心地从事城市生产和商业经营，而且还是政治上的自治统一体。"[②] 中世纪西欧的城市既不是古代罗马城市的复制品，也根本不同于被纳入国家统一的行政管理体系之中的中国古代城市，而是一个全新的社会实体，是一个创造，所以韦伯曾经写道，"完整的词义上的城市'社会'（community）仅仅出现在西方"[③]。

城市本身是一个自治的团体，城市的内部同时也孕育着各种独立的团体，这些团体通常被称为行会（guild）或者兄弟会，中世纪的法学家经常用"universitas"来称呼各种社团组织。行会既是一个经济组织也是一个社会组织，各种行会按照行业来进行组织，由行会成员共同制定规章制度，自由选举、任命行会的管理者，并模仿城市或城镇的管理模式，因而法学家乌尔曼认为行会也具有自治的特征，如 10 世纪上半叶出现的伦敦和平行会（London Peace Guild）以及剑桥行会（Cambridge Guild）就是很好的例子。[④] 法学家曾经把西欧的手工业行会与世界其他地方的相似机构进行对比后发现，"中世纪时期，中国、日本、印度等国也存在着

---

① 陈日华的博士论文《中古英格兰地方自治研究》对城市自治的问题已经作了详细论述，这里不再赘述。

② ［美］贾恩弗兰科·波齐：《近代国家的发展——社会学导论》，沈汉译，商务印书馆 1997 年版，第 40 页。

③ Max Weber: *The City*, trans. and ed. Don Martindale and Gertrud Neuwirth, New York, 1958, pp. 54-55. 转引自［美］哈罗德·J. 伯尔曼：《法律与革命》，第 483 页。

④ 参见 W. Ullmann, *Principles of Government and Politics in the Middle Ages*, London: Methuen & Co Ltd., 1978, p.221.

与手工业行会、商人行会等类似的组织，但是西欧手工业行会的一个本质特征是具有很强的独立性”[①]。大学从行会中不仅借用了“universitas”这个术语，而且除了仅有的一些变化之外，大学的整个组织与行会几乎一模一样。

此外，在基督教会内部，作为与各种世俗政治体相分离的一种政治体，无论是教皇还是主教，他们的独断权力都受到来自理论与实践两方面的限制，正如教会法学家曾经指出：“将我们的信仰委诸单个人的判断是危险的。”[②]当代美国著名法学家哈罗德·J.伯尔曼认为，即使在教皇权力达到最高峰的时候，这种限制权力的理论在社会的、经济的和政治的环境中仍有坚实的基础，它极大地推进了地方自治的发展。以中世纪的英国为例，12世纪，英国形成了坎特伯雷和约克两大教省（或称大主教区），两大教省各自拥有单独的组织机构，分别召开各自教省的教职会议，教职会议在成立之初就已经具有立法功能。位于教省之下的是主教区，主教是辖区内教会事务的管理人，法庭是主教区的管理机构，它不仅是施行司法审判的场所，也是行政管理和税收监督机构。因此蒂尔尼认为，“主教管区、修道院、僧侣团以及教友协会等所有这些都行使着自治政府的实质性权力”，“整个教会在某种意义上仍然是一种半自治单位组成的联邦，是无数大大小小的社团组织的联合，这一点并不比世俗国家逊色”。[③]

综上所述，西欧的封建制决定了国家统治权力的分散，意味着各种独

① A. Black, *Guilds and Civil Society in European Political Thought from the Twelfth Century to the Present*, London: Methuen & Co Ltd., 1984, p.7.

② B. Tierney, *Origins of Papal Infallibility, 1150–1350*, Leiden · New York · Köln: E. J. Brill, 1988, p.32.

③ B. Tierney, *Foundations of the Conciliar Theory: The Contribution of the Medieval Canonists from Gratian to the Great Schism*, Leiden · New York: Brill, 1998, p.97.

立的共同体在西欧社会长期存在的可能性。虽然城市和城市中的行会、乡村中的村庄和庄园、教会内部的各主教管区和修道院等这些共同体存在于不同层次、不同领域内，虽然它们的名称各不相同，但是实际上它们的组织结构相似，性质相同，即享有不同程度的自治。西欧社会普遍存在的自治共同体对新生的大学有着广泛而深远的影响，自治的城市是大学诞生的载体，行会是大学借鉴的组织模式，其他的自治共同体成为大学的榜样和范例，更为重要的是，对于西欧的统治者来说，允许大学拥有自治也成为情理之中的事情。

同一社会内部多元权力体系的存在意味着各个社会力量之间的相互竞争、相互妥协和相互制约，而正是它们之间的竞争与合作为新生事物创造了生存和发展的空间。中世纪时期，由知识者群体组成的大学与国王、教皇、城市和地方教会的关系最为密切。

教权与王权的并立是中世纪西欧多元政治体制最突出的表现。伯尔曼教授认为，11 世纪末期以来，教皇与王权因争夺主教授职权引发的“教皇革命”在教会和世俗两方面产生了一系列重大的变革，因而是政教二元权力体系正式形成的标志。从此，西欧社会的王权和教权划分了各自特定的职责和权力范围，它们之间的关系就像宇宙体系中的恒星体系一样，各自保持一种张力，但又相互制衡和抵制。虽然教权与王权的界限大体存在，但二者之间的界限并非是清晰可鉴和凝固不变的，因为每一种权力都有生存和扩张的本能。《沃尔姆斯协约》的签订只不过是暂时达成了一种“妥协”，它们之间的斗争持续了数百年之久。“在同一共同体内，教权和王权孰高孰低？”“各自的权力范围如何界定？”这些问题成为他们争论的焦点，双方都希望从基督教教义中获得理论支持，都试图让那些受过专业训练的知识者为他们辩护，因而大学成为他们共同争取的对象。正是在教权与王权的紧张和动态的关系中，知识者个人多了些自由的空间，大学也因此在两权的争夺及其造成的权力夹缝中得以生存和发展。

教权和王权对大学事物的关注，最常用的方式是争先恐后地为大学颁布特许权。特许权把大学置于法权的保护之下，明确了它的法律地位，保证了它相应于法律地位的自由。第一个由国王颁发给大学的特许权是1158年由神圣罗马帝国皇帝弗雷德里克一世巴巴罗萨颁布的《安全居住法》。该敕令规定知识者应该服从某些规定，但更主要的是赋予他们一些特许权，“该法令适用于所有到帝国求学的人，他们应该受到帝国的保护，保证他们的人身安全，禁止任何人伤害和侮辱学生，他们可以免予地方法官的审判，他们有权选择自己的法官，并可以将对手召集到学校所在地的法庭审判”。[①] 该法令的重要意义在于，它表明了王权对知识者主体权利的尊重，并为其他统治者树立了榜样。在教皇颁布的训令中，最著名的是格里高利九世在1231年签署的训令——《知识之父》(*Parens scientiarum*)，该训令对防止学生滥用权利做出一些规定，但是它同时赋予知识者各种各样的特权，如禁止主教学校的教长随意颁发教学许可证，尊重各个学院在教学方法、授课时间和穿衣习惯等方面的自由；至关重要的是，格里高利九世批准了大学以罢课为武器来保证它的要求得以实施。[②] 因此在国王和教皇争夺权力的竞争中，他们授予的特权就像给中世纪的大学支撑起一把巨大的保护伞，大学由此获得了生存和发展的空间。

大学与国王、大学与教皇之间合作又对立的同时，大学与所在城市和地方教会之间又存在一种“紧张关系”，究其原因是城市、地方教会和大学都是自治的共同体。“自治的共同体”具有两个层面的含义：一是就共同体与上层权力机构的关系而言，它并不完全隶属于上层权力机构，而是具有

---

①② 参见 P. Kibre, *Scholarly Privileges in the Middle Ages*, p.10, p.95.

相对的独立权限，它们之间包含着权利与义务的关系；二是就共同体本身来讲，其成员在参与共同体的管理的过程中具有一定的独立性，能较多地体现共同体的利益与要求。具体来分析，虽然城市、地方教会和大学受到国王和教皇双重权力的管辖，但是管辖之中于一定程度上又包含着权利与义务的关系。尽管城市、地方教会和大学各自独立，但是它们的权力与利益又相互交叉并存。由于管理权限不清，为了各自共同体的利益，它们之间经常产生各种纷争，因此自从大学诞生之日起，大学与所在城市、大学与地方主教之间的冲突不断。

司法管辖权权限不清是引发大学与所在城市之间矛盾和冲突的首要原因。大学成员生活在城市这个共同体之中，理论上他们应该服从城市的管理，接受城市的司法管辖，但是他们同时又享有教士的身份，“学生仅仅需要接受主教的剃度、穿上教士的衣着就可以成为教士，从而获得教士具有的豁免权。”[①] 国王和教皇曾经明确指出知识者可以免予世俗法庭的审判。1200 年，法王菲利普·奥古斯都签发了著名的“权利特许状”：“禁止巴黎市长和法庭官员插手大学事务，并且应将逮捕的学生移交给教会法官。”[②] 1245 年，英诺森四世将大学的特权进一步扩大：“除了教师和学生外，大学里的服务者也应该享有这些特权；如果有人将知识者传唤到巴黎之外的法庭受审，知识者可以拒绝；无论是作为被告还是原告，都由知识者自己决定受理案件的法官，由知识者所在地的法庭审理。”[③] 凭借这些特权，大学成员经常利用他们的教士身份来逃避城市法和城市法庭的制裁，因此引发了市民们的不满：“每个人都知道，大学每天都在滥用它的特权，所有的人，无论出于什么原因，无论发生何事，都被带到大学特使的面前接受审判；当

① H. Rashdall, *The Universities of Europe in the Middle Ages*, Vol.I, p.181.

②③ P. Kibre, *Scholarly Privileges in the Middle Ages*, p.86 p.99.

大学被告知学生们滥用其特权时，大学却对这些事实熟视无睹。”[①]“牛津大学现在已经成为养育罪犯的温床，只要他们伪装成教士，即使被执行官逮捕之后也可以被释放。”[②]随着大学权利的逐渐扩大，法律地位的不断提高，大学与城市市民之间不可避免地存在着龃龉甚至冲突的可能性。

经济利益之间的冲突是引发大学与所在城市之间矛盾的另一个主要原因。为了保证知识者能够安心地在他乡求学，或者吸引知识者到自己的城市中学习，大学经常能够得到非常优惠的经济特权。如，1227年博洛尼亚规定:“可以把书带进城内而无须缴纳任何通行税；免缴任何形式的城市税；免除公共劳役；固定房租，每年由两名市民代表和两名知识者代表作为估价员确定房租的价格。”[③] 1231年，英王亨利三世首次出面调停牛津大学和牛津城之间关于高额的房租问题引发的冲突，并在1244、1248、1256、1268年颁布了关于大学房租问题的敕令。[④]不仅如此，牛津大学还控制了城市面包和啤酒的称重和量度的立法，并负责管理市场，甚至所有的交易都要由大学来裁决。亨利三世在1248年下令，牛津市民对面包和淡啤酒进行的任何检查都需要有大学校长或者学监，或者他们的代理人在场，如果没有校长或是代理人在场，对啤酒的检查无效。[⑤]大学获得的这些经济特权损害了城市市民的利益，引发了市民们的愤懑，大学与市民之间的矛盾日益尖锐。市民们试图通过法律手段寻求解决，但是由于国王和教皇的庇护，他们以法律方式得不到补偿，因此他们的抗议逐渐演变为暴力，甚至酿成大范围的暴乱。在牛津颇有影响的冲突和摩擦就发生了多次，其中最著名的事件是发

①③ P. Kibre, *Scholarly Privileges in the Middle Ages*, p.224, p.21.

② G. Leff, *Paris and Oxford Universities in the Thirteenth and Fourteenth Centuries: An Institution and Intellectual History*, p.86.

④ 参见 G. Leff, *Paris and Oxford Universities in the Thirteenth and Fourteenth Centuries: An Institution and Intellectual History*, p.31.

⑤ 参见 P. Kibre, *Scholarly Privileges in the Middle Ages*, p.284.

生在1355年圣修士节（St. Scholastica's Day）的暴动。[①]因而，历史上人们通常把市民和大学之间的冲突称为“城市和学袍（town and gown）”的矛盾。

大学和地方主教经常就颁发教学许可证（ius ubique docendi）和校长的管辖权等问题产生矛盾，其中巴黎、牛津和剑桥大学与地方主教的关系最具代表性。大学脱胎于主教学校，因而巴黎主教的代表，负责巴黎主教区教育事务的教长（chancellor，以下简称教长）具有向大学成员授予和撤销教学许可证的权力。由于巴黎的教长并不是大学成员，因而大学的命运掌握在他人手中，他们的权利有可能受到侵犯，大学团体当然毫不犹豫地捍卫自己的权益。1212年，巴黎教师行会向教皇英诺森三世提出诉求，指控巴黎教长滥用权力。1213年，在教皇的调停下，巴黎教长同意放弃让申请者宣誓服从的规定，保证不向任何有资格获得许可证的申请者收取费用，如果申请者所在学院的成员有充分的证据表明他有资格获得教学许可证，保证向其发放许可证。[②]经过一次次的交锋，巴黎大学在反对地方教会控制、争取大学独立方面为欧洲其他大学树立了最早和最好的榜样。英国的牛津、剑桥与巴黎大学情况有所不同，牛津、剑桥的校长不仅是大学的首领，而且他们还被赋予了一些主教的权力，如校长可以具有精神裁判权、民事和刑事司法权，因此他们不可避免地遭到林肯和伊利主教的挑战。剑桥在1276年、牛津在1346年与地方主教的斗争中都获得了胜利，两所大学最终确立了在司法管辖权方面具有的优势地位。[③]在与地方主教的斗争中，大学的权利不断扩大，最终摆脱了地方教会的控制获得了独立。

---

① 参见 A. B. Cobban, *The Medieval English Universities: Oxford and Cambridge to c. 1500*, p.261.

② 参见 O. Pedersen, *The First Universities: Studium Generale and the Origins of University Education in Europe*, pp.168–169.

③ 参见 A. B. Cobban, *The Medieval English Universities: Oxford and Cambridge to c. 1500*, pp. 67–68.

各种权力体系的相互竞争与制约有利于新生事物的产生和发展，那么在这种独特的多元化的政治体制中靠什么来维系各种权力之间的关系呢？“人们发现，在社会活动主体之间，包括统治者和被统治者之间，尤其在王权和其他社会力量之间，存在着既紧张又合作的关系，某种程度的契约关系。”[①]西方学者普遍承认，中世纪最基本的社会关系——领主与附庸之间就表现出一种权利与义务的关系，其中就包含了契约关系的因素。正如马克·布洛赫在其名著《封建社会》中写道：“附庸的臣服是一种名副其实的契约，而且是双向契约。”[②]这种契约关系将双方的权利和义务明晰化、规范化，一方面它确认了统治者具有较多的权利，承担较少的义务，但是它也同时承认了在下者具有最基本的权利，承认了在下者具有依法抵制和反抗统治者的权利。它虽然承认了统治者的特权，但是它以双方的约定为前提，承认了契约双方的平等。虽然这种“契约关系”并不等同于现代意义上的契约关系，或许正如梅因所指出的，只是一种“原始契约”[③]，但是如果“这种观念不可避免地移植到政治领域时，它将产生深远的影响”[④]。教皇革命后，教权与王权之间就达成一种妥协或契约关系。13世纪初，英国贵族与失地王约翰签署了《自由大宪章》，可以被认为是国王与贵族关系第一次诉诸文字的“约定”。即使在社会的下层，大大小小的领主与佃户之间，甚至农奴佃户之间也存在着相互的权利与义务关系，因此中世纪的西欧形成了一个以契约为纽带，将不同的等级、团体和个人联结在一个共同体之内的社会。对于中世纪的大学来说，《安全居住法》和《知识之父》等法令，就是国王或教皇与他们签订的一纸“契约”，《知识之父》就曾经被有

---

① 侯建新：《社会转型时期的西欧与中国》（第二版），第136页。

② [法]马克·布洛赫：《封建社会》（下），第712页。

③ [英]梅因：《古代法》，商务印书馆1984年版，第195页。

④ [法]马克·布洛赫：《封建社会》（下），第712页。

的学者赞誉为中世纪大学的“大宪章”。[①] 这些“契约”承认了缔约双方的权利主体地位，否定了国王或教皇对大学的任性专横，也使大学成员掌握了抵御在上者侵权的法律依据，成为知识者们不断要求和扩大权利的基础。

综上所述，西欧独特的封建制决定了西欧社会多元政治体系的存在，成为各种自治、独立社团合法和长期存在的政治基础。各种权利体系的相互竞争和制约，使每一个主体的权利都有扩大的可能性，同时为其他社会群体创造了生存和发展的空间。虽然大学产生于城市内部，隶属于地方教会，但由于行会本身所具有的自治的性质，为了争取自己的权利和利益，大学与所在城市、地方教会之间出现了各种纷争，它们之间的斗争实际上是不同团体之间争夺和捍卫权利的斗争。正是在争夺权利的斗争中，由于大学成员在社会中所发挥的特殊作用，他们因而经常得到国王和教皇的支持，大学逐渐摆脱了城市、地方教会的控制，成为西欧社会内部一个全新的、独立的社会力量。因此西欧社会独特的封建制成为孕育大学产生的优良“土壤”，中世纪大学的发展离不开这样一个特殊的外部环境。

二、多元的法律体系

伯尔曼认为：“西方法律传统最突出的特征可能是在同一社会内部各种司法管辖权和各种法律体系的共存和竞争。”[②] 教皇革命后，西欧社会出现了教会法和世俗法两大法律体系。由于西欧社会内部存在的各种社会力量分别有着可以行使自身权利的法律体系，因而世俗法本身又分成彼此构成竞争的几种类型，如王室法、封建法、庄园法、商法和城市法等。因此布洛赫认为“司法权呈现出极大的分割状态；各种司法权错综交织；司法权的功能

① 参见 H. Rashdall, *The Universities of Europe in the Middle Ages*, Vol.I, p.338.

② [美]哈罗德·J. 伯尔曼：《法律与革命》，第 11 页。

低下”是中世纪西欧司法制度的主要特点，其中“教会司法制度和教会法在封建主义特有的各种制度中可谓是国中之国”[①]。这样一个包含各种不同法律体系的共同的法律秩序使社会中的个体都生活在一种复合的法律体系之中，每个人在共同体中有多重的身份，因而受到不同的法律体系的管辖与保护。

中世纪的大学成员与教会法和教会法庭的关系最为密切。教会法涉及的范围极为广泛，它主张对所有精神案件和涉及精神案件的案件具有管辖权；除此之外，教会还主张对6种人具有管辖权，包括神职人员以及随从和家庭成员、学生等，因此凡是与大学成员有关的案件应该交由教会法庭审理，大学成员可以自己选择法官，由主教或者他们的校长审理。对于这些知识者，无论他们是平信徒还是教士，教皇和国王都确认他们享有教士的特权和豁免权。12世纪末期，英诺森三世声明，这些人不受世俗法庭的审判，不接受世俗法官的裁决，[②]并且继任的教皇们反复确认大学成员所具有的这项权利。1158年由巴巴罗撒颁布的《安全居住法》、1200年法王菲利普·奥古斯都签发的“权利特许状”等都明确规定大学成员免于世俗法庭的审判，这个规定被宗教法学家们称为“教士的司法豁免权”（benefit of clergy）。这项特权为大学成员提供了特殊的保护，即使犯了某些特别严重的罪行，他们的生命也很少受到威胁，因为根据教会法的规定，教会法庭不能以死刑作为惩治手段，因此他们所受到的来自教会的最严厉的惩罚是“开除教籍”。12世纪末期，亚历山大三世曾经发布训令，除非有教皇特殊的训令，地方主教不能随意开除这些知识者的教籍，这成为大学成员最为珍贵的特权之一。[③]享有“司法豁免权”的大学成员一方面可以逃避世俗法院的制裁，免受伤残肢体与死刑的处罚，同时他们享有比一般教士更

① ［法］马克·布洛赫：《封建社会》（下），第583、586页。

② 参见 P. Kibre, *Scholarly Privileges in the Middle Ages*, p.7.

③ 参见 P. Kibre, *Scholarly Privileges in the Middle Ages*, p.88.

大的特权，通常情况下他们都不会被褫夺教籍。

大学成员除了受到教会法和教会法庭的管辖和保护之外，他们同时受到校长法庭（chancellor's court）的庇护，这一点在中世纪的英国大学中非常突出。牛津、剑桥校长的权力体现了校长法庭司法管辖权的范围。1244 年，亨利三世授予牛津大学校长民事管辖权：凡涉及大学成员的所有民事案件都由校长法庭审理和裁决，[①]后来他们还获得了刑事管辖权。校长法庭的程序按照教会法进行，布莱克斯通在《英国法释义》中就曾经指出英国有 4 类法院获准适用罗马法和教会法，其中就包括牛津、剑桥两所大学的法院。[②]当大学成员与地方主教或市民发生冲突时，他们经常寻求大学法庭的保护，难怪大学的成员曾经发出这样的感慨："正是通过校长所拥有的权威保证了大学全体成员的特权和自由，他是大学和大学成员的保护神"[③]。而牛津的市民却不断地抱怨说："对待知识者的是一部法律，而对待普通市民的却是另外一部法律。"[④]

司法管辖权和法律体系的多元性使法律的最高权威性成为必要和可能。上帝的选民不仅在上帝面前是平等的，而且在法律面前也是平等的，因为"上帝即法律本身，故他珍爱法律"[⑤]。任何人不得凌驾于法律之上，国王也不例外，国王也要受到法律的约束，因为法律是"被发现的"，因此即使国王也不能专断地制定它，除非他能合法地修改了它。在中古的西欧社会，法律不仅至上，而且"法律是无所不在的"。其实无所不在的法律的这一观

① 参见 J.I. Catto, *The History of the University of Oxford : The Early Oxford Schools*, Oxford University Press, 1984, p.76.

② 参见［英］威廉·布莱克斯通：《英国法释义》，游云庭等译，上海人民出版社 2006 年版，第 97 页。

③ J.I. Catto, *The History of the University of Oxford : The Early Oxford Schools*, p.81.

④ G. Leff, *Paris and Oxford Universities in the Thirteenth and Fourteenth Centuries: An Institution and Intellectual History*, p.86.

⑤ ［美］哈罗德·J. 伯尔曼：《法律与革命》，第 628 页。

念早就深深地植根于西方文明的主体——日耳曼人固有的思想之中。萨拜因曾经指出:“日耳曼各民族认为法律是属于民众、或人民、或部落的，它几乎好似集团的一种属性或者一种共同的财富，而集团是靠着它才维系在一起的。”[①]中世纪人们心目中的法律像是缭绕的大气，从天上一直延伸到大地，深入人与人关系的每一个角落，因而法律成为政治权力的中心形式，成为解决社会问题的一个主要手段和工具。当大学的权利受到侵犯时，他们首先想到的是以法律捍卫自己的权利，他们向大学法庭、教会法庭，甚至向教皇法庭提出申诉，在很多情况下他们的权利都受到了维护。但是当大学及其成员的诉求不能用法律手段实现时，他们就采用其他的方式维护自己的权利。斯塔布斯曾经说:

> 中世纪历史是一种关于权利与侵权行为的历史……权利或诸权利的观念，是中世纪时代的指导思想——因为这个时期的最伟大的人物中，存在着一种提高法律地位的有意识的企图和一种遵守法律的意愿;同时在劣等演员中即在下层的人群中，有着要维持他们既得权利的倾向……对于流血，没有什么害怕，但对于破坏权利倒有着巨大的恐惧……中世纪的战争，照例是权利的战争，……人们应用法律来报复他们所受到的侵权行为，来实现他们的权利;当他们不能使法律发生足够的力量而获得效果时，他们就采用战争的办法了。[②]

对于大学来说，他们所常常采用的“战争的办法”就是罢课和离开大学所在的城市。中世纪时期几乎每所大学都曾经发生过罢课和离开所在城市的事件，其中最著名的是1229年巴黎大学的罢课。由于这次罢课和迁移，不仅孵化出欧洲其他几所大学，而且为了使大学重新回到巴黎，1231

① [美]乔治·霍兰·萨拜因:《政治学说史》(上)，盛葵阳等译，商务印书馆1986年版，第244页。

② [美]汤普逊:《中世纪经济社会史》(下)，第332页。

年格里高利九世签署了著名的大学的“大宪章”——《知识之父》，它不仅赋予了知识者各种特权，而且教皇允许大学以罢课为武器来保证它的要求得以实施，因而该训令成为大学以后捍卫权利的法律依据，罢课权成为大学争取权利的最有效的工具和手段。

综上所述，我们可以看到法律不仅仅是制裁和管辖，它还体现着对每个社会主体及在此基础上形成的主体权利的保护。西欧的法律传统为大学的产生和发展提供了一定程度的保护机制，不论是作为团体的大学的自治和独立，还是知识者个体的自由，都与之密切相关。法律是观念，是意识形态，同时也是经济、政治和社会发展的一个极其重要、不可或缺的环节。正如伯尔曼所说：“至少不能只把西方历史中的法律完全归结为产生它的社会物质条件或观念和价值体系；还必须把它部分地看作社会、政治、智识、道德和宗教发展中的一个独立因素，是其中的原因之一，而不仅仅是结果之一。”[①] 西欧中世纪社会所提供的法律体系和法律传统是任何其他社会所不具备的，这也是大学能够在西欧社会生存并发展的一个至关重要的因素，但这个重要的“保护伞”却经常被“忽视”。

---

① [美]哈罗德·J.伯尔曼:《法律与革命》，第51页。

第三节

大学产生前的西欧教育

西欧的学校教育肇始于加洛林王朝时期。为了更好地扩张领土并进行更为有效的统治，查理大帝倡导了一个以基督教思想为核心的学术运动，这场学术运动给当时和后来的西欧社会文化生活带来了巨大影响，因而被后代的历史学家称为“加洛林文艺复兴”。

查理大帝最有价值的一项贡献是鼓励和支持开办学校。788 年，查理大帝颁布了一项法令，命令富尔达修道院院长邦高夫在修道院内组织学习。“主教区和修道院是仁慈基督授权我们统辖的地方，除了遵守教会的规章制度、规范自己的行为，主教教区和修道院还应该专心学习，努力教育那些蒙上帝的恩惠、幸运地获得学习能力的人，……可以使你们更好地，并更为深入地理解《圣经》。”[①] 789 年查理大帝颁布敕令《普通告诫》，要求“每一主教教区和修道院，应注重圣诗篇、乐谱、赞歌、年与季的计算及文法等教学，所用一切书籍必须周密审订”[②]。这实际上是通过教会在全国范围内建立学校、普及教育的命令，因而西欧各地大主教教堂和修道院都开办了学校，其中最著名的是诗人狄奥多夫建立的奥尔良主教学校和富尔达修

① O. Pedersen, *The First Universities: Studium Generale and the Origins of University Education in Europe*, p.72.

② D. Knowles, *The Evolution of Medieval Thought*, London: Longman Group Ltd., 1988, p.66.

道院学校，许多年轻学子不远千里前去那里学习。来自盎格鲁-撒克逊的著名学者阿尔古因将“七艺”引入了学校的教学之中，文法、修辞和逻辑“三科”用来学会交际，几何、算术、天文与音乐等“四艺”用来研究客观世界。查理大帝不仅鼓励教会开办学校，还在亚琛建立了一所宫廷学校，那里集中了来自欧洲各地的学者，如阿尔古因、狄奥多夫、查理大帝的私人教师比萨的彼得、为查理大帝撰写传记的爱因哈德、《狄奥尼修书》的翻译者约翰·斯克特·埃里金纳等人。[①] 查理大帝为西欧社会建立起学校教育的最初框架。

查理大帝不仅支持建立学校，还下令对古典拉丁文字进行改革。原有的拉丁文存在着明显的弊端：它的字母很大，书写起来占用很大的空间，而当时书写用的羊皮纸稀少并且很昂贵；它的句子之间没有断句，不容易阅读。经过改革的拉丁字母，人称“加洛林小书写体”，不仅美观实用，最重要的是便于阅读和抄写，成为10—13世纪西欧的统一书写样式。这次文字改革不仅有利于教士对基督教教义进行研读，而且古典拉丁作品通过加洛林文本几乎全部直接或间接地流传给了现代世界，因而哈斯金斯曾经称赞：“拉丁语从来没有再堕入墨洛温时代那样的深谷之中，欧洲的聪明才智从来没有再失去9世纪的丰厚收获。”[②]

虽然历史学家习惯上把这场学术运动称为“加洛林文艺复兴”，但是查理大帝倡导的这场学术运动不啻是一次“复兴”，而是一次重要的创新，是具有鲜明个性的欧洲文明的开端。西欧第一次承担了发展教育的重任，在整个社会建立了初步的学校教育体系。经过改革的拉丁文字有利于基督教文化的传播，为西欧奠定了形成统一的基督教文化的基础。正如有学者指

① 参见 R. C. Dales, *The Intellectual Life of Western Europe in the Middle Ages*, Leiden · New York · Köln: E. J. Brill, 1995. pp.83–88.

② ［美］查尔斯·霍默·哈斯金斯：《12世纪文艺复兴》，第11页。

出："如果将西方的'文艺复兴'理解为一种新的文化综合，这种新的文化综合既要与罗马文化保持着某种连续性，还要融入充满活力的希腊的、犹太的和早期基督教文化的元素；如果这是一个可以接受的定义的话，那么'加洛林文艺复兴'就是以后所有复兴的先驱者和开拓者。这一点是毋庸置疑的。"①

但是，由于法兰克帝国的解体，北欧斯堪的纳维亚人和东方的萨拉森人对欧洲大陆的入侵，查理大帝倡导的文化教育改革所带来的光明被推迟了大约两个世纪。第一个千禧年过后，外围入侵的浪潮逐渐烟消云散，西欧的政治秩序逐渐恢复，经济开始稳步发展，查理大帝时代播撒的"教育"种子从 11 世纪开始结出丰硕的果实。大学产生前，西欧社会主要存在着 3 种类型的学校，基督教会开办的修道院学校（monastic school）、主教学校（cathedral school）和由非神职人员担任教师的世俗学校（secular school），这些学校随着时代和社会的发展出现了一些重要变化，为后来学术生活的复兴和大学的出现作了必要的准备，预示着西欧文化知识的重大变革即将来临。

一、修道院学校

为了培养修道士，基督教会在修道院内开办了学校。修道院的学校主要分为两类：一类是"内学"（interni），学生是从小就被父母送入修道院中的儿童，这些人被称为"自愿献身者（oblates）"，学成后他们将成为神职人员；另一类学校被称为"外学"（externi），学生主要来自修道院之外，学成后他们仍然保持世俗的身份，不会成为神职人员。修道院学

① G. W. Trompf, "The Concept of the Carolingian Renaissance", *Journal of the History of Ideas*, Vol. 34, No. 1, (Jan. - Mar., 1973), p.26.

校的教学以问答式为主，先提出问题，然后寻求正确的答案，因为他们认为这些答案早就已经存在；如果答案晦涩难懂，他们相信凭借直觉和上帝的启示他们终究会理解。修道院学校的教学是为了满足修道的需要，因此学校的课程以《圣经》和“七艺”为主要学习内容。文法是最基本的教学内容，还有最简单的修辞和逻辑。1877 年学者古瑟发现了 10 世纪时一个不知名的抄写员绘制的一幅曲线图，该曲线图记载了位于黄道周围的行星的运行情况，现证明该图是当时修道院学校使用的教材。[①] 这份文件表明，当时的修道院学校已经对算术和天文学进行了较为详细的教学和研究。因为礼拜仪式的需要，音乐的教学在当时的课程中同样占有重要的地位。

10—12 世纪时期，西欧社会的两次修道院运动对西欧的学校教育产生了重要影响。从 910 年开始，克吕尼修道院发起了一场以清除教会腐败为目标的修道院改革运动，克吕尼修道院院长奥托认为制止堕落、战胜邪恶最有效的方式是修道，要求修士严格遵守本尼迪克教规，他同时强调院规，要求修士们无条件地服从院长的管辖。这场改革使修道院成为一个封闭，有组织、有秩序的基督教机构，许多克吕尼修会关闭了“外学”，不再为修道院之外的人提供教育。12 世纪初建立的西多会继克吕尼改革运动的余绪，继续推行禁欲苦行、提倡纪律和劳作为教规的修道院制度，西多会创始人圣贝尔纳反对世俗知识的学习，认为修道院是一个“远离尘世的天堂”，反对在修道院内建立学校。[②] 修道院倡导“禁

① 参见 H. G. Funkhouser, “A Note on a Tenth Century Graph”, *Osiris*, Vol. 1, (Jan., 1936), pp.260–262. 天文学把太阳在地球上的周年视运动轨迹，即太阳在天空中穿行的视路径的大圆，称为“黄道”，也就是地球公转轨道面在地球上的投影，太阳在地球上沿着黄道一年转一圈。资料来源于 http://baike.baidu.com/view/18592.htm。

② O. Pedersen, *The First Universities: Studium Generale and the Origins of University Education in Europe*, p.104.

欲苦行、远离尘世"的观念对修道院学校产生重大影响。修道院学校自11世纪以来逐渐呈现出衰落的迹象，修道院不仅关闭了"外学"，而且降低了"内学"的作用，修士的培训重新回到传统的方法与目标：抄录、个人的读经与默祷。11、12世纪中仅有的两个较有影响的修道院学校是诺曼底的贝克和巴黎的圣维克学校。在这种背景下，主教学校的作用愈发重要，他们逐渐承担了为普通大众提供学校教育的重任。从长远的角度来看，修道院"远离尘世"的观念对于西欧的学校教育来说未必是件坏事，因为它使修道院从学校教育中剥离出来，从此西欧学校教育的目标不再仅仅是培养修道士。拉什道尔也说，"教育活动的中心从修道院转移到主教学校是11世纪伟大的'教育革命'，正是从这个变化中我们觉察到了大学的萌芽"①。

二、主教学校

主教学校是设在主教区的学校，也称座堂学校，或大教堂学校。学生大部分是教士或想成为教士的人。主教学校肇始于9世纪，由于修道院学校日渐衰落，越来越多希望接受教育的人进入主教学校中学习，主教学校迅速发展。为了满足宗教生活的需要，基督教会大力支持主教学校的发展。1179年拉特兰宗教会议规定：

> 上帝的教会，像一位尽职尽责的母亲，照顾人的灵魂和身体的康宁是她应尽的义务，因此每个大教堂应该为一名教师提供足够的圣俸，使他无衣食之虞。这名教师应该为各个教堂的教士和贫困的学生免费提供教学。②

① H. Rashdall, *The Universities of Europe in the Middle Ages*, Vol.I, p.275.

② J. Bowen, *A History of Western Education*, Vol. II, London: Methuen & Co Ltd., 1975, p.107.

不仅教会内的最高立法机构颁布法令支持建立主教学校，地方教会也采取各种措施鼓励主教学校的发展。如英国约克大主教罗杰宣布，1154—1181 年，每年拨给教士团 100 先令作为学校的费用，这些费用将在每年举行的复活节集会上收取。[①] 大约在 1111 年，伦敦主教理查德签发了一份文件，文件中称："理查德以上帝的名义告知教士团监理威廉和全体教士团成员，圣保罗主教学校的教师休及其继任者杜兰德负责学校的教学，并负责监管教堂的所有书籍，因此要保证该教师依照其职位享有住房一间。" [②]

早期主教学校的教学同修道院学校差别不大，仍然以保守的问答式为主，文法的教授占有压倒性的优势，"四艺"中的数学在教学中比较受到重视，因为数学可以用来计算不固定节日的日期。从 10 世纪后期开始，在法国兰斯的主教学校中，学校的课程出现了明显的变化。

兰斯能够成为 10 世纪欧洲最著名、影响最大的主教学校应该归功于欧里亚克的格伯特，此人后来成为教皇希尔韦斯特二世。格伯特在与西班牙有传统往来的欧里亚克修道院接受了初步的教育，967 年他来到熟悉阿拉伯文化的加泰罗尼亚的维奇主教学校继续学习，因此他成为较早地接触到阿拉伯文化的欧洲人之一。为了让学生学习辩证法，他将菲波利所著的亚里士多德的《〈范畴篇〉导论》和博伊提乌评注的《范畴篇》引入教学之中，从而使辩证法第一次真正成为欧洲学校的课程。据他的学生、传记作家里奇记载："上课时，他以阅读诗人维吉尔和特伦斯的诗歌开始，然后带着学生来到另一位教师那里练习辩论术，希望他们的理论学习能够通过口头训练得到实践锻炼。" [③] 虽然格伯特依然认为"七艺的女

---

① 参见 A. F. Leach, *The Schools of Medieval England*, London: Methuen, 1915, p.109.

② A. F. Leach, *The Schools of Medieval England*, p.110.

③ J. Bowen, *A History of Western Education*, Vol. II, p.45.

王是修辞而不是辩证法”[①]，但是他对辩证法的教学却给欧洲的思想、文化和教育领域带来了巨大冲击。格伯特犹如第一棒火炬手，他手擎的辩证法火炬被一棒又一棒地传递下去。他的学生继承了他的教学方法并将之推广到欧洲其他学校，从兰斯学校走出的富尔伯特创办了沙特尔主教学校，并在那里发展了辩证法的教学。[②]富尔伯特的学生贝伦加尔又把它带到图尔，他第一个将辩证法运用于神学讨论之中。因此有的学者称赞说：

> 11世纪最引人瞩目的思想觉醒是辩证法的复兴，作为一种批评的工具，辩证法成为教育和辩论的中心，没有一种新生的力量对西欧的思想产生的巨大影响能与之相提并论；没有一个时刻比此时更令人激动人心，辩证法不再是一种马马虎虎的记忆方法，而是处于教育的中心地位。古典文本的发现并不会为这种变化提供机遇，因为博伊提乌的作品和亚里士多德的零星著作早已散见各地，但是在过去它们并没有激发读者的思想。[③]

主教学校对辩证法的介绍、消化和吸收，对后世影响极大。随着亚里士多德的多部著作被陆续译为拉丁文之后，西方的知识者们又将辩证法引进了新兴的大学之中，成为大学中重要的教学内容和研究方法。

这个时期，各个学校的知识者们具有超常的流动性。首先，随着经济的发展，货币流通量逐渐增加，即使相距很远，赞助人也可以为求学者提供资金支持。其次，尽管学校已经有所发展，但是它们还不能为学生提供所需要的全部教学。这个时期很少有人仅仅在一个学校中学习，为了求学，学生往往需要去几个不同的地方。正如阿贝拉尔在《我的灾

① R. W. Southern, *The Making of the Middle Ages*, London: Arrow Books Ltd., 1953, p.184.

② 参见 J. Bowen, *A History of Western Education*, Vol. II, p.46.

③ D. Knowles, *The Evolution of Medieval Thought*, p.85.

难史》里叙述的那样，公元 1100 年前后，为了求学他跑了很多路。为了练习口才，哪里教辩论术有名，他就到哪里去。正是因为这个原因他才来到巴黎。[①]

再次，主教学校对学生的控制不像修道院学校那样严格，这种现象的出现主要源于大教堂教士与修道院修士生活的差别："大教堂对教士的学习没有特殊的要求，他们的日常生活也没有受到严格的管制，平日教士们分散而居，他们或领取自己的圣俸，或种植自己的土地，只有到了紧急时刻他们才聚集在一起。"[②]主教学校对教师和学生的控制相对宽松，他们可以自由移动，并没有什么规章制度束缚他们。从索尔兹伯里的约翰身上我们可以看出当时人们的学习经历。大约在 1135 年的时候约翰来到巴黎，他用了两年时间跟着阿贝拉尔和阿尔贝里克学习辩论术，然后投奔到语言学家孔什门下，聆听他的教诲达 3 年之久。之后，他在彼得·赫里亚斯那里系统地学习了修辞学。[③]法国北部的沙特尔、奥尔良、兰斯、列日、拉昂和巴黎等地的主教学校在 12 世纪中最为活跃，英国的坎特伯雷、西班牙的托莱多等也都是这种主教学校的典型代表。这个时期的知识者们增加了流动性，为以后学术中心，乃至大学的出现奠定了人员基础。

三、世俗学校

世俗学校是相对于教会学校而言的。大学产生前的世俗学校主要存在于意大利地区，意大利地区的教育并没有像阿尔卑斯山以北地区那样

① 参见 J. Verdon, *Travel in the Middle Ages*, University of Notre Dame Press, 2003, p.155.

② R. W. Southern, *The Making of the Middle Ages*, p.201.

③ 参见 R. L. Poole, "The Masters of the Schools at Paris and Charters in John of Salisbury's Time", *The English Historical Review*, Vol. 35, No. 139.（Jul., 1920）, pp.321–322.

被日耳曼人彻底摧毁，查理大帝聘请的老师大部分来自意大利，这是古罗马的教育传统依然在意大利存在的明证。这里与欧洲北部的学校教育明显不同的是，教会开办的学校在意大利并不占垄断地位，因此，当教育复兴来临时，那些独立的、由世俗教师开办的学校对意大利的影响最为广泛。

在意大利的世俗学校中，文法和修辞处于教学的中心地位，这是由当时的社会需要决定的。中世纪的意大利处于多股政治势力的控制之下，它们之间的斗争使意大利城市保持了一定程度的自治，而且古代罗马的城市生活从来也没有在意大利彻底消失，因而意大利的市政生活开始得比较早。此外，意大利特殊的地理位置对这个地区的商业贸易发展极为有利，政治和经济的发展都需要大量具有一定读写知识、接受过法律训练的公民。在这样的背景下，意大利学校中的教学和学习具有明显的实用性特征。“在这里，学习语法和修辞是为了能够记录、起草法律文件，是为了将来能够从事公证人和辩护人等职业而不是为了研究圣经和教皇们的著作。人们学习辩证法，是为了将来出席法庭辩论时，它可以成为为己所用的睿智的武器而不是开启神学大门的钥匙。”①

从 11 世纪开始，意大利学校和教师的数量不断增加。戴维斯教授在 11 世纪佛罗伦萨的一份文件中发现，大批的非教会人士被任命为教师，到 12 世纪，佛罗伦萨附近几乎每个小城镇和乡村都有世俗教师。② 由此不难看出，意大利世俗学校的发展已具相当规模。不仅如此，有的世俗学校已经发展成为某些专业的知识中心。12 世纪，博洛尼亚的法律学校居于公认的领先地位，佩波是“博洛尼亚闪亮的光芒”，伊尔内里乌斯是公认的法学

① H. Rashdall, *The Universities of Europe in the Middle Ages*, Vol.I, p.93.

② 参见 L. Thorndike, “Elementary and Secondary Education in the Middle Ages”, *Speculum*, Vol. 15, No. 4. (Oct., 1940), p.402.

大师；[1] 南部的萨莱诺成为欧洲首屈一指的医学中心。

综上所述，查理大帝倡导的文化教育改革为西欧社会建立了初步的教育体系，随着 11、12 世纪以来西欧经济和社会的稳步发展，西欧的学校教育呈现出新的变化。首先，教育活动的中心从修道院学校转移到主教学校之中，西欧的文明中心随之从乡村转移到城市。其次，主教学校的课程发生了明显变化，辩证法的教学开始受到重视，并对西欧社会后来的学术发展产生了深远的影响。正如有学者说："对亚里士多德辩证法的消化和吸收是 10 世纪末期到 12 世纪最伟大的智力活动。…… 虽然在神学领域内这种变化最为显著，引起的冲突最为激烈，但是西欧思想的各个方面都受到了巨大冲击。"[2] 再次，这个时期教师和学校的数量明显增多，教育已有相当的发展。12 世纪初的一位作家写道："不要说帝国境内的其他地方，并不包括法兰西、德国、诺曼底和英格兰的全部，不仅仅在城市和筑有围墙的城镇，但是即使在村庄，有学识的教师同收税官和治安官一样多。"[3] 修道院院长吉伯特・德・诺让在 1115 年的《忏悔录》中写道："我出生前不久和我的童年时代，教师极度缺乏，在小城镇里实际上不可能找到任何教师，甚至在城市里也几乎难以找到。就算偶尔能找到吧，他们的学问也很贫乏，甚至不能与今天微不足道的流浪学者的学问相提并论。"[4] 因此马克・布洛赫认为，"12 世纪的教育无疑已有长足进步，质量已大幅度提高，在不同社会等级中也普及得多"[5]。11、12 世纪教育的复兴无疑是西欧更广泛的"觉醒"运动的一个侧面，西欧教育的这种变化或许不能立刻在某场伟大运动

---

① 参见 [美] 查尔斯・霍默・哈斯金斯:《12 世纪文艺复兴》，第 15 页。

② R. W. Southern, *The Making of the Middle Ages*, p.190.

③ A. F. Leach, *The Schools of Medieval England*, p.131.

④ L. Thorndike, "Elementary and Secondary Education in the Middle Ages", *Speculum*, Vol. 15, No. 4. (Oct., 1940), p.402.

⑤ [法] 马克・布洛赫:《封建社会》(上)，第 188 页。

或某个巨大发现中凸显出来，但毋庸置疑的是，西欧学校的发展在一定程度上提高了西欧人的教育水平，增加了受教育群体的数量，从而为大学的产生奠定了广泛而重要的教育基础。

第四节

“12 世纪的文艺复兴”

学校教育的发展是大学产生的必要条件，但不是充分条件。“只要知识还局限在中世纪早期的‘七艺’内，就不可能有‘大学’。”[①] 只有随着知识的增长，整个社会具有了足够的知识积淀，大学才能产生。“从 11 世纪中期开始，欧洲社会经历了一场多方面文化知识的复兴，文学的、科学的、哲学的、宗教的、法律的、技术的、艺术的和历史的——这种知识活动的激增在 12 世纪达到了高潮。”[②] 这场知识活动的激增被哈斯金斯冠以“12 世纪的文艺复兴”，这场伟大的文化知识复兴是大学产生的知识基础。这场知识的复兴从两个重要的源泉获得生命力：一是修道院等知识中心对古典文化的保存；二是翻译运动带来的新思想和新材料。

一、“12 世纪文艺复兴”的源泉

日耳曼人的入侵使西方的知识之源希腊罗马文化在欧洲大陆几乎已经泯灭，幸运的是，古典文化的精华在修道院找到了栖身之地。古典文化的丰富遗产首先是由修道院的修士抄写保存下来的。第一个在修道院中设置抄写室

① C. H. Haskins, *The Rise of Universities*, p.4.

② R. C. Dales, *The Intellectual Life of Western Europe in the Middle Ages*, p.212.

的人是卡西奥多鲁斯，他推崇学术，珍视藏书，令修士们抄写了大量的经典著作，既包括基督教经典也包括被斥责为异教徒的作品。[①]后来，许多修道院都效仿他的做法，修士们每日必完成的一项重要任务就是抄书。奥斯特洛鲁斯是11世纪圣埃默雷姆修道院的抄写员，他在遗作中形象地描述了自己当时工作的情景："我在那里努力进行抄写工作，结果，在我返乡之前几乎失明。我之所以提到这些，期望会鼓励其他一些人同样热爱抄写工作，期望通过向其他人详述上帝赐予我这样的恩惠，会有助于他们同我一道赞美上帝的恩典。……除节日以及抄写不可能进行的时候，我很少休息。我眷写了19本弥撒书、3本福音书和4本晨祷礼拜书。"[②]修士的抄写工作是如此浩繁，以至于有时候在抄录的书的末页附上了他们的愿望："全部终于抄写完了，看在上帝的份儿上，给一杯酒让我痛饮吧！"[③]正是修士们笔耕不辍、勤勤恳恳的抄录工作，保存了古典文化和基督教文化的精华。

许多修道院都设立图书馆来保存书籍，正如一句谚语所说："一个没有图书馆的修道院就像一个没有军械库的城堡。"[④]修道院通常在一个凹室内设有书架，书架上摆放着收集到的各种书籍，以及他们复制的手抄本，这就是中世纪的图书馆了。本尼迪克修道院的图书馆创建了一套细致的图书管理系统，不仅指派一名修士专职管理图书馆，而且对于出借图书也有严格的规定，一般以本尼迪克法规48条为准，只允许每人每年借一本书。难怪有学者把本尼迪克修道院称为"图书馆的教父"[⑤]。

中世纪时期，书都是眷写在昂贵的羊皮纸上，制作成本很高，即使简

---

① 参见 R. C. Dales, *The Intellectual Life of Western Europe in the Middle Ages*, p.51.

② [美]E.P. 克伯雷：《外国教育史料》，第88–90页。

③ L. Thorndike, "Copyists' Final Jingles in Mediaeval Manuscripts, *Speculum*", Vol.12, No.2, (Apr., 1937), p.268.

④⑤ D. J. Boorstin, *The Discoverers*, New York: Random House, 1983, pp.492–493, p.491.

便的书籍也是奢侈品，因此如果一个图书馆藏书仅有二十多本，在当时是不足为奇的。随着西欧社会的发展，图书馆的藏书量增加了。12世纪初，著名的贝克学派的图书馆藏书164册，到1164年，巴约主教又捐献了113册。达勒姆主教堂以546册藏书成为12世纪晚期最大的图书馆之一。[①]现存的一份1040年克吕尼修道院在四旬斋第一天发给修士的书目清单，书单清楚地列举了当时这个图书馆的藏书目录，有早期基督教作家的著作，如奥古斯丁的《诗篇》和《论基督教学习》、哲罗姆的《论先知书》、格雷戈里的《论以西结书》，还有一些圣徒和教父的生平传记，加洛林时期著名学者毛鲁斯和海默等人撰写的《圣经》的评注，比德撰写的教会史的作品，还有罗马历史学家李维的作品等。[②]12世纪时期，图书馆扩大了藏书的范围。一本萨拉森文的数学著作、两本同样题材的希腊文著作、里奇的《历史》书稿竟然出现在12世纪米歇尔斯堡的图书馆中。[③]或许中世纪的图书馆陈设过于简陋，图书馆藏书的规模和范围与我们的想象相去甚远，但是中世纪黑暗时代修道院的图书馆仍然成为保存西欧传统文化的一盏“光明的神灯”。通过基督教会，特别是通过修道士，不仅基督教文化的精华，拉丁古典作品也得以幸运地保存下来。

东方的新学问和文献从10世纪中叶就已经开始陆续传入西欧。在西班牙的圣玛利亚修道院，格伯特等人从10世纪起就将阿拉伯的几何学和天文学的著作翻译成拉丁语，11世纪的赫尔曼已经熟知阿拉伯的星盘，非洲人康斯坦丁及其学生在意大利南部萨莱诺翻译了盖伦、希波克拉底和犹太人伊萨克的医学著作。真正使西欧科学和哲学思想发生革命并对西欧以后学

①③　参见［美］查尔斯·霍默·哈斯金斯：《12世纪文艺复兴》，第63页，第63页。

②　参见R. W. Southern, *The Making of the Middle Ages*, p.197.

术活动产生深远影响的是 12、13 世纪之间的翻译运动。“这场翻译运动产生的影响堪与 9—10 世纪阿拉伯的‘百年翻译运动’的影响相媲美。”[①] 这场翻译运动以西班牙和南意大利两个地区最为重要。

西班牙半岛的通道是新知识传播到西欧最重要的途径。711 年后，西班牙半岛为穆斯林占领，阿拉伯文化大量传入西班牙，西班牙成为阿拉伯世界的三大文化中心之一，保留了大量的伊斯兰文化遗产。基督徒收复西班牙之后，大批知识者从欧洲各地涌入西班牙，开始研究阿拉伯人的著作。12 世纪早期的翻译工作主要在巴塞罗那、塔拉索那、塞戈维亚等地进行，巴斯的阿德拉尔、蒂沃利的普拉托、多米尼克斯・戈蒂赛维和卡林西亚的赫曼等人是主要的翻译者。[②]12 世纪后期的翻译工作主要在古代的教育中心托莱多开展。“你会发现大量的阿拉伯书籍和使用这两种语言的大师，并且，在这些莫扎勒布人和定居的犹太人的帮助下，兴起了翻译阿拉伯一拉丁书籍和科学书籍的正规学校，从整个大陆上吸引了那些渴求知识的人……为许多著名的阿拉伯学术著作留下了托莱多的鲜明特征。”[③] 所有这些翻译活动都得到了托莱多大主教雷蒙德的支持和庇护，他们的翻译主要集中在天文学和数学方面。克雷莫纳的杰拉德是托莱多最勤奋和多产的翻译者。杰拉德的传记曾经这样记载：“他在托莱多看见关于阿拉伯的文献是如此丰富，并且涉及了每一个学科，而拉丁著作却是如此地贫乏，他为此感到痛惜不已。于是他学习了阿拉伯文以便翻译这些著作。无论什么书，只要有一定价值，他立即将该书翻译成拉丁语，并且竭尽全力地使翻译清楚无误。”[④] 杰拉德一生译著颇丰，主要有亚里士多德的《后分析篇》、欧几

① E. Grant, *The Foundations of Modern Science in the Middle Ages*, p.23.

② 参见 C. H. Haskins, *Studies in the History of Mediaeval Science*, p.9.

③ [美] 查尔斯・霍默・哈斯金斯:《12 世纪文艺复兴》，第 38 页。

④ E. Grant, *A Source Book in Medieval Science*, Cambridge: Harvard University Press, 1974, p.35.

里德的《几何原本》、狄奥多西的《球面几何学》，还有盖伦和希波克拉底等人的医学著作，共计约 90 本译著。[①]

南意大利的地理位置决定了它必然成为希腊、阿拉伯和拉丁文化的交汇点。作为欧洲与阿拉伯联系的中间站，西西里自从 9 世纪中叶至 11 世纪晚期一直处于阿拉伯的统治下。当诺曼人征服了西西里，在那里建立了统治之后，相当一部分人口还保留着伊斯兰成分。不仅如此，它一直与伊斯兰国家有商业往来，而且与操希腊语的拜占庭的交往未曾中断过。诺曼人西西里国王祖孙三代对科学怀有浓厚的兴趣，国王罗杰命令完成了阿拉伯著名的学术著作《地理学》的翻译，威廉一世和威廉二世下令翻译了希腊数学和天文学的著作，如欧几里德的《资料集》《光学》和《反射光学》，还有托勒密的《天文学大成》(*Almagest*)。他的宫廷里同时延请了阿拉伯的物理学者和占星家。迈克尔·斯科特和西奥多为腓特烈二世翻译了一些阿拉伯动物学的著作。[②]

面对丰富的希腊和阿拉伯典籍，对科学、哲学著作几乎一无所知的西欧人如逢甘霖。国内有学者根据科学史大师乔治·萨顿的《科学史导论》作过统计，总计约 26 个希腊人和拜占庭人的著作被译成了拉丁文字，五十多位阿拉伯学者的著作被翻译成西方文字。[③] 希腊、阿拉伯几乎所有哲学大师和科学家的著作以及拜占庭部分重要的哲学家或科学家的主要著作都被译成了拉丁文。从内容上看，这些著作包括哲学、医学、天文学、占星术、数学、物理学、化学等诸多学科领域。由于阿拉伯人直接或间接地吸收了中国、印度、波斯的大量科技文化成就，因此当时世界上许多先进的科学文化知识同阿拉伯文化一起被介绍到了欧洲，众所周知的阿拉伯数字就是

①② 参见 C. H. Haskins, *Studies in the History of Mediaeval Science*, p.15, p.243 ff.

③ 参见徐善伟:《东学西渐与西方文化的复兴》，上海人民出版社 2002 年版，第 55–59 页。

一个很好的例证。

欧洲的这场翻译运动产生的影响是革命性的。通过这场大规模的翻译活动，“智者的老师”亚里士多德的著作被重新译介到欧洲。[①] 在此之前，中世纪西欧人对亚里士多德作品的知晓是通过博伊提乌等人对亚里士多德《范畴篇》和《解释篇》的翻译和评注，这些书被称为“旧逻辑”。从 12 世纪下半期开始，包括《前分析篇》《后分析篇》《主题篇》和《诡辩篇》等著作在内的“新逻辑”被介绍给西欧。对亚里士多德著作的翻译和介绍开拓了欧洲学者的视野，促使欧洲学术界以一种更为理智的思维方式看待有关神学、人和自然等方面的问题。随着希腊和阿拉伯科学知识的介绍，欧洲学校中传统的“四艺”内容发生了变革。“阿拉伯科学的涌入打破了四艺的平衡，如四艺中的重要分支音乐，因为几乎没有从阿拉伯的文献中受益，从某种程度上说，在四艺中的影响日衰；而与天文学联系密切的几何学和算术逐渐占据了主流地位。”[②] 希腊与阿拉伯著作的翻译和传入，使西欧第一次拥有了古代以来的学术知识，深深地刺激了正在觉醒中的学术界，这些新文献和新知识被融入西欧的思想和学术生活之中，成为西欧学术进一步发展的基础和源泉。

二、12 世纪文化知识的复兴

斯旺森曾经说：“不可否认，从 1050 年至 1250 年这一延长的 12 世纪中，西欧文化和知识的每一个方面都发生了巨大变化。”[③] 这种变化主要有两个特点，一是每个学科都扩大了知识的范围；二是尝试了新的研究方法。

---

① 但丁曾说：“亚里士多德是智者的老师，博伊提乌是想求知的人的老师。”

② R. L. Benson & G. Constable, *Renaissance and Renewal in the Twelfth Century*, p.465.

③ R. N. Swanson, *The Twelfth-century Renaissance*, Manchester and New York: Manchester University Press, 1999, p.208.

12世纪文化知识的发展首先表现在各学科领域内知识范围的扩大。以法学为例，罗马法首先在意大利复兴，主要集中在帕维亚、拉文纳和博洛尼亚等地，其中博洛尼亚最为重要。佩波和伊尔内留斯是这个时期博洛尼亚最著名的法学家。伊尔内留斯“最终将法律从修辞学中分离出来，赋予它作为一门名副其实的独立学科的地位，它不再是以节录和内容摘要为基础，而是以《民法大全》的原文为基础，整部《民法大全》现在可用于解释法学的任何一个分支”①。1140年左右，修士格拉提安在博洛尼亚对教会法的原始资料进行收集、整理，撰写了《歧异教规之协调》，它与格里高利九世的《教令集》一起成为教会法的主体内容。与此同时，教会法与罗马法一并成为法学研究的内容，随后许多学者不断对它们进行解释和评注。法学知识的拓宽还表现在民法和教会法领域之外。从11世纪末期开始，一些仍然为封建或地方习惯控制的地区开始对部落或采邑的古老习惯进行加工、整理，使之形成文字，出现了一批封建法，如巴塞罗那的《惯例》、诺曼底的《古老习惯》等。②与此同时，意大利的城市法和商法也成为这个时期法学的重要组成部分。总之，正如梅特兰所说：“在罗马法的繁荣岁月之后，没有哪个时期能够像在12世纪那样，对于法学的关注在知识生活中占有如此大的比重。”③

从12世纪存在的林林总总的哲学观点及它们各自的代表之间争论的激烈程度，人们可以很容易地判断出该时期哲学内容的丰富。对哲学的重大问题——共相性质的争论产生了中世纪经院哲学的两派学说：唯名论和唯实论。罗色林是最早的唯名论者，唯实论的早期代表是安塞姆，他们之间的争论是唯名论和唯实论的第一次较量。即使在同一学说内部，由于坚

① ［美］查尔斯·霍默·哈斯金斯：《12世纪文艺复兴》，第163页。

② 参见［美］查尔斯·霍默·哈斯金斯：《12世纪文艺复兴》，第177页。

③ F. Pollock, & F. W. Maitland, *History of English Law*, Cambridge: Cambridge University Press, 1898. 转引自［美］查尔斯·霍默·哈斯金斯：《12世纪文艺复兴》，第159页。

持的观点不同，这些杰出的学者之间也展开了激烈的论战。索尔兹伯里的约翰在12世纪中叶写的《逻辑学讲解》一书中曾经对共相性质问题的讨论作了总结，他列举出争论各方的论点，计有6种之多，两种观点是唯名论，两种观点是唯实论，另外两种观点动摇于唯名论和唯实论之间。[①]不仅如此，中世纪柏拉图主义最活跃的时期恰好也在12世纪。它的杰出代表是自称为“热爱柏拉图的人”——沙特尔的伯尔纳和蒂埃里、孔什的威廉、拉波里的吉尔伯特和巴斯的阿德拉尔等人，他们致力于研究和发扬那时为人所知的柏拉图学说，他们的思想“构成了西欧学术和中世纪人文学科连续发展过程中的一个阶段”[②]。

这个时期科学领域的变化最为显而易见。中世纪早期的科学知识主要体现在伊西多尔的《词源学》、比德根据普林尼的《自然历史》编辑的手册等中。从12世纪开始，欧洲人开始接触并逐渐熟悉欧几里德、托勒密以及阿拉伯人的数学和天文学知识，盖伦、希波克拉底等人的医学知识。正如19世纪法国历史学家勒南所说：“阿拉伯典籍被引入欧洲，使中世纪的科学和哲学分为截然不同的两段时期。”[③]如果稍微浏览一下这个时期自然科学各领域内的知识范围，我们就会对12世纪西欧科学的进步有更为清楚的了解。

数学方面，西欧人在12世纪已经能够读到欧几里德的《几何原本》《资料集》和《光学》，阿拉伯数学家的算术、代数学和三角函数知识被介绍到了欧洲，如花拉子密的三角函数表和《代数学》。[④]这个时期，拉丁欧

---

① 参见 A. Hyman & J. Walsh, ed. *Philosophy in the Middle Ages*, Indianapolis,1974, p.167. 转引自赵敦华:《基督教哲学1500年》，人民出版社1994年版，第260页。

② R. W. Southern, *Medieval Humanism and Other Studies*, Oxford: Basil Blackwell Publisher Ltd., 1970, p.78.

③ C. H. Haskins, “Arabic Science in the Western Europe”, *Isis*, Vol. 7, No.3, (1925), p.478.

④ 参见 C. H. Haskins, “Arabic Science in the Western Europe” , p.481.

洲在天文学方面最重要的进展是将天文学的百科全书——托勒密的《天文学大成》在 15 年之内先后从希腊、阿拉伯文翻译成拉丁文，[①] 欧洲从此开始全面接受了古代世界的天文学知识。物理学方面，西西里通晓多种语言的尤金将托勒密的《光学》从阿拉伯文翻译成拉丁文，书中记载了有关大气折射的知识，萨顿认为这是“古代最惊人的实验研究”[②]。亚里士多德的《气象学》《物理学》等作品被翻译成了拉丁文后，西欧人明显地受到了这些著作的影响，如威尔士人杰拉德曾试图全面地解释潮汐这种自然现象。[③] 其他领域内的研究同样有了新的进展。13 世纪初，迈克尔·斯科特翻译了阿拉伯的动物学著作之后，对动物学的研究更加科学。与此同时，在莱茵河畔的宾根女修院中，本尼迪克的修女希尔达撰写了一本关于自然历史和医学的百科全书《医书》，书中记载了大约 1000 种动植物的日耳曼语名称。[④]

12 世纪，西欧人在医学方面取得了很大进展，他们重新发现了希腊医学文献，翻译了阿拉伯医学家的重要著作，意大利南部的萨莱诺成为当时的医学研究中心。同时期的西欧还有一种实用科学名列前茅，即建筑学。12 世纪中叶，最为复杂的建筑风格之一——哥特式建筑开始出现于西欧大陆。哥特式大教堂以高耸的塔尖、圆花窗、精致的石质花窗格、精雕细琢的浮雕、多重柱廊等特征闻名于世，哥特式大教堂的存在不仅显示了当时高超的工程技艺，而且为那个时代建筑学的进步提供了最明显的视觉上的证明。

12 世纪文化知识的复兴不仅体现在知识范围的扩大，而且还表现在这个时期的学者尝试利用新的研究方法，其中最重要的新方法是将逻辑分析运用于学术研究中，从而使 12 世纪的各知识领域的研究发生变革。

---

①③④　参见 G. Sarton, *Introduction to the History of Science*, Vol. II Part I, p.297, p.297, p.304.

②　G. Sarton, “A History of Magic and Experimental Science during the First Thirteenth Centuries of Our Era”, *Isis*, Vol.6, No.1, (1924), p.79.

首先应该区分两个术语：逻辑和辩证法。辩证法，来自希腊语“dialektiké”，一般指对话的艺术，严格地说是论辩推理。[①]逻辑（logic）一词来源于希腊语“逻各斯（logos）”，希腊斯多葛学派认为“‘逻各斯’是万物之中存在的理性”[②]，人类灵魂中的推理能力是其中的一部分。严格地说，辩证法指的是通过辩论寻求真理的方法，而逻辑指的是正确推理的过程，但是中世纪时期二者往往被交叉使用。将辩证法，即逻辑分析运用到学术研究中成为中世纪文化知识领域发生巨变的关键性因素之一。

中世纪早期，神学和哲学两者之间的界限并不明显，虽然神学居于主导地位，但是对神学的讨论包含着对哲学问题的研究。首先将逻辑分析运用于神学讨论的是图尔的贝伦加尔。他说：“理性应被用于一切地方，正因为人被赋予理性，他才是唯一按照上帝形象被造之物。”[③]贝伦加尔遭到了达米安的极力反对，后者的名言“哲学是神学的婢女”曾在中世纪广泛流行。他认为辩证法相信逻辑规则，神学信仰上帝的启示与奇迹，两者是不相容的，因此他完全排斥了辩证法的证明作用。处于两个极端之间的折中主义的代表是贝克修道院的兰弗朗克和坎特伯雷大主教安塞姆。安塞姆继承了他的老师兰弗朗克的主张，把辩证法的作用限制在证明和解释的范围内，其前提条件是不能将辩证法用于怀疑、批判信仰，因此他提出的口号是“信仰寻求理解”，“我们信仰所坚持的与被必然理性所证明的是同等的”[④]。他的

---

① 亚里士多德创立了形式逻辑体系，他认为逻辑是一切科学知识的方法。他在《前分析篇》里区分了两类推理：证明推理和论辩推理，在《正位篇》中把论辩推理称作辩证法，他认为“辩证法是一个批判的过程，其中有探求一切根本原理的途径”。亚里士多德在《范畴篇》《解释篇》《前分析篇》和《后分析篇》中对逻辑进行了详细地陈述，这几本书后来被中世纪的学者统一收集在《工具论》（*Organon*）之中。

② ［美］威利斯顿·沃尔克：《基督教会史》，孙善玲等译，中国社会科学出版社 1991 年版，第 7 页。

③ D. Knowles, *The Evolution of Medieval Thought*, p.97, p.92.

④ D. Knowles, *The Evolution of Medieval Thought*, p.92.

最大贡献是，以教会所认可的研究成果表明辩证法是可以被用作解决神学问题的理性工具。

安塞姆之后，辩证法被顺理成章地推广到神学领域，阿贝拉尔进一步推动了辩证法对神学问题的研究。他在《是与否》一书中列举了156个神学论题，每个论题都有肯定和否定两种意见，这些意见都从教会认可的使徒和教父著作中摘录出来，具有同等的权威性。虽然《是与否》没有“辩论”这部分内容，没有判别论据的真伪，但是他用分歧意见表达了亚里士多德对辩证法提出的第一个重要步骤：合适地提出问题。他列出相左的权威观点是为了说明将辩证法用于神学研究的必要性。与安塞姆相比，阿贝拉尔代表了对辩证法更为积极与自由的理解，更符合亚里士多德辩证法的原意，即从不确定到确定的过程。因此，经过贝伦加尔、安塞姆和阿贝拉尔等人的努力，中世纪形成了以神学为背景、以“辩证法”（即亚里士多德所说的论辩推理）为操作原则的经院哲学，使12世纪明显成为一个逻辑推理的时代。

经院哲学家使用的辩证法经常被称为经院哲学方法，是经院哲学的一个基本特征，正如哈斯金斯所说，“经院哲学是一种方法而不是一个孤立的学说体系，这种方法，不同的人使用可能会导致不同的结论”[①]，实际情况也是如此。

第一个将辩证法应用到法学领域的是伊尔内留斯，从流传下来的评注看，他使用了与其同时代的沙特尔的伊沃和阿贝拉尔等人完全相同的方法——逻辑分析法。如果根据《法律疑难问题》进行判断，可以看出，他鼓励发现问题并予以讨论，还试图解决权威著作中明显的自相矛盾之处。“博洛尼亚注释法学家的工作，构成了12世纪知识活动非常重要的一部

① ［美］查尔斯·霍默·哈斯金斯，《12世纪文艺复兴》，第290页。

分，……它展示了逻辑分析的开拓性前景，而这个特别适合一个资料奇缺的盛行逻辑分析的时代。”[①]

将辩证法用于法律学科中另一个引人瞩目的例子是修士格拉提安的那本伟大著作《歧异教规之协调》。伯尔曼称“这是西方历史或许是人类历史上的第一部全面的和系统的法律论著”[②]。格拉提安在伊沃编纂的《教令集》基础上建立自己的体系，他同时借鉴了同城伊尔内留斯的注释、评注和概括的方法，并试图参照阿贝拉尔的《是与否》对其进行解释并调和了教会法原有的矛盾，使教会法比同时期其他的法律条文更合理更具权威性。现代学者马柯蒂斯曾经对经院哲学家使用的辩证法进行了研究，他认为“东方穆斯林早已经使用了辩证法，但是它在东方没有得到发展，而是被传到西欧之后，经经院哲学家之手才达到顶峰；但是，并不是神学和哲学的研究推动了它的发展，而是法律为辩证法的发展提供了最初的推动力”[③]。

在 12 世纪，评注或许并不是一个新的研究方法，中世纪早期的教士通常采用评注的方法对《圣经》和早期基督教父的著作进行解释。12 世纪以来，西欧人尝试将评注的方法用于新的知识领域中，如伊尔内留斯通过注释、评论和概括的方法，对《民法大全》的第二部分《学说汇纂》进行了考证和说明，从而使人们全面了解《学说汇纂》的本来面目，从而为注释法学派（the Glossators）的出现奠定了基础。

这个时期已经出现了观察和实验方法的萌芽。最好的例证便是西西里的国王腓特烈二世。他撰写了关于猎鹰训练的论著《捕鸟的技术》，这部书是他亲身对鸟类，特别是对猎鹰的习惯进行观察的一个总结。当他听说鸵

① [美]查尔斯·霍默·哈斯金斯，《12 世纪文艺复兴》，第 167 页。

② [美]哈罗德·J. 伯尔曼：《法律与革命》，第 172 页。

③ G. Makdisi, “The Scholastic Method in Medieval Education: An Inquiry into its Origin in Law and Theology”, *Speculum*, Vol.49, No. 4. (Oct., 1974), p.660.

鸟蛋能在埃及的阳光下孵化时，他把鸵鸟蛋和专家运到了奥普里亚，以便亲自证实。[①]除了采用观察和实验的方法之外，腓特烈二世还借助于“调查表”的方式来满足他求知的愿望。现存有一份1242年左右的名为“西西里问题”的调查表，它记录了腓特烈二世派人到埃及、叙利亚、伊拉克和小亚细亚等地请当地的穆斯林哲人回答一些问题，并以资奖励的情况。[②]

总之，这段时期文化知识的复兴不仅扩大了拉丁欧洲的知识范围，而且新的研究方法使学术研究向深度发展，从而为更高级教育组织的出现提供了足够的知识积淀。

中世纪盛期西欧的经济进步是大学产生和发展的物质基础，学校的发展为西欧社会奠定了广泛而重要的教育基础，12世纪文化知识的复兴为大学提供了足够的知识积淀。更为重要的是，西欧特有的封建制成为孕育大学产生和发展的“优良土壤”。如同“橘生淮南则为橘，橘生淮北则为枳”的道理，迥异的政治环境和法律传统使不同地区的教育组织走上了不同的发展道路。

①② 参见 C. H. Haskins, *Studies in the History of Mediaeval Science*, p.263, p.264.

第二章

中世纪大学的产生和发展

尽管从 11 世纪中期开始学校的发展在一定程度上提高了西欧人的教育水平，增加了受教育群体的数量，但是从整体上来看，这些学校还不能完全满足西欧人的要求。经济的进步，提高了西欧人的生活水平，促使人们的精神状态、文化素养、思想面貌等多方面发生了变化，普通民众增强了自我意识，对教育有了更高的要求。他们期望通过高深知识的学习提高自我，使自己的知识更加完善。王权与教会之间斗争的加剧，促进了法学和神学研究的发展；不仅如此，封建王权进行的司法改革和行政改革，也都需要学校为其提供大批的、受过专业训练的人才。从本质上说，西欧原有的学校只是辅助性地附属于某一教堂或者修道院，并不是一个正规的教育机构；另外，它们也极不稳定，其声望往往得益于某一名师的存在，名师一旦离去，学校的声望即告终结，因此，更高级、更稳定的教育组织的出现是大势所趋，但是这种更高级的教育组织将在何地、以何种形式出现却是由西欧社会其他现实因素决定的。

第一节

大学的产生

12 世纪出现的更高级的教育组织就是我们现在所熟知的“大学”。最初的大学不是建立的，而是缓慢发展成的，大体上来说成型于 1150 年至 1200 年。“很多事物并没有创造者，也没有确定的开始日期，只是‘就那么成长’，缓慢地、不为人所知地成长着，没有确切的成长记录。”[①] 所以我们只能根据前人挖掘的资料，尽可能找出它们之间的一些共同特征，对大学的产生进行粗略的描述。

12 世纪初，欧洲的思想活动普遍恢复了活力，在原有学校的基础上逐渐形成了一些知识中心，法国北部的兰斯、沙特尔、巴黎、奥尔良、拉昂和图尔，南部的蒙彼利埃；英国的坎特伯雷、牛津、北安普顿；意大利北部的帕维亚、拉文那和博洛尼亚，南部的萨莱诺等都是比较著名的知识中心。12 世纪后期，由于各种各样的原因，拉昂和图尔这样的知识中心昙花一现，渐归湮没，而巴黎、博洛尼亚、牛津等地的知识中心却脱颖而出，不断地吸引大批知识者的到来，正是在这些重要的学术中心中孕育了新的教育组织。

① C. H. Haskins, *The Rise of Universities*, p.4.

巴黎、博洛尼亚、牛津等城市能够超越其他对手而成为本地区的学术中心，首先得益于它们有利的地理位置和相对发达的经济。巴黎处于土地肥沃、内河航运比较发达的法兰西半岛，巴黎以前曾经是墨洛温王朝的驻跸之地，后成为卡佩王朝的首都，有人称巴黎因“王权的保护而崛起并超越其他”城市[①]。巴黎的富足能为大量的教师和学生提供充足的食物和美酒，这一点被其他城市艳羡不已。博洛尼亚有着天然的地理优势，位于有“地中海锁钥之称”的意大利北部的交通枢纽地带，这里水利资源充足，气候适宜，适于农业生产，且又水路便利，自古以来商业活动就很活跃。1155年，当德国皇帝问这里的知识者为什么偏爱这里时，一些代表表达了这样的感受：“啊，陛下，我们耕耘着这块土地，便利地获取我们之所需。”[②]牛津是英格兰境内几条道路的汇合处，属于战略要地，并经常得到王权和教会的眷顾，1100年亨利一世在牛津建立了行宫。牛津虽然只是一个执事长辖区，但是城内拥有3个教会机构。12世纪牛津城内织工行会、皮革行会以及犹太团体的存在可以表明牛津的商业活动很活跃。[③]在中古的社会条件下，西欧城市的供应几乎完全依赖于周围市场或者长距离贸易，因此只有在交通便利，特别是拥有广大的农村腹地为其提供充足的生活供应的地方才能吸引各地老师和学生的到来。

成为学术中心的另一个必要条件是这个地方具有相对浓厚的知识氛围、教育传统以及著名的学者。12世纪中叶之前，法国北部最为繁荣的学术中心在沙特尔，一系列杰出人物的名字足以让人们铭记着沙特尔的学校，如语法学家伯尔纳，逻辑学家、神学家拉波里的吉尔伯特等，但是到12世纪

①② [美]查尔斯·霍默·哈斯金斯:《12世纪文艺复兴》，第305页，第311页。

③ 参见 A. B. Cobban, *The Medieval English Universities: Oxford and Cambridge to c. 1500*, pp.35–36.

后半期，沙特尔让位于巴黎，因为那个时代，人们更青睐于逻辑，而沙特尔的总体名声在于文学，巴黎因逻辑而闻名并确立起了学术上的优势。12 世纪的巴黎主要有 3 所学校，圣母院的主教座堂学校、圣维克多的修道院学校和塞纳河左岸的圣热纳维耶沃大教堂学校。毫无疑问，巴黎是神学和辩证法的中心。圣维克多学校是传统和保守神学的代表，它以培养辩证法和经院哲学的对手而闻名，当时巴黎最有名望的教师是尚佩的威廉以及他的死对头阿贝拉尔，当阿贝拉尔在圣热纳维耶沃学校中进行教学时吸引了大批的学生来到巴黎，使圣热纳维耶沃山成为当时欧洲的教育圣地。

由于法学的复兴，博洛尼亚成为法学研究的中心，活跃在博洛尼亚的法学家是佩波、“法学之灯”伊尔内留斯和教会法学家格拉提安等人。基督教会格里高利的改革促进了社会各界对法律和政治的思考，在格里高利改革直接推动下编成的教会法汇集和博洛尼亚各学校第一批法学著作的问世在时间上几乎完全一致，这并非偶然的巧合。从伊尔内留斯时代开始，博洛尼亚学校在法律方面名声显赫，正是作为一所法律学校的声誉，连同闻名遐迩的教师和切实优秀的教学方法，吸引了来自远方的学生。12 世纪前半期，牛津的学术活动与伊坦布斯的帝博、罗伯特・普雷恩、克里克雷德的罗伯特和瓦卡如斯等人联系在一起。[①]12世纪后半期，牛津上升为教会法庭的中心，牛津的这些学者既是出席法庭进行辩论的律师也是法学的教师，他们将法学教学和实践相结合，撰写了大量的法学书籍和注释，促进了当地的法学教学，并从遥远的地方把大批的知识者吸引到牛津，使牛津与巴黎、博洛尼亚三足鼎立，成为重要的学术中心之一。

① 参见 J.I. Catto, *The History of the University of Oxford : The Early Oxford Schools*, pp.5–11.

12世纪中叶，巴黎、博洛尼亚等地荟萃了来自各地的知识者。据马赛的一位教士说，从11世纪末叶起，人们看见学生们简直是“成群结队”地参加一组组教师开设的讲座，此时学生人数日趋增多，组织更加完善，在博洛尼亚尤其如此。[①]一个日耳曼学生在大约1109年写信给家人说：“…… 在这里（巴黎）聆听他讲课的人比任何时候任何地方的人都要多。”[②]教师和学生人数的增加产生了各种问题，有物质的、教学的，还有制度方面的问题。对于博洛尼亚的学生来说，令他们最苦恼的问题莫过于生活问题了，因为随着新的承租者和消费者的大量涌入，住房和生活必需品的价格飞涨，面对这种牟取暴利的行为，单个学生显然无能为力。在巴黎，新来的教师感到很苦恼，因为巴黎的教长控制着教学许可证的发放，没有这个证明他们就无法在巴黎从事教学，并且巴黎教长经常依据个人的好恶来判断一个人是否有资格从事教学，有的时候教长甚至依靠这项垄断的权力来牟利，因而造成了巴黎教长和教师们之间的关系极为紧张。新来的教师由于不是教士团成员，他们必须自己租房进行教学，而高额的房租常常令他们头痛不已。因此，到12世纪中叶，教师和学生数量的不断增长使成立某种组织成为必要。

那么，巴黎、博洛尼亚等地的知识者可以借鉴的组织形式是什么呢？在中世纪的自治城市中，各行业的手工业者为了维护自己的利益，自愿组成了一种联盟——行会。行会是“日耳曼所特有的一种文化”，在德语中拼写为“gild”，又称“互助会”，最初的意思是“年轻战士的兄弟会”[③]。行会的基本特征是自由人自愿结合的一种联盟或共同体。在共同体内部，全体成员通过

① 参见［法］马克·布洛赫：《封建社会》（上），第206页。

② R. L. Benson & G. Constable, *Renaissance and Renewal in the Twelfth Century*, p.124.

③ A. Black, *Guilds and Civil Society in European Political Thought from the Twelfth Century to the Present*, p.3.

相互的誓言缔结在一起，成员之间提供相互的扶助，保护本团体内的成员不受外来侵犯。布洛赫曾经指出：“日耳曼法律中，互助会的共同特点是举行宣誓，定期聚会饮宴，在异教时代伴有宗教性的奠酒仪式，偶尔也拥有共同的资金，最重要的是互助义务。”如10世纪时期的伦敦行会曾经规定：“为复仇，也为友谊，我们永远团结一致，坚定不移。”[①]11—12世纪，各种行会犹如一股浪潮突然出现在欧洲大陆的市镇之中。因此，为了对抗因在异地生活而面临的种种风险，为了与当地的主教和教长进行抗争，巴黎、博洛尼亚等地的知识者借鉴了行会的组织模式和观念，形成了独具特色的知识者行会，期望这个共同体能为他们提供相互的扶助和保护，这个知识者行会组织就是大学。正如拉什道尔所说：

> 大学正像罗马教会和封建等级制一样，代表了当时人们的一种努力，试图以一种具体的形式来实现他们生活中的某一理想。在创立的机构组织中实现他们的理想是中世纪人的一种天才。大学，如同王权、议会和陪审制度一样，是中世纪的创造，是中世纪馈赠给我们的一个无价之宝。大学和它们的活动构成了中世纪文化领域内最伟大的成果，大学的组织和传统，知识者的实践和研究对于西欧智力的发展有深刻而独特的影响。[②]

在巴黎成立了以教师为主组成的巴黎教师行会，在博洛尼亚形成了以学生为主组成的博洛尼亚学生行会，也就是今天我们所熟知的巴黎大学和博洛尼亚大学。西欧其他大学往往以这两所大学为蓝本，因而这两所大学通常被称为原生态大学或者母大学。阿尔卑斯山以北地区受到巴黎大学的影响较大，如英国的牛津大学和剑桥大学；而阿尔卑斯山以南地区，包括

---

① [法]马克·布洛赫：《封建社会》(下)，第669页。

② H. Rashdall, *The Universities of Europe in the Middle Ages*, Vol.I, p.3.

意大利、法国南部和西班牙受到博洛尼亚影响较大，如蒙彼利埃大学和帕维亚大学等。下面将以巴黎大学、博洛尼亚大学和牛津大学等为例讲述大学是怎样争取权利、获得独立自治并发展起来的。

第二节

大学的发展

一、大学的独立自治

中世纪大学的发展过程，实际上就是大学争取权利、追求自治、实现学术自由的过程。大学从最初的知识者行会，演变为具有独立法律地位、实现自治的学术共同体，经历了一段相当艰难的历程。

中世纪大学的自治来源于特许权，而大学的特许权来自国王或教皇颁发给大学和大学师生的各种敕令或是具有法律意义的特许状，这些法律文件承认了大学团体的存在，规定了大学的基本制度并授予了大学成员一些基本权利。大学的特许权，是当时西欧社会存在的大量特许权的一种，是西欧社会历史发展的必然产物。大学特许权的获得得益于多元社会力量的存在，在国王、教会的二元权力体系中，国王和教皇都希望得到大学在基督教教义上的支持，亟须受过良好训练的人才补充到国家和教会的管理机构之中，正是在这样的背景中，通过教皇和国王颁布的各种敕令和特许状，大学获得了包括居住权、免税权、司法自治权、罢课和自由迁移权等在内的各项实体权利。

虽然颁发各种敕令的环境条件不同，每份敕令或特许状的细节内容也不同，但是这些敕令蕴含的内容存在很多的相似性。总的说来，大学获得的特许权包含以下几个方面的内容。

1. 居住权、免税权和免役权

1158 年弗雷德里克一世巴巴罗萨颁布的《安全居住法》为到博洛尼亚求学的知识者最早授予了居住权，“该敕令适用于所有到帝国求学的人，他们应该受到帝国的保护，保证他们的人身安全，禁止任何人伤害和侮辱学生”①。知识者的这项特权经常被看作大学的第一个特许状，成为大学以后争取权利的基石。他们不仅获得了居住权，而且他们的生活和学习环境也受到了保护。“一个住在蒙彼利埃大学附近的织工非常喜欢大声唱歌，但是学生们认为他的歌声影响了学习，最后这名织工不得不搬家。”②知识者们同时享受了一些普通市民不能得到的优待，他们可以免缴各种过路费，免缴普通市民必须缴纳的赋税，也无须履行劳役和军役。“1227 年，由于粮食价格上涨，博洛尼亚市民购买粮食有严格的限制，但是教师和学生可以不受限制地为自己和随从购买粮食。”③

2. 司法自治权

中世纪的大学成员不受世俗司法体系的管辖。《安全居住法》曾经规定：“知识者们可以免予地方法官的审判，他们有权选择自己的法官，并可以将对手召集到学校所在地的法庭审判。”④12 世纪后期，教皇塞勒斯汀三世（Celestine III）公开宣称，凡涉及巴黎师生的案件必须按照教会法的规定由巴黎主教审理，禁止世俗法官审理此类案件。1200 年，“权利特许状”明确规定：“巴黎城内的知识者免于城市法官的司法审判，禁止城市官员没收知识者的财产，禁止城市官员逮捕知识者，禁止把他们投进监狱。”⑤13 世纪中期，英王亨利三世给予了牛津大学师生更广泛的司法特权，“牛津城内凡是在房屋租金、房租收取，食物和其他商品买卖等诉讼案件中涉及大学人员的案件全部交由大学校长处理”，1272 年、1275 年爱德华一世两次颁

---

①②③④⑤ P. Kibre, *Scholarly Privileges in the Middle Ages*, p.10, p.15, p.21, p.10, pp.86–87.

布敕令重新确认了这个规定。[①]1343 年 9 月，爱德华三世扩大了剑桥大学校长司法管辖权的范围，承认了大学司法管辖权的独立性。这些敕令和特许状使大学的师生在司法审判中居于特殊的地位，保障了他们的生命和财产安全。

3. 罢课权和自由迁移权

如果与所在城市或地方主教发生矛盾，大学师生可以举行罢课以示抗议；如果他们的要求得不到满意的答复，他们往往将大学迁移出所在城市。1231 年，教皇格里高利九世在《知识之父》的特许状中正式授予巴黎大学这一特权："如果他们确定房租价格时受到干涉；如果他们的成员被杀或受到伤害，然而在事件发生的 15 天内得不到任何赔偿；如果大学提出的释放被监禁的大学成员的要求被拒绝时，大学可以将罢课作为武器捍卫其权利。"[②]罢课权和自由迁移权成为中世纪大学经常使用而且是非常有效的争取权利的一种手段，如 1209 年牛津大学的罢课、1229 年巴黎大学的罢课是中世纪大学史上的典型事件，这些罢课和迁移不仅催生了欧洲其他几所大学的诞生，而且往往进一步拓展了他们特权的范围。

4. 颁发教学许可证的权利

大学出现之前，颁发教学许可证的制度就已经存在，教师必须获得教学许可证之后，才可以在某一地区从事教学。根据宗教会议的规定，负责本地区教育事务的教长有权颁发和撤销教学许可证。大学产生后，经过一次次的斗争，大学获得了判定候选人是否有资格获得教学许可证的权利。1213 年，在教皇的调停下，巴黎教长同意如果申请者所在学院成员有充分

---

① 参见 P. Kibre, *Scholarly Privileges in the Middle Ages*, pp.272–273.

② P. Kibre, *Scholarly Privileges in the Middle Ages*, p.95.

的证据表明他有资格获得教学许可证，保证向其发放许可证。[①]1231年，格里高利九世颁发的《知识之父》重申了这项规定。1219年，教皇洪诺留三世确定博洛尼亚副主教有权颁发教学许可证，但是必须经过严格的考试后，由教师判断谁有资格获得教学许可证。[②]大学获得了教师资格认定的权利后，他们有权自主决定教学及考试的内容和方式，为获得学术自主权创造了条件。如果没有这项基本权利，大学就失去了存在的理由和意义，这成为大学最为珍视的一项特权。

总之，中世纪大学获得的特权内容丰富，包罗万象。这些特权保障了大学师生的人身安全，确认了他们享有一定的经济特权和司法特权，保证了他们的教学自由，这成为大学自治的权利来源，是大学发展的根本保证。这些特权的获得并不是一蹴而就的，而是经过无休止的权利斗争才获得的。通过诉诸法律、罢课和迁移等方式，大学及其师生从国王或教皇那里获得了一项项权利和自由。这些权利和自由或以判例的形式进入习惯法，或为一项有法律效力的契约及特许令状所认可。这些自由和权利的逐项累积，便从根本上改变了大学和师生的法律地位，使大学获得自治和持续发展的可能性。

研究大学史的专家们都发现，13世纪的大学已经具备了一个法人团体所需要的基本要素。一个法人团体具备的基本要素是："同一职业3个或3个以上的人，可以形成一个团体，这个团体的目标是维护其成员的正义，这个团体必须得到习惯法或上一层权力的明确认可。这种团体可以自己选举官员和代表；在某些范围内制定自己的规章制度；可以拥有

---

① 参见 O. Pedersen, *The First Universities: Studium Generale and the Origins of University Education in Europe*, pp.168–169.

② 参见 H. D. Ridder-Symoens, *A History of the University in Europe*, Vol.I, p. 49.

财产；作为一个法人，通过代理人可以起诉或者被起诉。”[1] 当时西欧社会各种类型的行会都出现了逐渐、自发增长的趋势，很多行会亦拥有一些团体财产，拥有自己的规章制度，但是大部分行会并没有获得独立的法人地位。大学在众多的行会中脱颖而出，得到国王或教皇的认可，凭借他们授予的特许权，由一个知识者行会演变为一个具有法人身份的团体，这一点对于大学的发展至关重要。由于法人在法律上是个拟制的人，故其成员的变动并不会影响到整个组织的生存和发展，犹如“铁打的营盘流水的兵”一样，因此法人地位的确立有利于大学的长期存在和稳定发展。另外，由于法人在法律上具有独立的人格，不仅这个团体得到了法律的承认，这个团体的主体权利也受到了法律的保护，有利于大学保持独立和自治。

先看一下巴黎大学。教皇在 1215 年正式确认巴黎大学是一个由教师和学生组成的法人团体，但实际上，大约从 1210 年起这个团体就开始具备了法人团体的基本要素并行使了一些法人所具有的民事权利。1208—1209 年，英诺森三世发布了一份教令：“巴黎教师行会从神学、教会法和文学部的教师中选举 8 名代表，负责制定教师行会中关于讲座和辩论的顺序、成员的着装以及参加丧礼的一些规定，并令全体成员宣誓服从。”[2] 教师团体将三个基本习惯演化为成文法规的形式，从而使这份规定成为巴黎教师团体制定的第一份章程。同年，巴黎教师行会向罗马教皇法庭提出诉求，抗议教长的专断行为。为了诉讼的需要，英诺森三世授权给巴黎教师行会，他们可以选举一个代理人，作为大学代表出席教皇法庭，用现代法学

① G. Post, “Parisian Masters as a Corporation, 1200–1246”, *Speculum*, Vol. 9, No. 4. (Oct., 1934), pp.422–423.

② G. Post, “Parisian Masters as a Corporation, 1200–1246”, p.426.

术语讲，大学因而获得了“作为一个法人团体起诉或者被起诉”的权利[①]，表明了教会法对大学的法人民事地位的认可。现存有一份文件，内容是巴黎教师团体与多米尼克修会在1221年签订了一份转让一个教堂和其他财产的合约，[②]这份文件表明在1219年之前，巴黎的教师团体已经拥有共同的财产了。

我们再来看看英国的大学。因为与市民的冲突，牛津大学曾经在1209年和1214年两次举行罢课。1214年，教皇派特使对大学和市民进行调解，同年6月，教皇特使裁决如下：市民应对大学做出赔偿，10年之内，市民向大学只能收取一半的房租；此外，牛津市每年需要向大学支付52先令，这笔钱经常被视为牛津大学的第一笔收入。该裁决书同时确认大学成员具有教士的身份，享有司法豁免权，免于世俗法庭的审判。[③]这个判决相当于牛津大学的第一个特许状，它确认了大学这个学术团体是具有某些特权、受到特殊法律体系保护的、不同于市民团体的法人组织。牛津大学的法人地位首先得到了国王的认可，1231年，牛津大学第一次以校长的名义得到国王授予的特权，同年5月3日，国王颁布法令，牛津的校长和教师可以以法人团体的名义出席国王的大法官法庭（Chancery）。[④]1254年，牛津大学得到教皇英诺森四世的承认：“确认牛津大学的豁免权和自由；尊重它已有的、合理的习惯；确认那些经过批准的、公正的章程。”[⑤]

---

① H. Rashdall, *The Universities of Europe in the Middle Ages*, Vol.I, p.300.

② 参见 G. Post, Parisian Masters as a Corporation, 1200–1246, p.429.

③ 参见 A. B. Cobban, *The Medieval English Universities: Oxford and Cambridge to c. 1500*, pp. 45–46.

④ 参见 J.I. Catto, *The History of the University of Oxford: The Early Oxford Schools*, p.49.

⑤ J.I. Catto, *The History of the University of Oxford: The Early Oxford Schools*, p.50.

上述种种迹象表明，到13世纪上半叶，许多新生的大学已经是一个具有共同利益、能够自己制定法规、选举官员和代表、对全体成员行使权力、通过代理人在法庭上起诉或者被起诉的法人团体。具有法人地位的大学，有哪些自治特征呢?

行政自治是大学能否成为自治实体的一个重要方面，而能否自己选举主要官员是大学行政自治的一个重要体现。最初，牛津大学的校长由林肯主教任命，是主教区的官员并代表主教在大学行使教会的权力。经过斗争后，大学获得了选举校长的权利。1244年，亨利三世下令，虽然在名义上，牛津大学的校长是林肯主教的一个官员，但是牛津的校长“由教师团体的成员选举产生”[①]，从此作为法人团体的牛津大学有了自由选举可信任官员的权利。牛津从1367年、剑桥从1401年开始，选举的校长不再需要主教确认。[②]1227年，博洛尼亚市政当局正式同意大学社团选举自己的校长，1245年，博洛尼亚城市章程认可了学生自由选举校长的权利。[③]随着大学的发展，大学的行政管理有复杂化的趋势，除了校长之外，大学还增加了同乡会会长、执事（beadle）和司库（Massarii）等管理人员，后来又增加了学院院长（dean）一职。大学的章程详细记录了大学官员的选举方式、任期和他们的职责，这一部分将在下章中详细陈述。

如果一个机构缺乏制定规章制度的权利，不能以规章制度约束其成员和处理内部事务，不能维护团体的统一，将会影响到整个团体的生存和自由，因此任何一个大学都不会放弃自主制定规章制度的权利。随着大学自治程度的加强，大学团体逐渐具有了制定规章制度的权利，它们成为大学每个成员必须服从的最高法律。1215年，红衣主教库尔松的罗伯特发

① P. Kibre, *Scholarly Privileges in the Middle Ages*, p.272.

② 参见 A. B. Cobban, *The Medieval English Universities: Oxford and Cambridge to c. 1500*, pp. 64–65.

③ 参见 P. Kibre, *The Nations in the Mediaeval Universities*, p.7.

布教令:“巴黎大学有权对如下事务制定规章并进行管理，如房租、服装、参加丧礼、讲座和辩论等，所有成员必须宣誓服从所规定的章程。”[①]约在1230年，牛津大学制定了第一个法令，“每一位执教教师负责一个新入学的学生”。牛津大学在1253年制定了一个章程，该章程规定了执教教师的责任和义务，是现存最早的牛津大学法令。[②]

既然章程是大学团体内的最高法律，那么制定法律的最高权力机构是什么呢? 大学团体的立法权属于会员大会(general assembly, congregation)。[③]会员大会主要负责制定大学的各种规章，选举校长等管理人员，在“13世纪末期之前，会员大会一直是大学的最高决策机构”[④]。13世纪以后，不仅学校的最高层面有会员大会，位于大学之下的各管理层，如同乡会、学部和学院，都出现了各级会员大会，每一级会员大会在自身权威的层次上都是最高的立法和行政管理机构。

大学的行政自治还表现为越来越多的大学拥有自己的公章(common seal)。1221年，巴黎大学的教师曾经自己制作了一枚印章，供签发文件时使用，但是此举遭到了巴黎教长的抗议，并上诉到教皇法庭，因此1222年教皇特使下令销毁这枚印章，但是直到1225年巴黎大学的教师却仍然在使用该印章。[⑤]1225—1246年，大学将4个同乡会的公章盖在法律文件上代表大学。1252年，巴黎大学重新有了自己的校印，校印上刻有中世纪拉丁文:“巴黎师生行会(Universitas Magistrorum et Scholarium

---

① G. Leff, *Paris and Oxford Universities in the Thirteenth and Fourteenth Centuries: An Institution and Intellectual History*, p.26.

② 参见J.I. Catto, *The History of the University of Oxford: The Early Oxford Schools*, pp. 52–53.

③ 参见H. D. Ridder-Symoens, *A History of the University in Europe*, Vol.I, p.124.

④ J.I. Catto, *The History of the University of Oxford: The Early Oxford Schools*, p.55.

⑤ 参见G. Leff, *Paris and Oxford Universities in the Thirteenth and Fourteenth Centuries: An Institution and Intellectual History*, p.30.

Parisiensium)。”[①]1249—1253 年，牛津的校长拉尔夫和林肯主教格罗斯泰斯特曾经就大学使用公章的问题产生冲突，但是到 1276 年，公章的使用已经不再成为一个问题了。[②]公章的出现更加表明了大学师生对共同行为的确认，是大学获得独立和权力的象征，是法人地位的外在标志。

总之，随着大学制定的各种章程越来越详细，管理人员的不断增加，表现出大学的管理越来越严密，大学的管理体制逐渐完善和规范。

司法自治是体现大学自治的另一个主要方面：是完全处于国王的司法管辖之下，还是具有一定的司法管辖权，这一点非常重要。教皇和国王都曾经不止一次地颁发各种敕令和特许状，授予大学成员一定的司法特权——大学成员免于世俗法庭的审判，这意味着大学成员在某种程度上可以得到教会法和教会法庭的庇护，可以免受伤残肢体与死刑的处罚。在争取权利的斗争中，大学获得越来越多的司法特权，这些司法特权主要体现在校长的司法管辖权方面。1227 年，博洛尼亚市政当局默许由外国学者团体自己选举校长，同意校长可以行使一定的司法审判权。[③]从 1231 年起，英王不断地授予大学校长一些司法特权，大学校长拥有的民事和刑事司法特权几乎使大学控制了整个城市。“与牛津大学校长的司法权相比，英国境内任何一个法人团体的首领获得的司法特权都相形见绌。”[④]大学享有的司法特权是中世纪西欧多元法律体系的一个体现，同时表明了大学在国家行政中独特的地位。

不仅如此，中世纪大学还始终牢牢控制着与己相关的各项事务。大学对内部事务的管理涉及方方面面，既有日常事务的管理，也包含了各种学

---

① 李兴业：《巴黎大学》，湖南教育出版社 1988 年版，第 21 页。

② 参见 J.I. Catto, *The History of the University of Oxford : The Early Oxford Schools*, p.51.

③ 参见 P. Kibre, *Scholarly Privileges in the Middle Ages*, pp.19–20.

④ J.I. Catto, *The History of the University of Oxford : The Early Oxford Schools*, p.77.

术事务的管理。

中世纪时期，几乎每所大学都严格控制着书商。博洛尼亚的书商必须向博洛尼亚大学的校长宣誓服从。[①]巴黎大学也规定：由 4 名大学教师组成委员会仔细审核即将出版的书，包括文本是否准确或者文字抄写得是否规范，在每本书的题目旁边要标明书的租赁价格。[②]为了保证大学师生不会受到市民的敲诈勒索，大学每年派 2 名代表与 2 名市民代表一起评估房租的价格。

中世纪大学对教学有着严格的要求。博洛尼亚大学规定："教师没有请假不得擅自离开，即使一天也不行；如若离开，该教师必须交付一定的押金作为回来的保证；如果在一个常规的讲座中，学生人数少于 5 人，这名教师将被开除。当上课铃响，教师必须马上开始讲课，下课铃响之后一分钟，他必须离开；讲解课文时，他不能遗漏任何一个章节，也不能到快下课时才讲解难点。"[③]

各大学谨慎地使用着一项决定权——谁可以加入他们的团体；谁被排除在这个团体之外。巴黎大学规定，如果一名教师想加入大学，他必须宣誓服从并遵守大学的各种规章制度，宣誓时需要 3 人以上的大学成员在场；他必须严守大学的秘密；他的授课对象也要遵守相同的誓言和禁令。如果大学宣布罢课，他不能上课，否则将被开除。[④]1272 年，巴黎大学法学部拒绝教师圭多 · 加斯汀加入，因为他没有宣誓遵守他们的规章制度；1264 年，教皇乌尔班四世对文学部拒绝恢复盖勒如斯的教师身份而无能为力，后者因为纪律原因而被开除。[⑤]

大学还坚决地捍卫自己独揽学术的权利，如果有人干涉大学的学术事

① 参见 H. D. Ridder-Symoens, *A History of the University in Europe*, Vol.I, p.128.

②④⑤ 参见 P. Kibre, *Scholarly Privileges in the Middle Ages*, p.252, pp.103–104, p.251 footnote.

③ C. H. Haskins, *The Rise of Universities*, p.10.

务，即使那个人是教皇或是皇帝，大学也予以坚决的抵制。1311 年，牛津大学规定："修士必须开设彼得·伦巴德的《箴言集》的讲座一年之后才能从事《圣经》的教学。"1317 年，教皇约翰二十二世下令，让牛津大学取消对修士的这个要求，并派特使说服大学执行这个训令，但是牛津大学毫不犹豫地拒绝了这个训令。[①] 上述实例表明，大学对内部的日常事务和学术事务的管理具有相当程度的自主权。

如果出现随意干涉、破坏大学自治的情况呢？如果有人违反大学的规章制度呢？面对这些挑战，大学团体予以了坚决的反击。大学团体与托钵修会的斗争就是一个典型事例。

巴黎大学与托钵修士在 13 世纪曾经发生了激烈的冲突，牛津大学在 14 世纪初期和中期受到了相同问题的困扰，其中 1253—1259 年发生在巴黎的冲突最尖锐，最为典型。从 13 世纪 30 年代开始，巴黎大学的教士明显感受到了来自托钵修士的威胁。为了对抗异端的需要，教皇授予托钵修会和修士极大的特权，这些特权使修会在将近 20 年中拥有自己的学校和组织，修士们在自己的学校中教授除了医学和法律以外的全部课程：七艺、哲学和神学。他们可以不服从大学的命令，但是却在大学的神学部中享有教席。1231 年，神学部的 12 个席位中，多米尼克修会成员占了 3 个席位，其他修会成员也照搬模仿。到 1254 年，托钵修士在神学部的 15 个教师席位中占据了 9 席，并且一些最重要的神学家都是修会成员，其中包括著名的托马斯·阿奎那、波纳文图拉等人。[②]另外，根据大学的规定，学生必须在文学部学习之后，才能进入神学部继续学习，然而托钵修士无须在文学部学习就可直接学习神学，这违反了大学的章程。托钵修士在大学人数的

①② 参见 G. Leff, *Paris and Oxford Universities in the Thirteenth and Fourteenth Centuries: An Institution and Intellectual History*, pp.105–106, pp.37–38.

增加和不断扩大的特权使修会和大学教士之间产生了尖锐的矛盾。1253 年一名学生在街上的打斗中被巴黎城市官员杀死，还有一些学生被监禁起来，因此大学决定实施罢课，但是两名多米尼克修士和一名法兰西斯修士拒绝服从大学罢课和解散的命令。大学认为托钵修会违反了大学的规定，破坏了大学的团结和统一，决定将以上 3 名修士开除。1255 年教皇亚历山大四世发布敕令《新的光明之源》，该敕令的每项决定都有利于托钵修士。面对责难和教令，大学团体毫不犹豫地捍卫团体的自治和统一，巴黎大学师生写信给教皇，声称“即使要解散大学，即使放弃所有的特权和豁免权，他们也要将异己者驱逐出大学”[①]。这场斗争持续了近 10 年，直到教皇亚历山大四世去世才告一段落。虽然大学后来又重新接纳了托钵修士，但是对托钵修士加入大学的方式和条件加以严格的限制。

“这场斗争对大学的组织和思想意识产生了深远的影响。”[②]首先，这场斗争捍卫了大学组织的统一，促进了大学内部的团结。为了与托钵修会斗争的需要，神学部成员与大学的其他成员，尤其与大学中势力最强大的文学部组成联盟，在斗争的过程中，各个学部融合在同一个组织体系内，促进了大学的团结和统一。同时，这场斗争也使大学看到了团体的力量，看到了“有组织反对教皇权威的起源”，从而使大学增强了抵御外部势力干涉的自信心。[③] 其次，这场斗争也使大学的管理体制逐渐完善。由于反对托钵修会的需要，神学部逐渐减少习惯法的使用而逐渐采纳成文法规的形式，各项章程渐渐以法律的形式出现。为与托钵修会进行诉讼的需要，大学延长了校长和同乡会会长等大学官员的任期。与托钵修会的法律诉讼产生了大量的费用，为此，大学按照一定的比例向成员征收一些费用，大学也因

①② H. Rashdall, *The Universities of Europe in the Middle Ages*, Vol.I, pp.384–385, p.393.

③ 参见 H. Rashdall, *The Universities of Europe in the Middle Ages*, Vol.I, p.395.

此发展了它的财务部门，逐渐建立了大学的财政制度。大学的管理体制臻于完善。

综上所述，获得了法人地位的中世纪大学，有着不同程度的自治。尽管在某种程度上它们的自治依旧受到了教会的限制，但是这种自治地位有利于大学的存在和长期发展，有利于知识者群体保持独立，有利于大学保持学术自由。

二、大学的扩展

随着大学组织机构的逐渐完善，大学趋于稳定。12—13 世纪，大部分大学或是由知识者们自发组成的，或者由于罢课而导致一些师生的迁移和脱离，促使一系列新大学的诞生，“一半以上的大学是由于迁移而产生的”[①]。1209 年，牛津大学的部分师生与当地居民发生冲突，迁移到剑桥，从此开始形成剑桥大学。1222 年，由于博洛尼亚大学的迁移而形成了帕杜瓦大学。整个 13 世纪期间，因迁移而建立的大学大约有 17 所。[②]到 13 世纪末期，虽然大学的数量不多，但是它们已经成为欧洲文化生活中的重要机构，是一个传播思想观念的地方，是一个真正的智力源泉，是训练大批知识精英的中心。14 世纪以后，由于大学在社会生活中发挥越来越大的作用，国王或教皇创办的大学迅速增加。“14 世纪期间，根据国王或者教皇颁布的训令而建立的大学约有 22 所；15 世纪，建立了 34 所大学。”[③]到中世纪末期，欧洲各地至少建立了 80 所大学。[④]自此以后，大学成为欧洲主导的、无可争议的高等教育机构。

---

① W. Rudy, *The Universities of Europe, 1100–1914: A History*, p.26.

② 参见 J. A. Weisheipl, “The Structure of the Arts Faculty in the Medieval University”, *British Journal of Educational Studies*, Vol. 19, No. 3. (Oct., 1971), p.266.

③ J. A. Weisheipl, The Structure of the Arts Faculty in the Medieval University, p.266.

④ 参见 C. H. Haskins, *The Rise of Universities*, p.20.

12世纪中期，欧洲的思想活动普遍恢复了活力，在原有的学校基础上逐渐形成了一些知识中心，巴黎、博洛尼亚和牛津等地由于优越的地理位置、浓郁的学术氛围和相对发达的经济吸引了大批知识者的到来。这些地方的师生借鉴了当时西欧城市中广泛存在的行会的组织模式和观念，形成了知识者行会，这就是现代大学的起源。由于知识者行会的特殊作用，通过教皇和国王颁布的各种敕令和特许状，大学获得了包括居住权、免税权、司法自治权、罢课和自由迁移权等在内的各项实体权利，这些成为它们自治的权力来源。大学在众多的行会中脱颖而出，凭借国王或教皇授予的特许权，由一个知识者行会演变为一个具有法人身份的团体，这一点对于大学的发展至关重要。由于法人在法律上是一个拟制的人，故其成员的变动并不影响整个组织的生存和发展，因此法人地位的确立有利于大学的长期存在和稳定发展。另外，由于法人在法律上具有独立的人格，不仅这个团体得到了法律的承认，这个团体的主体权利也受到了法律的保护，这有利于大学保持独立和自治。

第三章

中世纪大学的管理与组织

大学，从一个知识者行会发展为一个独立的法人团体，必然需要某种管理制度和组织机构作为依托。那么中世纪的大学是如何运行和管理的呢？在发展过程中，它形成了哪些组织机构呢？它的管理和组织又具有什么特点呢？这将是本章探讨的主要内容。

第一节

大学的管理

一、大学的管理机构

中世纪大学中有两个重要的管理机构：会员大会[①]和校长法庭。

巴黎、牛津和剑桥等教师型大学的会员大会由全体教师组成，博洛尼亚等学生型大学的会员大会由学生组成，还有一些学校，如西班牙的大学虽然模仿了博洛尼亚大学的模式，是一个学生型大学，但是它们的会员大会由教师和学生共同组成，教师和学生都具有投票权。学校成员必须参加会员大会。例如，博洛尼亚大学规定："参加会员大会是每个成员应尽的责任和义务，每个成员都有在大会上发言的权利。"[②]除了学校一级的会员大会之外，学部、同乡会和学院等学校内的各级组织都有会员大会。如，牛津大学就有全体文学部教师组成的文学部会员大会，由于该部的会员经常身着黑色服装，因此这个大会通常被称为"黑色评议会（Black

① 每所大学"会员大会"的称呼是各不相同的，如，牛津大学称之为"Convocation"或"Great Congregation"；剑桥大学称之为"Senate"。

② H. Rashdall, *The Universities of Europe in the Middle Ages*, Vol.I, p.188.

Congregation)”[①]。每一级会员大会在各自层次上都是最高的立法和行政管理机构。这里主要谈谈学校一级的会员大会的情况。

校长有权召集全体成员开会，他宣布会员大会召开的时间、地点和要讨论的议题。通常，校长亲自或者通过文学部的一名教师通知神学部主任，但是通过信函告知其他学部主任开会的时间和地点。这些学部或者同乡会的官员随后派执杖官在早课时利用巡视的机会通知每名成员。开会时，校长将议题提交大会讨论。由于当时大学没有举行会员大会的场所，会议经常在教堂或者修道院内举行，每个学部或者同乡会先在各自习惯举行会议的地方单独开会商议。如在巴黎圣朱利安教堂中央广场的 4 个角落内为同乡会会长准备了 4 把椅子，每个同乡会分别聚集在这 4 个角落内单独开会商议。[②]当同乡会或者学部单独开会时，经常会出现激烈的讨论。当全体成员再次聚集时，由每个学部主任或者同乡会会长报告各自的投票结果或者意见。校长收集各个学部和同乡会的意见，然后宣布会员大会的决定。会议的投票制度以少数服从多数的原则为基础。

会员大会的最初职能是举行仪式吸收新成员加入它们的团体，后来它们的职能逐渐扩大，成为大学中立法和管理的最高机构。大学初期，各种规定都是一些口头的习惯和惯例，后来逐渐形成了书面文字，通过这种方式，学校的会员大会具有了立法机构的雏形，因此制定各种规章制度成为会员大会的首要职责。会员大会制定的校规包括各个方面，对教师的职责和义务、成员的服装和日常行为、参加去世成员的丧礼等方面都有严格的

---

① A. B. Cobban, *The Medieval English Universities: Oxford and Cambridge to c. 1500*, p.101. H. Rashdall, *The Universities of Europe in the Middle Ages*, Vol. III, pp.63–65. 牛津大学有三级会员大会，第一级大会被称为“全体会员大会”（Full or Great Congregation），由全体在职教师和非在职教师组成；第二级大会被称为“次级会员大会”（Lesser Congregation），由全体在职教师组成；第三级大会被称为“黑色评议会”，由文学部的全体在职教师组成。

② 参见 H. Rashdall, *The Universities of Europe in the Middle Ages*, Vol.I, p.411.

规定，并且这些规定的琐细程度简直令现代人瞠目。如博洛尼亚大学规定："学生的披肩和外套必须是黑色的，如果违反规定，将被处罚金5先令以上"，"当在公共场合出现时，校长必须戴上毛边的头巾，但是在夏季的时候，他可以换上丝绸的头巾。"[①]"当圣彼得教堂敲响做弥撒的钟声，教师必须开始讲课，如果违反规定，将被罚20个索里达（solidi）。"[②]

各个大学逐渐确认了会员大会的立法职能，并制定了修改章程的原则。牛津大学在1303年的一项法令中正式确认："大多数执教教师和非执教教师的决议可以作为学校的制度长期执行。"[③] 剑桥大学在1304年、牛津大学在1313年规定："由执教教师和非执教教师组成的会员大会具有制定、废除和修改章程的唯一权力。"[④]博洛尼亚大学规定："每20年可以修改学校的规定，学校将任命8名专职委员对章程进行修改。如果在这期间想对某个章程进行修改，先由校长或者同乡会会长提出建议，大学再选出24名成员进行讨论，最后需要全体成员的一致同意才能修改。"[⑤]

---

①②⑤ H. Rashdall, *The Universities of Europe in the Middle Ages*, Vol.I, p.195, p.196, p.189.

③ J.I. Catto, *The History of the University of Oxford: The Early Oxford Schools*, p.60. 巴黎和牛津等大学将从事教学的教师称为"执教教师（regent masters）"。这些人包括学部内的正式教师和履行见习期的教师。中世纪时期，教师这一职业并不能带来丰厚的收入，许多有前途的教师纷纷从事其他行业，这导致教学人员的缺乏，为此巴黎大学和牛津大学规定，除非从大学得到赦免，文学部和医学部的每个毕业生必须完成两年的"义务教学期（necessary regency）"，比如开设两年的讲座。完成义务教学之后，他们可以从事其他职业。虽然他们不再担任教师，不再享有教师的权利，但是他们的义务并没有结束，服从校长的誓言永远有效。如果校长召集，他们有义务出席会员大会，并给予后辈一些建议和支持，因此他们被称为"非执教教师（non-regent masters）"。最初，召集非执教教师开会是很少见、超出常规的事情，但是由于许多非执教教师成为教会和国家中地位很高的要员，14世纪中期之后，除了选举之外的所有重要会议大学都邀请他们参加，一般情况下，他们作为各自的学部或同乡会成员投票。

④ A. B. Cobban, *The Medieval English Universities: Oxford and Cambridge to c. 1500*, p.99.

会员大会不仅是学校的最高立法机构，它还选举产生校长和学监等学校主要官员。“1265 年，博洛尼亚大学成员在圣普克鲁教堂集会选举他们的校长。”[①]“大约在 1250 年，剑桥大学全体执教教师直接投票选举校长。”[②]会员大会通过选举产生的官员对学校的日常事务进行管理，行使学校最高行政管理机构的职能，如签订租约、安排辩论和讲座、授予学位等。这一点将在下一部分中详细介绍。由于学校人数的增加，学校会员大会的规模不断扩大，机构越发笨拙和臃肿，随着学院一级组织的发展，学校会员大会的职能逐渐减少。16 世纪以后，大学的管理权，如有关招生、聘用教师、课程设置、颁发学位和各种资格证书的权力逐渐集中在学院一级，基本上由学院全体成员讨论决定。

中世纪大学中还有一个非常重要的管理机构——校长法庭，这个管理机构在英国的大学中非常突出。“牛津的校长法庭每周至少一次在圣玛丽教堂开庭，九点开庭。如果是非常重要或严重的案件，由校长亲自主持，学监是助理法官。如果校长不能到庭，他委托的代理人替他出庭审理案件。如果被传唤者拒绝出庭，将被开除教籍。通常情况下，校长法庭在 3 天之内必须对案件做出判决。”[③]

在英国，校长法庭是教会法庭的延伸，“按照教会法程序进行审理”[④]。通过这个法庭，校长作为主教的主审法官对学术行会内的所有成员行使司法权，这些成员包括教师和学生、学校内的仆役、为大学提供服务的书商、羊皮纸商和书的装订商等人。亨利三世是第一个正式授予大学司法特权的国王，1244 年他颁布法令：“凡是与牛津大学成员有关的所有民事案件都

---

① H. Rashdall, *The Universities of Europe in the Middle Ages*, Vol.I, p.188.

②④ A. B. Cobban, *The Medieval English Universities: Oxford and Cambridge to c. 1500*, p.73, p.67.

③ J.I. Catto, *The History of the University of Oxford：The Early Oxford Schools*, pp.78–79.

由校长法庭审理和判决。”这个法令在1275年、1288年、1290年和1355年多次得到确认。[①]1258年，牛津大学副校长要求巡回法官将3名因为伤害罪而被监禁的学生转移到学校手中，尽管这个请求遭到了城市法官的驳回，但是国王的巡回法官还是下令将3名学生转交给大学。从此，英国大学的校长开始插手与大学成员有关的刑事案件。1290年，英国议会通过一项法令:“只要涉案一方为大学成员，牛津大学校长有权审理发生在牛津的所有刑事案件——杀人与故意伤害罪除外。”[②]正如有的学者评论道:“他（亨利三世）为英国大学创立了一个特殊法庭，他授予大学校长的司法特权超过了任何一个教皇特使和主教，任何一个世俗法官都不能撤销这些司法特权。”[③]尽管从理论上来说，凡涉及世俗事务的案件可以呈送国王法庭审理，凡涉及精神事务的案件递交到主教法庭甚至教皇法庭进行审理，但是有证据表明，凡与教师或学生有关的诉讼案件没有一个被递交到校外法庭进行审理，因为1370年牛津大学曾经明确规定:“任何案件须经校长法庭审理之后才能递交到校外的法庭审理。”[④]

在对外关系上，校长法庭拥有的司法特权有力地维护了知识者团体的权利和利益；另一方面，对于学校的内部管理，校长法庭的权威有助于规范学校的纪律。中古时期的西欧，各类法庭都是兼行政与司法职能于一身，自然校长法庭也是如此。英国大学的校长法庭有一套令人生畏的手段执行大学的规定和法庭的决议:“取消违纪者的学位或者撤销教师的教学资格；向违纪者收取罚金；可以迫使所有的违纪者暂时离开城市，时间为一个月到几年不等；如果情节更为严重，或者有人拒绝出席校长法庭，校长法庭有权将他驱逐”。[⑤]1231年，亨利三世授权给大学校长，允许他使用王室监

---

① 参见J.I. Catto, *The History of the University of Oxford: The Early Oxford Schools*, p.76.

②③④ J.I. Catto, *The History of the University of Oxford: The Early Oxford Schools*, p.77, p.76, p.80.

⑤ A. B. Cobban, *The Medieval English Universities: Oxford and Cambridge to c. 1500*, p.71.

狱。1313 年，爱德华二世下令在牛津博卡多（Bocardo）城市监狱内专门留出一间屋子用于监禁大学里违反纪律的人。监禁期可以从几个小时至一天不等；如果情节严重，最长可以监禁 8 天。任何拒绝服从校长法庭判决的人将被革除教籍。[①] 通过这些手段，校长法庭对大学的内部管理起到了一定的监督和规范作用。

二、大学的管理人员

大学不仅拥有自己的管理机构，而且还拥有相对固定的管理人员。大学最高的行政首领是校长（rector, chancellor）。“rector” 最初与拉丁语“podestà”同义，指伦巴德城市的市政官员或者行会首领，表明将团体的权力集于一人之手。[②] 大学不仅借用了行会的组织模式，而且也借用“rector”这个术语指知识者行会选出的领袖。博洛尼亚学生社团推选的领袖和巴黎大学文学部 4 个同乡会选举出的首领，都被称为“rector”，后来他们逐渐成为整个团体的首领——校长。在英国的大学中，“chancellor”指校长。[③]Chancellor 最初是当地主教区的官员之一，主要负责主教区的教育事务，是林肯主教和伊利主教在学校的代表。经过一番斗争后，牛津、剑桥大学最终获得了选举校长的权利，教师从本行会中选举代表担任大学的首领——校长。15 世纪中期开始，校长经常不在学校，他将学校的日常事务委托给代理人，即副校长处理，因此副校长逐渐成为英国大学中的最高行政负责人。

---

① 参见 J.I. Catto, *The History of the University of Oxford: The Early Oxford Schools*, p.81.

② 参见 H. Rashdall, *The Universities of Europe in the Middle Ages*, Vol.I, p.163.

③ 需要注意的是：“chancellor” 在巴黎指的是负责巴黎主教区教育事务的教长，而在牛津、剑桥，“chancellor” 指的是大学校长。

校长的主要职责是召集并主持会员大会，对学校成员具有一定的司法权，处理学校中的违纪行为，处理与大学有关的经济纠纷，等等。如前所述，英国大学的校长拥有的权力在中世纪大学中独树一帜，代表大学享有非常广泛的司法特权。与他相比，巴黎大学的校长似乎只具有象征意义，他只能援引精神制裁的帮助对大学的成员和服务人员进行管理，他仅仅拥有相对简单的惩戒手段——罚金、暂时停职等。①

无论从理论上还是从实践上，校长的职位一般都能给其带来荣誉和地位。在牛津大学的《法令汇编》中，校长被称为“校长阁下”和“至高无上的校长大人”。② 博洛尼亚大学规定:“两名穿制服的仆役为校长提供服务，学校的一部分罚金可以作为他在任期间的薪水。” ③

虽然校长是法人团体的领袖，但他仅仅是学校的一个主要执行官员，对于学校的重大决议，他没有决定权。博洛尼亚大学规定:“剥夺一名成员享有的权利或者将一名成员赶出大学团体，校长没有决定权。” ④ 在颁发教学许可证时，牛津校长的誓言是:“根据我和全体成员的权力，授予你学位，……允许你辩论。”“全体”代表大学所有的执教教师。⑤ 如果没有全体教师的同意，校长不能颁发教学许可证。虽然校长是大学的最高行政负责人，但是他并不能为所欲为，他的权力受到了一定限制。首先，校长的任期较短。巴黎大学校长的任期是 1 个月到 6 周，1266 年之后，校长的任期才延长到 3 个月。⑥ 其次，每届任期结束，各个学校都要召开校长任期期满理事会议，教师和学生都有权对校长的行为进行投诉；学校还派专人对

① 参见 H. Rashdall, *The Universities of Europe in the Middle Ages*, Vol.I, pp.404–405.

②⑤ 参见 J.I. Catto, *The History of the University of Oxford: The Early Oxford Schools*, p.81, p.74.

③④ H. Rashdall, *The Universities of Europe in the Middle Ages*, Vol.I, p.184, p.178.

⑥ 参见 G. Leff, *Paris and Oxford Universities in the Thirteenth and Fourteenth Centuries: An Institution and Intellectual History*, p.65.

校长进行审查，“如果发现校长不能收取按照规定所缴纳的罚金，校长本人将向学校支付相同数量的罚金”[①]。

大学中的另一个主要执行官员是同乡会的会长（proctor），他既是同乡会的首领也是校长的主要助手，是大学中仅次于校长的行政官员。[②]大学生活中处处都能看到他们的身影，他们和校长一起管理大学的公共事务。他们监督学术委员会，包括讲座和辩论的时间和顺序、学位授予仪式。他们组织大学的各种庆典和丧礼、教师行会的仪式、执行大学的规章制度、向校长报告违纪者、记录捣乱分子及由校长法庭审理后被逐出城外和被送进监狱的人的名单。以校长的名义，他们帮助处理学校成员和市民之间的商业纠纷案件，主要是为了保护前者不受到经济上的敲诈勒索，比如使用不准确的度量衡、购买一些不能食用的食物、高价购买一些商品等。[③]同乡会会长的职责太广泛了，不论他是多么兢兢业业、任劳任怨，无论他的能力是怎样地超群，他都需要有人辅助，这个人就是执杖官。

执杖官是校长和同乡会会长的主要助手，他们通常被称为大学的仆役。中世纪时期，各个大学执杖官的多种职责是相似的。他们收取各种费用和罚金；记录被监禁者和获得学位学生的姓名；在学校内巡逻，大声宣读新的规章制度；通知辩论的时间和地点；穿着正式的长袍、手持权杖出席学位授予仪式、弥撒、丧礼和游行；帮助召开会员大会，在教师大会上收集选票；

---

① H. Rashdall, *The Universities of Europe in the Middle Ages*, Vol.I, p.178.

② 参见文学部在巴黎大学中占有特殊的地位：首先，文学部人数上占有绝对的优势；其次，在大学与巴黎教长、大学与托钵修士的斗争中，文学部是主要的领导者和参加者，因此文学部同乡会代表选举的领袖实际上成为整个大学的领导人——校长。虽然同乡会会长是巴黎大学文学部的官员，但在实践中，他们几乎成为整个大学的管理人员。同乡会在英国大学中的作用不大，但是英国大学中的同乡会每年也选举自己的领导人“proctor”，他们通常被称为“学监”，同样成为整个大学的主要官员。

③ 参见 A. B. Cobban, *The Medieval English Universities: Oxford and Cambridge to c. 1500*, pp.79–80.

对校长法庭召开的时间和地点提出建议，帮助传唤出庭等。除了上述事务之外，他们实际上还是大学的监督员，监督卫生清洁、座位的安排布置、整个学年的准备等。执杖官在大学中的地位很重要，拉什道尔认为，“一般来说，拥有执杖官是大学的一个标志”[①]。执杖官这个职位是令人艳羡不已的，通常情况下，学生上交的一部分费用可以作为他们的酬劳，大学有时还为他们提供食宿和衣物的津贴。如，牛津的一个低级执杖官每年从学校处可以得到 10 先令，用于购买鞋子。[②]

大学还有一个重要官员——估价员，他们和市民代表一起确定师生房租的价格。在博洛尼亚，如果市民不遵守估价员和市民商议后的决定，他将要接受“五年内禁止将房屋出租给学生”[③]的处罚。这个制度曾经得到教皇的确认，并很快在巴黎和牛津等城市流行起来。1256 年牛津大学规定：“每五年，两名大学的估价员和两名市民代表一同对房租进行重新评估，每个学期末估价员将联合评估的报告提交会员大会请求批准。”牛津大学估价员的最早记录是 1277 年的拉尔夫、马尔科姆和罗伯特。[④]后来，他们的职责范围逐渐扩大，包括照顾学校的房子和财产、负责房屋的维修和收取房租；帮助校长监管面包、淡啤酒和葡萄酒的价格；道路的维修和清洁；帮助校长和同乡会会长调查破坏和平、违反城内道德的案件；等等。估价员的出现保证了大学在房租、购买食品等方面不会受到市民的任意勒索。

大学还有一些其他管理人员，如记录员和牧师等。记录员，类似于校长的抄写员或者秘书一职，主要负责起草某些提议、记录会员大会的程序、登记在校长面前进行的交易、在校长登记簿中记录下会馆馆长（principals）

---

①③ H. Rashdall, *The Universities of Europe in the Middle Ages*, Vol.I, p.191, p.192.

②④ 参见 J.I. Catto, *The History of the University of Oxford: The Early Oxford Schools*, p.87, p.90.

的名字、抄写同乡会会长的账簿等。牛津的记录员，不仅是硕士学位获得者，而且必须是公证员。牛津的记录员是领薪水的，每年大约为 2 英镑 13 先令 4 便士。[①] 从 13 世纪开始，英国的大学还出现了牧师(chaplain) 一职，最初他们主要负责大学中的弥撒和为捐赠者提供一些服务，后来他们的职责扩大到照管学校的图书，成为图书管理员的前身。1421 年牛津正式设立了图书管理员一职，年薪为 5 英镑 6 先令 8 便士；剑桥大学图书馆在 1577 年确立了图书管理员一职，薪水为每年 10 英镑。[②]

不仅如此，大学还有一些服务人员，主要包括书商和信使等人，他们的出现保证了大学的正常运行。

为了保证教学用书的质量，中世纪大学对书商的控制非常严格，只有经过大学授权的书商才可以从事书的交易。大学专门委派几名教师组成核查委员会，他们的职责是监督书商和检查书的质量。博洛尼亚大学规定："书商定期向核查委员会提交书稿，如果发现抄写错误，一个错误将被罚款 5 个索里达。" [③] 中世纪的书商实际上将书的出版、销售和租借三者集于一身。首先，他们需要对与书的生产有关的手艺人进行监督，如羊皮纸的生产商、图书的装帧者和装订人等；其次，他们要雇用大批的抄写员进行抄写，然后将书提交给委员会仔细检查无误、确定价格之后，书才能流通。

信使、理发师、仆役等人也是大学的服务人员，他们每年与大学成员一样享有大部分特权，这一点可以从 1386 年海德堡大学的特许状中看到："与巴黎大学一样，各种服务人员和教师学生同样享受各种特权，因此从海德堡建校伊始，我们以更慷慨的态度通过这个文件，让所有服务人员，

①② 参见 A. B. Cobban, *The Medieval English Universities: Oxford and Cambridge to c. 1500*, p.93, pp.93–94.

③ H. Rashdall, *The Universities of Europe in the Middle Ages*, Vol.I, p.189.

如图书馆员、低级职员、抄写员、装帧书稿的人员和其他服务人员，无论个人或全体，不折不扣地享有教师学生现在和将来所获得的相同的特权、公民权、豁免权和自由。”①

中世纪大学在自身发展中，它的管理机构和管理职能日益成熟、逐渐完善，大学的管理明显地具有严密性与体系化的特征。无论是官员的选任与监督、大学内部的基本管理，还是对大学生活的保障和协调等，都显示出中世纪的大学具有了一种比较高级的管理形态。

① [美]E.P. 克伯雷：《外国教育史料》，第173–174页。

第二节

大学的基本组织

根据现实的需要，大学在自身的发展过程中逐步形成了一些基本组织，主要包括学部（faculty）、同乡会、会馆和学院等。由于受到不同因素的影响，因而每所大学的内部组织和结构各不相同，可能某一组织在一所大学内比较突出，但是在其他大学内却不占主要地位。如在巴黎大学，学部和同乡会的作用更为突出，但是在英国的大学中学院的影响更大，因此我们对中世纪大学的基本组织只能进行粗略的描述。

一、学部

学部是中世纪大学的一个重要分支。“faculty”源自拉丁语 faclutas，指才能，即一个人与生俱来的或者因训练而获得的一种能力，以后逐渐演变为指知识的分支。最初，行会的全体成员聚在一起形成一个整体，他们之间并没有按照学科来划分形成单独的组织。到 13 世纪中期，“faculty”一词的外延逐渐扩大，这个术语经常用来指教师和学生组成的某个专业群体，即学部。“学部”这个术语第一次出现在 1251 年巴黎大学向女王所发的誓言中：“为了巴黎大学整体的利益 …… 为了那些在神学部、教会法部、医学部和文学部进行研究和学习的教师和学生们。"[1]中世纪时期，一个理想的大学应该包括 4 个学部，文学部(faculty of arts)[2]、神学部(faculty of theology)、法学部（faculty of law）和医学部（faculty of medicine)，中世纪的教师称它们为"天堂的四条河"[3]。13 世纪时期，很多大学实际上只有两三个学部。即使作为原生态大学之一的博洛尼亚也只有两个学部：法学部和文医学部，神学部掌握在托钵修会的手中，只是位于大学的边缘。[4]苏格兰大学也是如此，直到近代早期，苏格兰大学的法学部和医学部只是徒有虚名。各学部在大学中的地位不同。整体上来说，低级学部——文学部是其他 3 个高级学部的预备阶段，只有从文学部毕业之后，才能到其他 3 个学部继续深造。在巴黎大学，神学部的地位最高，圣人波纳文图拉曾经有个形象的比喻："文学部是一个宏伟建筑的底座，法学部和医学部是它的围墙，神学部是它的屋顶。"[5]在博洛尼亚等地，法学部却是最重要的。

每个学部都拥有自己的官员，如主任（dean)、财务人员（bursar, receptor）和执杖官等。最初，主任是学部内从事教学的一个高级教师，

---

① O. Pedersen, *The First Universities: Studium Generale and the Origins of University Education in Europe*, p.192.

② 从定义上看，"文学"是指那些以表达情感为主并具有文采的语言作品；"文科"指的是以人类社会独有的政治、经济、文化等为研究对象的学科。本文中的"文学"或"文科"具有更宽泛的内涵，并不仅仅指内涵较为单一的文学或文科。学生在中世纪大学的文学部中学习以"人文学科"(liberal arts）为主的课程，包括文法、修辞、逻辑、算术、几何、音乐和天文学。把算术、几何、天文学也归为人文学科，今天看来似乎不能接受，但这里的"liberal arts"指的是一个自由人文化素养所需要的基本知识，是指对提高一个人文化素养有价值的学科，并不是指简单的艺术，也不是简单的文科或者理科。

③⑤ H. D. Ridder-Symoens, *A History of the University in Europe*, Vol.I, p.111, p.112.

④ 博洛尼亚虽然没有使用 faculty 这个称谓，但是在博洛尼亚主要有两个团体，即法学团体（uinversitas legistarum）和文、医学团体（universitas artistarum et medicorum），"universitas"表示学生的联合体，这种类型的组织也是按照专业来划分的，因此实际上博洛尼亚的 universitas 和 faculty 几乎是同义的。

后来成为学部的首领。“1265年，巴黎大学神学部中最早出现了主任一职，1267年其他两个学部也拥有了主任。1338年之后，医学部和教会法学部自己选举产生主任人选。”[①]他们经常代表学部参加学校会员大会，并负责学部内的行政、教学、辩论和考试等日常管理。不仅如此，每个学部还有自己的印章和章程。“1252年巴黎大学高级学部开始制定自己的章程”，“1270年开始，巴黎大学的医学部和法学部拥有了自己的印章。”[②]上述资料说明，学部也具备了一个法人团体所需要的基本要素。

大学早期，学部是一个基本的教学组织机构，它负责组织本学科的教学、制定本学科的教学大纲等事务。《巴黎大学档案》中现存一份巴黎大学医学部在1270—1274年制定的教学大纲，它详细地记载了医学部学生的学习期限和课程：

> 他应当用至少两次的考试证明他的学习期限，如果他已经在文学部获得学位，需要学习五年半的时间，如果没有文学部的学位，需要学习6年。他的课程包括：（1）听课：制药方法，在正规课程中听两次，在特别课程中听一次；泌尿，不论在正规课程或者特别课程中听一次即可……（2）必读书目：阿里·本·阿巴斯关于理论和实际的书。[③]

此外，每个学部还拥有一项至关重要的权力——学部最终决定谁有资格获得教学许可证，即哪些学生可以获得学位。1213年，在教皇的调停下，巴黎教长同意，每个学部有权决定自己学部中的候选人是否有资格获得教学许可证，它同时有权制订学习计划和有权对学生的纪律实施管理。[④]因此，学部的形成旨在操作学术事务，组织教学，但是学术之外的生活就不属于

①② H. Rashdall, *The Universities of Europe in the Middle Ages*, Vol.I, p.326 footnote, p.326.

③ [美]E.P. 克伯雷：《外国教育史料》，第190页。

④ 参见 H. Rashdall, *The Universities of Europe in the Middle Ages*, Vol.I, p.324.

其管辖范围了。中世纪时期的一个知识者，身在异乡生活需要面对种种危险，除了他的学术组织之外，他还需要另一种机构来支撑他，保护他，而同乡会就能为其提供这种保护。

二、同乡会

现代政治学和文化概念中的“nation”指国家或者民族，比古罗马时期和中世纪时期“nation”的内涵要宽泛得多。古罗马时期，这个术语最早指一个人所属的家庭、种族或者部落，可以与“gens”(氏族、宗族)互换使用。[①] 在中世纪的同一所大学中，来自同一地区的学生或者教师自发地组成了一些能够提供相互帮助和保护的组织，以反对当地市民和城市的压榨，这个组织就是同乡会。

同乡会最早出现在博洛尼亚的法学部，巴黎大学的同乡会出现在13世纪的文学部。17世纪大学史的研究专家杜布雷给巴黎大学同乡会定义为：“由教师组成的法人团体，所有教授文科的教师，在同一个名册内记录下他们的名字，遵守相同的法令，接受同一个官员的管理。”[②] 巴黎大学的文学部按照教师所属的区域划分4个同乡会：法兰西、诺曼、皮卡迪和英格兰。英国大学中的文学部模仿了巴黎大学同乡会的形式，以尼恩河为界形成了两个同乡会——南部同乡会和北部同乡会，由于英国的学生主要来自本岛，他们对这种保护性组织的需要不是十分迫切，因此相对而言，同乡会在英国大学中的作用并不突出。虽然每个同乡会对成员资格的认定方式各不相同，有的按照出生地划分，有的按照居住地划分，有的按照所操的语言进行划分；虽然每所大学中同乡会的组成成员不同，博洛尼亚型的

① 参见 L. R. Loomis, “Nationality at the Council of Constance: an Anglo-French Dispute”, *The American Historical Review*, Vol.44. No.3. (Apr., 1939), p.509.

② P. Kibre, *The Nations in the Mediaeval Universities*, p.3.

大学主要由学生为主组成，巴黎类型的大学主要以文学部的教师组成，还有一些大学由教师和学生共同组成，但是这些同乡会中还具有一些共同的特征。

同乡会最高的权力机构和立法机构是同乡会会员大会，会员大会通过它的首领——会长负责同乡会的工作，并参与大学的管理和投票。会员大会的首要任务是选举同乡会的主要官员。根据博洛尼亚日耳曼同乡会年鉴记载："每年主显节（1 月 6 日）召集的同乡会大会上选举会长，1340 年之前由同乡会成员直接选举产生，1340 年之后由同乡会成员推举的选举人间接选举产生。"[①] 会员大会的另一项主要任务是制定同乡会的章程。如日耳曼同乡会规定："每年两次在同乡会大会上宣读章程，如果制定新的规章或者对原有规章进行修订，必须召集全体成员开会，三分之二以上的会员同意才能通过。"[②]

每个同乡会首领的称呼不同，巴黎大学和博洛尼亚日耳曼同乡会的首领称为"proctor"，博洛尼亚其他同乡会的首领则被称为"consiliarii"，但是他们的主要功能和职责是相同的，他们是同乡会的首领和代表，代表同乡会在学校会员大会上投票，他们必须服从同乡会会员大会的命令，他们的权力受到会员大会的制约。如皮卡迪同乡会规定，"会长只是同乡会的喉舌，执行同乡会大多数成员通过的决定。同乡会在学校会员大会中保留增加、减少、纠正同乡会会长决定的权力"[③]，"会长掌握本同乡会的印章，但是只有在同乡会大会上宣读文件之后，他才能加盖印章，禁止他做未经会员大会批准的事情"[④]，"如果没有收到会员大会的任何指令，会长不能做出任何决定。对下级官员的任命不属于他的权力范围，而是属

①②③④　P. Kibre, *The Nations in the Mediaeval Universities*, p.36, p.40, p.72, p.70.

于会员大会”[①]。除了同乡会会长之外，还有一些其他官员从事管理工作，如执事、司库和信使等人。这些官员在同乡会大会上选举产生，他们必须对同乡会会员大会负责。一般来说，这些官员的任期比较短暂。如皮卡迪同乡会会长每月选举一次，后来他的任期延长到 2~3 个月。[②]还有的同乡会规定：“为了防止权力的集中，任何人不能同时担任两个以上的职位。”[③]

每个同乡会都有自己的印章，该印章与同乡会的现金和一些重要文件等都被保存在同乡会的保险箱中。保险箱通常有 3 把钥匙，一把放在会长手中，一把放在司库手中，另一把放在单独选出的教师手中。诺曼同乡会规定：“除非得到会员大会的同意，没有人可以从保险箱中拿出现金；3 把钥匙的持有者必须全部在场，才能打开保险箱。”[④]现存一本 1292 年日耳曼同乡会的账簿，我们从中可以发现该同乡会的收入和支出的情况：“同乡会的收入主要来自成员缴纳的入会费，根据每个成员的收入，收取每人 5 个到 60 个索里达不等的会费；毕业校友捐赠的礼物和遗产；同乡会收取的罚金等。同乡会的现金主要用于各种宗教仪式和节日的庆典，购买蜡烛和香料；支付薪水给为同乡会提供服务的人员等。”[⑤]“如果有成员生病，同乡会的会长要亲自探望，并送上需要的食物和慰问金。”[⑥]

上述资料显示，同乡会也是中世纪大学中的一个核心组织，是与学部并驾齐驱的另一个主要分支。学部主要负责大学内与学术相关的事务，而大学中学术以外的其他事务，如对大学成员的生活、纪律等方面的管理主

---

①③④⑥ P. Kibre, *The Nations in the Mediaeval Universities*, p.72, p.81, p.86, p.34.

② 参见 P. Kibre, *The Nations in the Mediaeval Universities*, p.69.

⑤ H. Rashdall, *The Universities of Europe in the Middle Ages*, Vol.I, p.160.

要由同乡会负责。[①] 1336 年皮卡迪同乡会规定:“如果不参加晚祷，将被罚款 1 便士;如果不参加弥撒，将被罚款 2 便士。”[②] 不仅如此，它也具备了一个法人社团应该具有的基本属性，如选举并任命自己的官员，制定本团体内部的规章制度、拥有印章和收入等。同乡会是大学和大学成员之间的一座桥梁，一方面，大学通过同乡会可以对内部成员进行管理和约束；另一方面，大学成员通过同乡会也可以参与大学的各项管理。总之，同乡会在 13、14 世纪的大学运行中发挥了重要作用，到中世纪后期，欧洲各地陆陆续续出现了许多新大学，来自异地的学生和教师的数量减少，同乡会渐渐失去了存在的基础，学院将学部的学术职能和同乡会的行政管理职能合二为一，逐渐取代了它们的地位。

三、会馆和学院

大学早期，巴黎、牛津和剑桥等地出现了一些出租的房屋，这些房屋备有简单的生活必需品，前来求学的学生们就生活在这样粗陋的房屋中，教师也在租来的房子中进行教学，牛津称这些出租的房屋为“halls”，剑桥称之为“hostels”，巴黎称之为“hospicium”，它们就是中世纪大学的会馆。最初，会馆与大学没有任何关系。任何大学成员，无论是一名硕士还是学士，有时候甚至一名采购员都可以从城中租一套房子成立会馆，自己担任馆长，向学生收取一定的住宿和生活费用。

当时的学生中出现了一些极端恶劣的行为。1228 年，一个高级教士写道:“这些学生长期住在同一屋内，态度极为傲慢无礼，夜间破门而入，

---

① 有学者认为，同乡会也派人参与学术事务的管理，如有的同乡会派人担任学位考试的主考等，但是从整体上来说，作为一个单独的团体，同乡会很少参与学术事务。几个同乡会有可能联合起来，按照文学部的统一管理参与一些学术事务。

② P. Kibre, *The Nations in the Mediaeval Universities*, p.82.

还有一些人长期不思进取，以各种方式骚扰其他同学，影响了真正想学习的学生。”[1]不仅如此，大学还面临一个长期困扰的问题，即有很多的“捣乱分子”混迹于学生中间，这些人经常“白天睡大觉，夜间出没于酒馆之中，并怀有盗窃和杀人之心”[2]。这些捣乱的学生长期居住在出租的房屋内，在大学学生身份的掩护下，经常从事一些犯罪活动，这不仅使得大学当局头痛不已，而且使得当地居民怨声载道。此外，学生中经常出现打架斗殴，学生与市民之间也不断发生对立和冲突，这都需要大学对学生进行必要的、有效的监管。大学当局首先安排任课教师对学生进行管理。1231 年，牛津大学规定：“每个学生必须在教师处登记，每个教师将学生参加讲座的情况记录下来，如果学生不能满足学术和纪律的要求将被开除。”[3]但是由于这些纠纷经常产生于学生们的日常生活中，将学生委托给教师管理的措施被证明是无效的，因此大学试图通过会馆对学生实施纪律管理。

1250 年伊始，剑桥大学规定，会馆馆长必须服从大学的规定，必须向房东或校长交付一定的押金，保证每年按时上交房租。[4] 1313 年牛津大学规定：“会馆馆长每年必须向校长提供下列学生的名单：有可能破坏秩序的、公开捣乱的、携带武器的、煽动南北对立情绪的、在房间里留宿女人的学生。”[5]这些规定实际上表明大学已经承认会馆为大学的附属机构，承认会馆馆长作为大学的代理人对住在会馆之中的学生进行管理。人们很快意识到，通过会馆对学生进行纪律约束比由任课教师管理更为有效。因此，对学生纪律的管理和监督从教学人员的手中转移到那些为学生

---

① H. Rashdall, *The Universities of Europe in the Middle Ages*, Vol.I, p.503.

②⑤ A. B. Cobban, *The Medieval English Universities: Oxford and Cambridge to c. 1500*, p.149, p.147.

③ G. Leff, *Paris and Oxford Universities in the Thirteenth and Fourteenth Centuries: An Institution and Intellectual History*, p.108.

④ 参见 A. B. Cobban, *The Medieval English Universities: Oxford and Cambridge to c. 1500*, p.146.

提供食宿的馆长手中。14 世纪晚期，剑桥大学明确规定："在同乡会会长和部分教师的陪同下，校长和副校长有权每年两次对会馆进行巡查，如果会馆馆长反对，他将被剥夺担任馆长的资格；如果学生藐视馆长的权威，或者违反了会馆的规定，并且拒绝改正他们的错误行为，这些学生将被开除。"① 这些法规说明，大学校长越来越多地依赖会馆对学生进行纪律管理。他们逐渐意识到，如果学生住进会馆之中，大学可以对他们进行最大限度的纪律规范，因此到 14 世纪末期，剑桥和牛津等大学相继规定所有的学生必须住在会馆或学院中。1420 年，亨利五世下令正式批准了这项措施。②

与此同时，大学加强了对会馆馆长的约束和管理。最初，无论是教师还是其他服务人员，如伙食采办员和仆役等都可以担任会馆馆长。从 1380 年开始这种情况有所变化，会馆逐渐由教师或者大学的硕士负责，并直接服从于大学的管理。1432 年，牛津大学决定，担任馆长的人必须具有研究生的身份。③ 牛津大学规定："每年 9 月 9 日在圣玛丽教堂前举行仪式，馆长需要在校长和其他官员前重新续约或者提出担保，如果在每年 9 月 9 日之前馆长没有交付定金将被取消资格。"④ 这个实例说明会馆馆长已经被纳入了大学的管理机构之中，有利于大学对学生进行统一管理。

虽然通过会馆对学生进行管理，学校的无秩序状态有所好转，违纪现象有减少的趋势，但是会馆还存在一个致命的缺陷——不稳定性。大部分

---

① A. B. Cobban, *The Medieval English Universities: Oxford and Cambridge to c. 1500*, p.147.

② 参见 A. B. Cobban, *The Medieval English Universities: Oxford and Cambridge to c. 1500*, p.148.

③ 参见 J.I. Catto, *The History of the University of Oxford: Late Medieval Oxford*, Oxford University Press, p.631.

④ G. Leff, *Paris and Oxford Universities in the Thirteenth and Fourteenth Centuries: An Institution and Intellectual History*, p.109.

会馆是教师从城中租来的房子，一旦房租到期，他们必须离开，并没有任何保障。会馆的收入主要来自学生上交的住宿费用，除此之外，会馆再也没有其他收入，也没有任何捐赠。会馆刚刚出现时，还能够获得一定的利润，但是从 14 世纪中期开始，许多会馆出现入不敷出的状况，“从 14 世纪中期开始，大部分会馆很难赢利了”[①]。15 世纪末期，由于物价上涨，他们没有充足的资金补充到会馆内的食宿和日常消费中，许多会馆难以继续维持了。与会馆的日趋衰落相反，学院却逐渐发展起来。

提到学院制，人们往往想到的是英国大学中特有的学院制，其实学院首先诞生在巴黎大学，“巴黎是学院制的故乡”[②]。1180 年，一个刚刚从耶路撒冷朝圣回来的伦敦人将巴黎圣母院教堂西北角上的收容所买了下来，提供给 18 个学生免费居住，这个收容所的代理人每月从收容所的救济金中拨出 12 努米[③]用作他们的生活费，这就是世界上的第一个学院——“第 18 学院”[④]。早期学院的形成就是这样简单——为了帮助家境贫寒的学生，由捐赠人出资而建立的。学院的捐赠者有国王、高级僧侣、政治家或者富有的世俗贵族等，他们认为建立学院是一种慈善的、虔诚的宗教行为，这些行为不仅可以护佑他们及其亲属的健康，而且可以使他们的灵魂得到拯救。默顿学院的捐赠人说：“为了神圣的上帝，为了国王和其他捐赠的人灵魂和健康。”贝利奥尔学院的捐赠人德沃吉拉男爵夫人说，“为了我们的主——上帝和他的母亲玛利亚以及所有的众神”[⑤]。

捐赠人提供给学院的主要有地产和资金。如英国兰卡斯特伯爵埃德蒙

---

①⑤ J.I. Catto, *The History of the University of Oxford: The Early Oxford Schools*, p.228, p.244.

②④ H. Rashdall, *The Universities of Europe in the Middle Ages*, Vol.I, p.498, pp.501–502.

③ 努米，拜占庭币，在拜占庭国衰落后的 800 多年里一直是通行地中海的标准货币。

将自己的艾伯顿庄园赠给了默顿学院。[①] 沃里克女伯爵艾拉将萨利庄园也赠给了默顿学院。[②] 亨利三世的弟弟理查德在 1270 年将自己的克伯沃斯庄园的部分收入捐给默顿学院用于维持学院的费用。[③] 许多学院将捐赠人提供的资金用于设立各种奖学金和为困难学生提供补助金。如在纳瓦尔学院，为学习语法的 20 名学生每人每周提供 4 个索里达的补助，学习文科的 30 名学生每人每周可以得到 6 个索里达的补助，学习神学的 20 名学生每周得到 8 个索里达的补助。[④] 能够获得捐赠人的资助成为学院与会馆的主要差别，正是他们的资助使学院具有一定的稳定性和延续发展的可能性。

中世纪时期，巴黎大学最有影响的学院是 1257 年路易九世的私人牧师索邦建立的索邦学院和纳瓦尔女王乔安娜 1304 年创建的纳瓦尔学院。虽然最早的学院诞生在巴黎，但是英国的学院发展得最完善，成为学院制的典型代表。英国的学院肇始于 1264 年牛津的默顿学院、1280 年的牛津大学学院、1282 年的牛津贝利奥尔学院、1284 年的剑桥彼得豪斯学院 。14、15 世纪的学院运动中，牛津大学因异端受到牵连，得到的捐赠明显减少，只有在 1379 年创办了新学院和 15 世纪的林肯学院、万灵学院和摩德林学院，而同一时期的剑桥大学明显得到了国王和捐赠人的青睐和厚爱，陆续建立了国王大厅、三一、国王和圣凯瑟琳等 12 所学院。在以博洛尼亚为代表的大学中，学院制并不突出，因为那里是一些家境富裕、成熟的学生参加法学和医学专业的学习，他们并不需要廉价的会馆和学院，他们更需要的是家庭私人住房中提供的更为舒适的房间以及不受学院限制的自由。此外，那里组织良好的同乡会能为他们提供各种所需的财务和司

①②③　参见 J.I. Catto, *The History of the University of Oxford: The Early Oxford Schools*, p.236, p.240, p.249.

④　参见 H. Rashdall, *The Universities of Europe in the Middle Ages*, Vol.I, pp.510–511.

法方面的帮助，因此学院制在南部欧洲的作用不大。

早期的英国学院与巴黎的索邦学院类似，主要是为了帮助那些高级学部中的学生。在那些年代，由于学生不能得到国家的资助，对于那些生活拮据但又想留在高级学部继续深造的学子来说是十分困难的，所以早期创办学院的目的不是为基础的文科学习而是为更高层次的文科和高级专业的研修提供帮助。捐赠的范围通常由捐赠者的爱好而定。如，韦克汉姆在创办新学院时就制定了奖学金的名额和专业，他规定："学习民法的 10 人，学习教会法的 10 人，如果有教师教授医学，可以让 2 名学生修习医学；虽然不能授予天文学专业的学位，但是可以为 2 名学习天文学的学生提供奖学金。"[①] 虽然学院可以得到一定的捐赠，但是它们同样会面临经济的压力，经济的压力迫使学院开始吸纳学习基础课程的学生进入学院，通过向他们收取学费来增加学院的收入。哈考特学院在 1311 年规定"教师可以接收来自任何地区的、愿意与其他学生住在一起、能够支付一定房租和费用的学生。费用的额度由教师和学生商议决定"[②]，这些学生通常被称为自费生。14 世纪，许多学院成为一个混合体——不仅拥有了修习高级专业的学生，而且开始大量吸收学习基础文科的学生入学。在英国的众多学院中，国王大厅学院成为第一所"可以在同一机构的围墙内完成基础和高级全部课程的学院"[③]。

学院不仅扩大了学生的范围，而且加强了对学生的管理。巴黎大学从 1457 年起开始执行一项新的规定，即学生必须住在学院内或者教师处，1463 年这项规定被明确写进大学章程中。[④] 学院严格禁止学生在夜晚外出，

---

① J.I. Catto, *The History of the University of Oxford: Late Medieval Oxford*, p.582.

② H. Rashdall, *The Universities of Europe in the Middle Ages*, Vol.I, pp.515–516.

③ A. B. Cobban, *The Medieval English Universities: Oxford and Cambridge to c. 1500*, p.119.

④ 参见 H. Rashdall, *The Universities of Europe in the Middle Ages*, Vol.I, pp.525–526.

有的学院为此专门设立看门人一职。如剑桥圣约翰学院在 1516 年设立该职位，看门人的职责是阻止不受欢迎的人进入学院。学院规定，在冬季晚 8 点关门，夏季晚 9 点关门。如果有人在关门之后仍未返回，将接受严厉的惩罚。[①]

在加强纪律性的同时，学院逐渐增加了教学活动，促进了学院内学术生活的发展。巴黎的纳瓦尔学院规定："学院教师应该认真地参加文学部的讲座，忠实地给予学生在生活和教义方面的指导。除了参加学校开设的公共讲座之外，他必须回答学生提出的问题；必须和学生一起阅读逻辑、数学和语法等方面的书籍。"与普通会馆的学生相比，学院中的学生能够得到更多的教学和学术方面的指导。在纳瓦尔学院，"聆听同一个讲座的学生们回到学院之后，聚在一起，集体复习，每个学生甚至将讲座重复一遍，让其他学生给予建议"[②]。还有的学院规定学生只能讲拉丁语；在冬季的晚餐会上举行辩论。这些变化使学院教学成为大学公共教学的必要补充。从 15 世纪后半期开始，许多学院中出现了捐赠讲座制，由捐赠人出资为开设某个专题讲座的教师提供报酬。牛津的摩德林是第一个设立讲座制的学院，根据 1479 年章程，该学院设立了 3 个讲座席位，即两个哲学和一个神学讲座席位。[③]学院中的讲座和问答式的课程变得越来越重要，而大学的公共讲座却越来越流于形式。到中世纪后期，许多学院将同乡会和学部两者的功能结合起来，它们不仅是学生生活和纪律的管理者，而且也成为教学的组织者。这种趋势使大学教育体系开始发生重大变化，大学的教学出现了从集中走向分散的趋势，到伊丽莎白时代，学院最终成为一

---

① 参见 D. R. Leader, *A History of the University of Cambridge : The University to 1546*, Cambridge: Cambridge University Press, 1988, p.62.

② H. Rashdall, *The Universities of Europe in the Middle Ages*, Vol.I, pp.516–517.

③ 参见 A. B. Cobban, *The King's Hall within the University of Cambridge in the Later Middle Ages*, pp.80–81.

个完整的、独立的教学中心，并为以后出现的导师制和内部讲座制奠定了基础。

英国大学的同乡会和学部的作用不太突出，为学院留下了充足的发展空间，因此英国学院的自治性特征最为明显。

英国的学院也是一个自我管理的团体。学院的最高权力机构是由全体成员组成的学院会议（comitia），他们具有选举学院官员、开除不合格教师、遴选学院成员的权力，这些权力是学院进行自我管理不可缺少的前提条件。英国的学院会议具有很强的威慑力，一般来说，学院的日常事务应该由全体成员选举产生的学院领导和几个官员组成的委员会联合处理，但是凡需要大笔开销、异常特殊、比较复杂的或与整个团体利益攸关的事务必须经过全体成员的同意，必须在学院会议登记备案。[①]除了国王大厅学院之外，1500 年之前建立的学院中，理事和教务长等官员都是按照制度由学院成员自己选举的。牛津大学学院在 1280 年规定，大学校长和神学部教师负责选拔学院的 4 名教师，但是到了 1311 年，遴选教师的权力属于学院，大学仅仅保留了否决权。[②]彭布罗克伯爵夫人玛丽·德·瓦伦斯 1347 年创办彭布罗克学院时，她委托两名外部代理人对学院进行巡视，并对新当选的教师予以确认，但是 14 世纪后期该学院的档案中并没有发现关于代理人的任何记录，据推断，他们的权力已经转移给学院的全体教师。剑桥的彼得豪斯学院也发现了相似的情况。[③]英国的学院对清除不合格的教师也作了详细的规定。如，1274 年默顿学院规定："每年务必召开三次审查会议，要仔细审查教师的行为，受到三次警告的教师将被开除；同样的规定也适用于不服从命

①②③ 参见 A. B. Cobban, *The Medieval English Universities: Oxford and Cambridge to c. 1500*, pp. 127–128, p.123, p.126.

令的仆役。”[①]后来，学院也拥有了自己的印章，它们的出现表明学院也是一个法人团体了。

整体上来说，英国学院的组织设计致力于保证学院的内、外部事务都尽可能均衡地由广大教师完成。如牛津的女王学院规定：除神学部和教会法部的教师之外，学院的每个成员每周轮流担任管家一职。同样的安排也出现在牛津的新学院和剑桥的国王学院。[②]从学院的整个历史发展来看，英国学院的教师从一开始就参与管理，学院领导的权力受到有效的平衡与制约，这种健康的人事流动制度有助于防止管理垄断的产生。

英国学院的自治还表现在它们可以独立地处理学院内的财产。如在14世纪，为了减轻财务危机，它们经常将学院拥有的部分馆舍出租给年长成熟的自费生，试图从中获得一定的收益。如，牛津大学学院的会计账簿表明，1383—1384年，扣除馆舍的支出后，学院赢利11英镑4先令5.5便士，1385—1386年赢利16英镑19先令4便士，1416—1417年赢利7英镑19先令10便士，林肯学院也从出租的馆舍中获得了相当不错的收益。[③]

综上所述，中世纪的学院不仅能够获得稳定的捐赠，还同时拥有自己的管理机构和管理人员，因此它们成为大学稳定和持续发展的“安全岛”。正如大学史研究专家科班所说：“如果没有稳定的学院制的话，14、15世纪德国和苏格兰的大学不会幸存下来。”[④]学院将对学生的生活管理和教学管理结合起来，开始向一个基本的教学和行政单位的方向发展，并在伊丽莎白时代最终完成。虽然学院容纳的人数和规模小于会馆，但是14、15世纪的学院在学术方面的影响力日益凸显，中世纪的知识生活越来越多地与学院中勤勤恳恳的知识者们联系在一起。

---

① J.I. Catto, *The History of the University of Oxford: The Early Oxford Schools*, pp.261−262.

② 参见 A. B. Cobban, *The Medieval English Universities: Oxford and Cambridge to c. 1500*, p.127.

③ 参见 J.I. Catto, *The History of the University of Oxford: Late Medieval Oxford*, p.631.

④ A. B. Cobban, *The Medieval English Universities: Oxford and Cambridge to c. 1500*, pp. 111−112.

中世纪大学在发展过程中逐渐形成了自己的管理制度和组织机构。每所大学都能够自己制定章程，选举信任的官员，拥有共同的印章。在学校一级的管理中，会员大会是最高的立法机构和行政管理机构，校长法庭不仅具有司法职能，同时也具有重要的行政管理职能。学部、同乡会和学院是中世纪大学的 3 个基层组织，它们分别是一个自我管理的机构，“大学的次级组织也是一个法人团体，它们都拥有自己的首领、印章、会员大会和章程”①。虽然每个学校所处的情况不同，有的大学中同乡会组织很完善，而在有的大学中学院制则比较突出，但是从整体上来看，中世纪大学的管理和运作中始终体现了一种民主管理的基本原则，体现着对绝对权力的一种制约，“大学的管理原则体现了亚里士多德《政治学》的古典法原则:权力是在选举的官员和大学会员大会之间分享”②。每个管理者，无论是校长还是其他官员，都是由会员大会选举产生，都需要接受会员大会的监控，他们的职责和任期也受到了严格的限制，他们只是学校规章制度的执行者，“对事物的最终决定权取决于会员大会的决议而不是个人的意志”③。

不仅如此，广大成员对学校日常事务的广泛参与是中世纪大学组织与管理的另一个基本特征。各个层次的大学管理，从高高在上的大学校长，低至大学的保管员，学校的管理者基本上是由学术团体内的成员担任的，从而实现了大学成员的自我管理。在大学这个广阔无垠的知识“国度”中，它的主人是全体的知识者。全体成员广泛参与大学的管理，不仅有利于大学保持知识者行会的实质和特性，维护共同体全体成员的利益，而且有助于大学实现自治，防止外部权力对大学事务的干涉，有利于大学实现学术

① H. Rashdall, *The Universities of Europe in the Middle Ages*, Vol. I, p.408.

② [法]雅克·韦尔热:《中世纪大学》，第 40 页。

③ P. Kibre, *The Nations in the Mediaeval Universities*, p.185.

独立、思想自由的理想。

人们经常将大学喻为“象牙塔”，其实它远非一个世外桃源。大学的管理制度和组织机构的形成必然受到当时其他社会团体的影响。中世纪大学的管理机构和组织如同西欧其他社会团体的“再版”：从大学的会员大会中，我们看到了教会教职会议、城市的市民大会、村庄村民会议的缩影；校长法庭简直是“克隆的”教会法庭、城市法庭和庄园法庭，唯一所不同的是，这个共同体的主角不再是教民、市民和村民，而是变成了教授和学生。中世纪社会政治制度的设计处处体现着一种共同体自治的原则，体现着对绝对权力的制约，因此以后近代宪政所提出的民主管理的基本原则并不是空穴来风，而是有着深厚的民主底蕴，有着众多的中世纪的范例。

第四章

中世纪大学的教师

在本章中，笔者将主要描述构成中世纪大学主体之一——教师的基本情况及他们的学术生活，从而把大学作为一个学术研究的机构来进行考察。

第一节

教师的基本情况

一、“教师”的称谓和任教资格

中世纪，用来指大学教师的词主要有3个:“magister”“doctor”和“professor”。在巴黎大学及它所衍生的大学中，“magister”和“professor”这两个词经常用于指神学部、医学部和文学部中的教师。如，当致信给巴黎大学时，信中经常以“Rectori，Magistris，Doctoribus et Scolaribus Universitas Parisiensis”开头，这个称呼的顺序表明神学教师被包含在“magistri”之内，而教会法教师被称为“doctor”。[①]博洛尼亚大学的法学教师经常使用“doctor”这一称谓，有时候也把他们称作“professor”或“domini”，但是很少称他们为“magistri”。15世纪以后，意大利大学中所有学部的教师皆被称为“doctor”。[②]英国的大学仿照了巴黎的惯例，但是到15世纪，英国的大学习惯上称所有高级学部的教师为“doctor”；而文学部的教师则继续使用“magister”的称谓。上述情况说明，虽然这3个术语不能无差别地交叉使用，但是它们都有相似的概念，都表明了一个在某个领域或者某个专业方面很出色、正在从事教学的人，

①② 参见H. Rashdall, *The Universities of Europe in the Middle Ages*, Vol.I, pp.19–20, p.20.

因此，可以说，“这 3 个词在中世纪是同义语”[①]。

大学产生前，意大利等地对教师的资格没有特殊的限制。在博洛尼亚，任何人只要租一间房屋，招到学生就可以进行教学。在巴黎，如果有人想从事教学，他必须首先从巴黎教长那里得到教学许可证，因此教学许可证成为教师们能否进行教学的关键。经过与巴黎教长的长期斗争，巴黎的教师行会获得了胜利，“巴黎的教长失去了颁发教学许可证的实际权力，仅仅保留了对文学部考官的提名权”[②]，而大学最终获得了颁发教学许可证的决定权——即巴黎的教师行会判断谁能够获得从事教学的权力，谁能够拥有加入教师行会组织的权力。当大学获得了这项宝贵的权力之后，加强了对候选人资格的甄别，逐渐将教学许可证演变为一种证明——表明了一个人曾经接受过一种专业训练，经过严格的审查和考试后，他已经获得了某种专业知识并具有了一定的教学能力，因此经过大学审查和考试后申请人获得的教学许可证成为具有大学教师资格的必要条件。中世纪时期，巴黎和博洛尼亚等原生态大学核发的教学许可证最通行有效，“人们普遍承认，在巴黎、博洛尼亚等大学中经过训练，已经获得教学许可证的教师到其他地方教学无须进一步考试”[③]。

二、教师的薪水和地位

中世纪的教师靠什么为生呢？国王或者国家能为他们提供经济支持吗？中世纪早期的国王只是贵族中的第一位贵族，“国王在某些意义上仅仅是一个公共首领”[④]，他主要靠其封建权力的收入供应其一应开支，因此

①② H. Rashdall, *The Universities of Europe in the Middle Ages*, Vol.I, p.19, p.400.

③ G. L. Haskins, “The University of Oxford and the ‘Ius ubique docendi’”, *The English Historical Review*, Vol.56, No.222. (Apr., 1941), p.281.

④ F. Kern, *Kinship and Law in the Middle Ages*, Oxford: Basil Blackwell, 1956, p.6.

从经济实力上看，国王难以给教育提供大量的经济支持。1233 年，英王亨利三世曾经资助在巴黎上学的麦西那主教的侄子兰度 30 里拉，后来，亨利三世请一位高级教士帮忙为他提供圣俸才使他的学习和生活有了保障。[①]这个例子反映了中世纪的国王给知识者的资助只是零星的、偶尔的。那么谁为中世纪大学教师支付薪水呢？大学教师获得报酬的形式主要有 3 种。

如果大学教师具有教士的身份，他们可以得到圣俸，这是欧洲北部大学教师获得收入的主要形式。“教会为教师提供的圣俸是整个学术团体的物质基础。”[②]根据基督教教义，知识是上帝的赐予，出卖知识就是买卖圣职罪，因此教会认为教学是教士的天职之一。圣·伯纳德曾经把教师们的收益称为“可耻的利润”[③]。另外，自从 11 世纪中期教会改革之后，罗马教会与西欧众多的封建主建立了采邑关系，成为最大的封建主，占有庞大的土地财产，通过课征名目繁多的教会税后拥有雄厚的流动基金，这成为罗马教皇为大学教师颁发圣俸的经济基础。

一般来说，教皇为大学成员颁发 5 年的圣俸，接受圣俸的对象既包括教师也包括学生。亚历山大三世是第一位颁发圣俸的教皇，英诺森三世也曾经为大学师生颁发圣俸。1219 年洪诺留三世颁发了名为“Super Speculunde”的教令，进一步确认了这一原则：“高级教士和教士团应该为年轻有为的教士提供圣俸，使他们能够专心学习神学。”[④]之后，每位新任教皇都重新确认以往的惯例。1418 年，教皇马丁五世在登上教皇职位的第二

① 参见 F. Pregues, “Royal Support of Students in the Thirteenth Century”, *Speculum*, Vol.31, No.3. (Jul., 1956), p.455.

② H. D. Ridder-Symoens, *A History of the University in Europe*, Vol. I, p.17.

③ [法] 雅克·勒高夫:《中世纪的知识分子》，第 88 页。

④ G. Leff, *Paris and Oxford Universities in the Thirteenth and Fourteenth Centuries: An Institution and Intellectual History*, p.67.

年就重申，“大学成员，包括教师和学生，在学习期间仍可以享有7年的圣俸”[①]。14世纪开始，许多大学开始向教皇递交申请圣俸的名册，1342年之后的申请大部分被保存在教皇档案中。现有资料显示，在1340—1440年之间，巴黎大学共提出申请约35次，位于申请圣俸的大学的首位。虽然牛津、剑桥递交的申请没有如此频繁，但是从资料中也可以推断，他们同样递交了相当数量的申请。在教会大分裂时期，西班牙的大学曾经向阿维农教皇、德国大学向罗马教皇递交过申请。[②]

如果没有圣俸的大学教师靠什么为生呢？在南部欧洲的大学中，很多法学和医学的世俗教师没有教士的身份，因而他们不能得到圣俸，他们通常靠收取学生交纳的学费作为生活来源。1382年帕杜瓦大学的法学教师们说：“依照我们的观点，劳动者不从自己的劳动中获取报酬是不理智的，因此我们宣布，凡以学校的名义接受一名学生参加自己的讲解答疑的教师应该从这名学生那里得到3磅啤酒和4瓶葡萄酒，或1枚杜卡特金币，作为对他工作的认可。”[③]在博洛尼亚，教师和学生曾经签订了许多“合约”，这些合约的基本内容是规定了学生缴费的金额。“讲授哲学、占星术和自然哲学的教师工资为100或50镑（librae）”，“逻辑学教师的薪水不能超过40个索里达；语法教师的薪水不能超过30个索里达，但是后者可以要求免费食宿来增加收入……；哲学讲座按照课程来收取，如亚里士多德的《动物学》需要40个索里达；《经济学》课程需要5个索里达。”[④]博洛尼亚大学1317—1347年章程中专门设立了名为“学费”的标题，规定了各项收费

---

① P. Kibre, *Scholarly Privileges in the Middle Ages*, p.75.

② 参见D. E. R. Watt, “University Clerks and Rolls of Petitions for Benefices”, *Speculum*, Vol.34, No.2, (Apr., 1959), pp.214–215.

③ [法]雅克·勒高夫：《中世纪的知识分子》，第87页。

④ H. Rashdall, *The Universities of Europe in the Middle Ages*, Vol.I, pp.239–241.

的金额；其他的世俗大学，如阿雷佐和帕杜瓦大学也作了类似的规定。[1] 教师们勤勤恳恳地教学，但是很多学生却不太情愿支付学费。博洛尼亚著名的法学家奥德弗雷德斯曾经抱怨道："明年我将像以往那样认真地完成普通讲座，完成我分内应尽的教学，但我不再提供额外讲座，因为学生不是好好付钱的人。他们希望增长知识，而不想付钱。"[2] 教师们希望按时得到学生们的学费，从这一点可以看出学费对于教师来说是多么重要。由于学生为大学教师支付薪水，因而在这些学生型大学中，学生们往往控制着大学的管理和教师的选举等事务。

为了吸引并留住大学教师，一些城市从公共资金中拨专款为大学教师提供薪水，这成为大学教师获得报酬的第三种形式。根据意大利锡耶纳城市档案记载，"根据城市章程规定，1250 年我城市机构为法学教师佩普支付 50 镑薪水，为医学教师佩鲁斯支付 40 镑薪水"[3]。1381 年，博洛尼亚市政机构同时为 23 位法学教师提供薪水。[4] 在一些新建大学的城市，如佩鲁贾、佛罗伦萨和帕维亚等，在创办大学时就为教师提供高薪。为了与这些城市竞争，博洛尼亚甚至提高教师的薪水。据博洛尼亚城市档案记载：1317 年博洛尼亚市政机构将从收取的葡萄酒税中专门划拨一部分款项用于将教师乔万尼的薪水从 500 里拉提高到 600 里拉。[5] 实际上，城市为大学教师提供薪水，一方面是为了吸引并留住大学教师；另一方面，城市试图通过这个方法扩大对教师的控制。到中世纪后期，在意大利的学生型大学中，教师的薪水逐渐由城市支付，教师也由城市任命，学生自己选举校长

---

① 参见 G. Post, "Master's Salaries and Student-fees in Mediaeval Universities", *Speculum*, Vol. 7, No.2 (Apr., 1932), p.193.

② C. H. Haskins, *The Rise of Universities*, p.44.

③ H. Wieruszowski, *The Medieval University: Masters, Students, Learning*, p.181.

④ 参见 H. D. Ridder-Symoens, *A History of the University in Europe*, Vol.I, p.152.

⑤ 参见 P. Kibre, *Scholarly Privileges in the Middle Ages*, p.41.

的情况已经不多见了，大学的管理逐渐由城市政府或者建立的委员会来负责，因此“大学的实权逐渐落在了这些外部管理者的手中，学生的自治不复存在，缩减为一个影子”[①]。

随着学院的建立和发展，学院的捐赠人可以为大学教师提供一些报酬。15 世纪，在牛津、巴黎等地出现了捐赠讲座制。如，格洛斯特公爵在 1437 年设立了一个短期的哲学教授席位，1497 年他又创立了神学教授席位。[②] 一些教师还可以通过为学院承担一些管理或者服务工作而获得一些收入。总之，中世纪的大学教师有相对稳定的经济来源，这是他们能够保持相对独立的基本保证。

有证据表明，中世纪的大学教师像当代的大学教师一样享有很高的社会地位。教皇习惯上称他们为“教会的明灯，像天上的星星一样明亮”[③]。教皇、国王、公爵等社会实权人物都对大学和大学教师们给予支持和保护，这一点从大学及其成员得到的诸多特权上就可以发现。当时许多著名的神学家和哲学家都是大学教授，如托马斯·阿奎那、波纳文图拉等人，还有许多神学家和教会法教师在教会中获得了像红衣主教和主教这样高的职位。博洛尼亚大学的法学教授享有至高的荣誉，他们的地位甚至超过城市议会成员。当时，市民们称罗马法教师是“高贵的人，至高无上的市民”，法学教授还被聘担任各种高级职务。1288 年，著名法学教师拉姆波尼和帕基等 3 人，就被政府选派为驻外大使。[④]

---

① H. Rashdall, *The Universities of Europe in the Middle Ages*, Vol.I, pp.210–212.

② 参见 H. D. Ridder–Symoens, *A History of the University in Europe*, Vol.I, p.152.

③ H. D. Ridder–Symoens, *A History of the University in Europe*, Vol.I, p.165.

④ 参见 [意] 扎卡尼:《中世纪意大利的大学生活》，儿玉善仁译，平凡社 1990 年版，第 57 页。转引自何勤华:《中世纪西欧大学法学教育述略》,《法学评论》，1996 年第 5 期，第 81 页。

第二节

教师的学术研究

教学和学术研究构成了教师的学术生活。由于教师的教与学生的学包含在同一个教学活动之中，因此我们将在下章中考察学生的情况时一并讨论教师的教学活动。本节我们将主要谈谈教师的学术研究活动。中世纪的大学教师已经开始借助已有的理论、知识和经验对某些问题提出假设、进行分析和探讨，并得出一些结论，也就是说，他们在不知不觉中已经在从事一些学术研究工作了。

大学为教师提供了思想和学术交流的平台。中世纪时期的大学特别崇尚学术争论，自由辩论始终风靡大学讲坛。布鲁斯·雪莱曾经描述了中世纪大学课堂上的情景："两位或更多的老师，偶尔也有学生参与，…… 教师们在辩论中不断地探索完善自己的理论，学生们在辩论中学习思考。重要成果就在这种激烈争辩的学术气氛中产生。"[①] 大学中到处充满了各种"思想碰撞和斗争"，不同学院之间、在俗教士与世俗教士之间，还有不同群体之间的辩论。大学成为教师们发表学术见解的最佳场所，教师之间的辩论成为他们学术上相互切磋、砥砺的良机。没有冲突就不会有新思想的产生，也就不会有学术的发展，因此大学成为思想火花碰撞、激荡的地方，成为

① ［美］布鲁斯·雪莱:《基督教会史》，刘平译，北京大学出版社 2004 年版，第 219 页。

各种新思想、新学术的诞生地和思想库。正如萨顿所讲："新思想正是从这些传统的相互冲突的混乱状态中慢慢地呈现出来的。"[①]德国哲学家哈贝马斯说："在曲折的辩论中 ……，门总是开放的，新思想可以涌现，新的观念意想不到地出现。"[②]

与"12 世纪文艺复兴时期"相比，这个时期的研究方法没有太大的变化，主要还是以翻译、评注、编纂和辩证法为主，但有一个明显的事实是，大学教师们普遍尝试着将既有的研究方法应用于新领域的研究中，从而促进了许多新成果问世。如，评注是神学教师和法律教师经常采用的研究方法，13 世纪末期，在意大利兴起的后期注释法学派的巴尔杜斯等人，跳出了研究内容的局限，他们不再像前期注释法学家那样仅仅对罗马法的经典文献进行注释，他们开始重视对教会法、封建法、日耳曼习惯法以及城市法的注释和研究，从而向当时的社会奉献出一套能够适用于整个西欧的普通法。又如，辩证法是神学教师普遍采用的研究方法，随后，格拉提安和伊沃等人将其引入教会法的编纂之中。大学产生后，大学教师又将辩证法推广到其他学科的研究中。帕多瓦大学的医学教师皮特・达巴诺以辩证法的形式著成《论战调和论——哲学与医学的关系》一书，该书在几个世纪中对意大利的医学教学产生了深远影响。[③]12 世纪出现了观察和实验方法的萌芽，13 世纪，牛津大学的格洛泰斯特和罗杰尔・培根等人明确提出实验方法在学术研究中的重要性，从而为近代自然科学研究中实验方法的产生奠定了基础。

中世纪的大学教师在学术研究中取得了丰硕的成果，几乎构成了中世

---

① G. Sarton, *Introduction to the History of Science*, Vol. II Part I, p.5.

② J. Henemas, *The New Conservatism*, MIT Press, 1994, p. 125. 转引自赵敦华：《大学的理念与科学民主的价值》，《北京大学教育评论》2005 年第 2 期，第 35 页。

③ 参见 H. D. Ridder-Symoens, *A History of the University in Europe*, Vol.I, pp.368-369.

纪时期全部的学术史，他们取得的具体成果将在第六章中讨论。如果要讲述中世纪大学教师的学术研究，必须把当时的学术研究的环境考虑在内，即研究者是否拥有最终得出其研究结论的自由。我们不禁要问：中世纪的大学教师能否有教学和研究的自由呢？自由的空间有多大呢？这成为大学教师能否取得有价值成果的关键因素。

第三节

教师的“学术自由”

有学者称中世纪是“理性遭束缚、思想被控制、知识处于停滞状态的一千年”[①]。情况果真如此吗？一般来说，大学教师在法律、医学、语法和数学领域，只要愿意，他们都可以自由地教学与争论，但是在思想碰撞和对立最为激烈的哲学和神学领域中，教师可能遭遇到很多磨难，因为这两个领域一直都是教会的领地。13 世纪时期，教会曾经多次出手干预大学的教学和研究，其中两件事情最具代表性：一件事发生在 1215 年，教会曾经下令禁止大学讲授亚里士多德的著作；另一件事发生在 1277 年，因坚持与宣扬拉丁阿维洛伊主义，巴黎大学教师布拉邦的西格尔被巴黎主教唐比埃指控为异端，他的观点遭到教会的谴责与禁止。下面我们就从这两件事入手，来考察一下中世纪的大学教师是否有传授他所认为的真理的权利。

一、异端学说进大学

13 世纪之前，一直支配着基督教神学与哲学的是“柏拉图—奥古斯丁”主义，而亚里士多德主义在内容上与基督教教义有很多相悖之处，因此被

① J. B. Bury, *History of Freedom of Thought*, London: Thornton Butterworth, 1913, p.52.

保守的基督教神学家视为异端学说。例如，亚里士多德认为，宇宙既不是生成的，也不会消亡，永恒性是宇宙的一个突出特征。[①]然而，在一个基督徒看来，这是一个不能容忍的结论，因为《圣经·创世纪》开篇就告诉他们："起初上帝创造天地。这是头一日。"上帝说："诸水之间要有空气，将水分为上下。这是第二日……"[②]在基督徒看来，上帝用6天的时间创造了世界、世界上的万事万物和世界的主宰——人，宇宙怎么能是永恒的呢？又如，亚里士多德在自然哲学著作《论灵魂》一书中讨论了人的灵魂与身体的关系。他认为灵魂是身体的形式或者组织原则，灵魂是不能单独存在的，当人死亡时，他的形式或灵魂就将不复存在。[③]这样的一个结论显然与基督教信仰的核心内容"灵魂不朽"相矛盾。亚里士多德主义与基督教教义之间的严重分歧是导致13世纪初教会对大学学习亚里士多德著作，尤其是对亚里士多德自然哲学著作颁布禁令最主要的原因。

虽然亚里士多德的著作与基督教教义有很多分歧之处，但是亚里士多德提出的自然的观念对于刚刚开始关注自然的西欧人特别有吸引力，不仅如此，由于他的哲学是一个完备的思想体系，是希腊智慧最高发展的产物，它能够帮助经院哲学家调和神学和哲学，因此大学中的教师很难拒绝亚里士多德的著作。亚里士多德的《物理学》和《形而上学》以及阿维洛伊的评注传入巴黎之后，使许多教师和学生原有的正统思想发生极大的震动。巴黎大学教师贝纳的埃姆瑞克和迪南的大卫等人纷纷攻击上帝创造世界、个人永生等基督教教义，这很快引起了教会的恐慌。1210年，巴黎所属的森斯省主教会议在反异端的文告中宣布："不准公开或私下里阅读亚里士多德的自然哲学著作，以及对它们所作的评注，违者将受到革除教籍的

---

①③ 参见［美］戴维·林德伯格:《西方科学的起源》，第226页，第227页。

② 《圣经·创世纪》，中国基督教协会1995年，第1–2页。

惩罚。”[①]1215 年，教皇代表库尔松的罗伯特为巴黎大学制定的教学大纲规定：“禁止讲授亚里士多德《形而上学》和其他自然哲学著作；禁止埃姆瑞克和大卫等持有异端思想的教师从事教学活动。”[②] 1231 年，教皇格里高利九世颁布了《知识之父》的敕令[③]，该敕令宣称，“被省主教会议以正当理由禁止的自然哲学方面的书籍在被审查，并消除可能产生的错误之前不能在巴黎使用”[④]。

上述资料说明，为了维护正统的基督教教义，教会以行政手段干预了大学的学术事务，然而各种证据表明教皇的禁令并未被长期有效地执行，自 13 世纪中期开始，巴黎大学的课程已经有所变化，到 14 世纪该禁令已经完全失效了。巴黎大学英格兰同乡会在 1252 年章程中，仅仅将亚里士多德《论灵魂》一书列为禁书，[⑤] 并没有禁止讲授其他自然哲学著作。3 年后，《论灵魂》一书不再被列为禁书，而成为巴黎大学的必修课之一。1255 年巴黎大学规定文学学士和文学硕士的必读书目中包括：“除了亚里士多德的《旧逻辑》《新逻辑》和《伦理学》之外，还有《物理学》《形而上学》《论灵魂》《动物志》和《论生灭》等自然哲学著作。”[⑥] 1366 年，教皇特使、圣马丁的红衣主教伊莱斯和圣马克的红衣主教约翰为巴黎大学制定了一系列新的章程，它明确规定：“如果要获得文学的硕士学位必须完成亚里士多德道德哲学和自然哲学的全部课程。”[⑦] 该教学大纲表明，亚里士多德的著作不再被视为禁书，而是光明正大地成为巴黎大学的必修课，成为课程体系中最重要的组成部分，这反映出教皇的

---

①④　D. Knowles, *The Evolution of Medieval Thought*, p.206, pp.206–207.

②⑥⑦　H. Rashdall, *The Universities of Europe in the Middle Ages*, Vol. I, p.441, pp.441–443, pp.443–444.

③　我们曾经在上文中多次提到过这个敕令，它授予了巴黎大学很多的特许权。

⑤　参见 H. Rashdall, *The Universities of Europe in the Middle Ages*, Vol. I, p.441.

各道禁令已经名存实亡。

上文介绍的是亚里士多德著作在巴黎大学的情况，那么在其他大学呢？我们需要注意的一点是，1210 年、1215 年和 1231 年禁令只是针对巴黎大学颁发的，影响地区仅局限于巴黎地区，而亚里士多德的著作在其他地区并没有受到任何限制。亚里士多德的自然哲学著作在牛津并没有受到谴责，反而被吸收到牛津的教学大纲中。牛津的校长罗伯特·格罗斯泰斯特是亚里士多德著作的翻译者和评注者；罗杰尔·培根是第一批讲授《物理学》和《形而上学》的教师，他同时撰写了亚里士多德多部著作的评注。十分正统的图卢兹大学是 1229 年由教皇创立的，为了吸引教师和学生，自建立之日起它就公开宣称："那些想进一步探求自然秘密的人可以在这里聆听到在巴黎禁止讲授的自然哲学的著作。你们缺什么呢？知识者的特权吗？一点不会。你们将在这里享受无拘无束的自由。"[①] 在南部欧洲的各大学中，亚里士多德自然哲学著作同样没有受到任何限制，堂而皇之地成为大学文、医学部的课程。上述资料显示，尽管被视为"异端学说"的亚里士多德著作在 13 世纪初遇到了来自教会行政手段的限制，但是这些禁令对大学的影响持续的时间比较短，影响的范围也是有限的。

二、大学中的"异端"

异端（heresy）一词来源于希腊文 hairein，意思是"选择"，亦指"意见"。[②]14 世纪 90 年代的几名剑桥大学的神学博士将异端定义为："异端"指的是与天主教信仰、与教会决议相违背的错误信条；"异端分子"指的是

---

① H. Wieruszowski, *The Medieval University: Masters, Students, Learning*, p.179.

② 参见 A. Murray, *Reason and Society in the Middle Ages*, Oxford: Clarendon Press, 1986, p.259.

与天主教信仰、与教会决议、与正确理解《圣经》相违背的新的信念或教义的发明人，或这类发明的追随者、捍卫者。[①] 大学中的“异端”指的是在大学背景下，研究、主张和传播与《圣经》和正统教义相违背的信念的教师和学生，也可以把他们称为“学术异端”（intellectual heresy, academic heresy）。

学术异端不同于大众异端（popular heresy）。[②] 大众异端指的是大批的包括农民和市民在内的世俗平民和低级教士等人参加的反对基督教会的运动，“他们从反对教会和修道院的腐化，反对他们积累财富、滥用特权，进一步发展为反对教会的某些教义”[③]。影响比较深远的异端派别主要有 12 世纪的卡塔尔派（Cathari）和韦尔多派（Waldenses），还有 14 世纪英国的罗拉德派（Lollards）等。虽然大学中的某个异端学说可能对某派大众异端的思想产生深刻的影响或者与之有着某种联系，如威克利夫学说就是罗拉德派教义及其主张首要而直接的思想来源，但是大学中的异端与普通的大众异端还是有着相当大的区别。19 世纪研究“异端审判”的学者李曾经说：

> 唯一使教会感到恐慌的异端分子是那些能够赢得不具有高超辩论技巧的普通平民的信任的人，如卡塔尔派、韦尔多派、小兄弟会（The Fraticelli），甚至胡斯派成员（Hussites），这些异端分子与学校中学者的不切实际的混乱思想几乎没有什么共同点。一个异端的生根到结出果实，需要激起受苦者的极大热情才可以，必须激起他们内心的激情而不是大脑的激情。…… 历史记录表明，从阿贝拉尔、美斯特 · 艾克

① 参见刘城：《英国中世纪教会研究》，首都师范大学出版社 1996 年版，第 245 页。

② 参见 M. D. Lambert, *Medieval Heresy: Popular Movements from Bogomil to Hus*, London: Edward Arnold Ltd., 1977, p. xi.

③ 王亚平：《权力之争——中世纪西欧的君权与教权》，东方出版社 1995 年版，第 316 页。

哈特到伽利略，很少有学者会因为持有激进的知识观念而付出生命的代价。是激情而不是理性使异端者处于危险中，因知识产生的自豪感不足以使学者们毫不犹豫地坚持自己的学说，但是这种毫不动摇却能够使农民们哼唱着小曲走上火刑柱，微笑着欢迎可以拯救他们灵魂的火焰。①

正是基于对大众异端分子的恐慌，在13世纪30年代教皇格里高利九世建立了宗教裁判所。宗教裁判所有一套令人生畏但是有效的审判制度，凭借这套制度，被誉为“科学的殉道士”的乔尔丹诺·布鲁诺和被誉为“近代科学之父”的伽利略都曾经受到宗教裁判所的迫害，火光灼灼的烈焰使人们感到恐惧，这一切似乎都在表明教会权威监督下的大学不会给任何非正统的学术思想留下任何的生存空间。那么事实怎样呢?

中世纪的大学教师不可避免地会遭到“学术异端”的指控。基督教会作为整个中世纪时期教育的提供者和基督教教义的守卫者，始终对学校内有可能出现的异端倾向保持一种高度的警觉和控制。在中世纪哲学史上，比较著名的、因持有“异端”观点而遭到学术谴责的教师主要有4位，他们是1277年的巴黎大学文学部教师布拉邦的西格尔、1340年的威廉·奥卡姆、1346年的奥特库的尼古拉和1347年的迈尔库的约翰。②巴黎大学文学部教师布拉邦的西格尔是拉丁阿维洛伊主义的主要代表，在阅读亚里士多德著作的时候，受到阿拉伯评注家阿维洛伊的影响，得出了与基督教教义相悖的结论，即：世界是永恒的；地上的物体受到天体运动的影响；没有什么自由意志或选择；人的灵魂和身体一起消失，灵魂不会受到惩

① H. C. Lea, *A History of the Inquisition of the Middle Ages*, Vol. III, New York: Macmillan, 1922, p.550.

② 参见J. M. M. H. Thijssen, *Censure and Heresy at the University of Paris 1200–1400*, Philadelphia: University of Pennsylvania Press, 1998, p. x.

罚。[①]西格尔的观点遭到了教会和保守神学家的反对和鞭挞。早在1270年巴黎主教唐比埃就曾经颁布谴责拉丁阿维洛伊主义的命令，1277年他又任命了由16位神学家组成的调查委员会，根据他们的调查结果，在1277年3月颁布了一道谴责219条命题的公开信，史称“77禁令”[②]。1277年大谴责标志着教会以专横的行政命令干预教徒之间、神学家之间争论的努力达到了顶峰。

被判为学术异端的案例主要出现在神学和哲学领域，但是在法学和医学领域内几乎没有被判为学术异端的案例出现。以医学中的解剖尸体为例，基督徒一直对解剖尸体抱有偏见，因为在他们看来，人是上帝按照自己的形象塑造的，肉体和灵魂都会自坟墓升天的，但是长期以来，教会并没有下令禁止解剖尸体。[③]意大利外科医生蒙蒂诺在大约1320年烧煮和解剖尸体，他并没有遭到任何众所周知的教会的抗议。[④]因此令现代人感到吃惊的是，那些被称为“学术异端”的案例在教会的异端历史上很少占据或者几乎没有什么位置。

学术异端现象比较稀少主要有两方面的原因。一方面，13世纪以降，当大学形成一个稳定的团体之后，审查和判断一个教师的学术研究是否正统的权力属于大学中的神学教师团体，然后通过当地主教的权威来实施惩罚。1204年对埃姆瑞克和大卫、1241—1247年对斯蒂芬、约翰和一个匿名教师雷蒙的审查都是由每个大学的神学教师们担任的。[⑤]14世纪中期，

---

① 参见 H. D. Ridder-Symoens, *A History of the University in Europe*, Vol.I, p.424.

② 赵敦华:《基督教哲学1500年》, 第431页。

③ 参见 G. Sarton, *Introduction to the History of Science*, Vol. II, p. 1082.

④ 参见[美]威尔·杜兰:《世界文明史·信仰的时代》, 第1376页。

⑤ 参见 W. J. Courtenay, “Inquiry and Inquisition: Academic Freedom in Medieval Universities”, *Church History*, Vol. 58, No. 2. (Jun., 1989), p.173.

巴黎大学神学教师审查了迈尔库的约翰、让·古扬、西蒙、帕杜瓦的路易斯和卡罗尔的约翰等教师的案件，这些案件都是在大学范围内审查的，并没有被提交到教皇法庭。① 另一方面，在相当广的范围内，大学是允许对有争议的命题进行讨论的，甚至那些表面上看来是异端的或者亵渎神明的命题。为了训练学生的辩论技巧，神学教师在教学中经常利用那些具有异端倾向的命题，让学生练习在一个错误的或者异端的命题下寻找真理，而且他们经常自信满满地认为这些异端命题在他们的控制范围之内。②

如果大学教师的观点不幸被判为学术异端，教师们受到的惩罚是比较温和、有限的，一般情况下，教会通过当地主教对持有非正统学术观点的教师进行谴责。虽然在 13、14 世纪期间，教会曾经多次对大学教师进行谴责，但是这些“学术谴责”的影响是极为有限的。根据《巴黎大学档案》的记录，1347 年巴黎大学教师迈尔库的约翰曾经受到谴责，他的主要观点和他对谴责所作的回应都包含在他对《箴言集》所写的评注中，但是他的书稿仍然被广泛地流传。1346 年，教师奥特库的尼古拉受到谴责，他的著作在巴黎被付之一炬，他也被剥夺了文学部和神学部教师的身份，但是后来他仍然担任了梅兹主教区监理一职。③ 在教会看来，受到谴责的应该是他们的观点，而不是“人”，因此只要他们承认自己的错误，就应该宽恕他们的行为。1363 年，巴黎大学教师卡罗尔的约翰在实际受到谴责之前，他撤销了令人怀疑的命题，到 1371 年的时候，他竟然成为大学校长。④ 即使在 1277 年大谴责事件中处于风口浪尖上的教师布拉邦的西格尔，因为他主

①②③④ 参见 W. J. Courtenay, “Inquiry and Inquisition: Academic Freedom in Medieval Universities”, *Church History*, p.178, p.181, p.180, p.180.

动到罗马向教皇法庭自首，教皇尼古拉三世赦免了他的异端罪名，只是把他软禁了起来。[①]

也有一些固守自己观点、不肯承认错误的老师，只有对这些人，教会才实施最严厉的惩罚——将他们监禁或者施以极刑。如果与受到赦免的教师数量相比，这种情况在整个中世纪期间并不多见。还有一些教师，他们毫不动摇地坚持自己的观点，但是也不甘心受到迫害，在这种情况下，由于当时多元社会力量的存在，他们往往通过寻求政治庇护继续宣扬自己的观点。1324 年，奥卡姆被招至教廷接受审查，面临即将到来的迫害，1328 年奥卡姆从阿维尼翁逃至意大利的比萨，到那里寻求教皇的政敌神圣罗马帝国皇帝路德维希的庇护，奥卡姆对德皇说："你用剑保护我，我用笔保护你。"[②]

上述资料显示，与大众异端分子遭到的戕害相比，持有非正统学术观点的大学教师受到的惩罚和限制要温和得多，不仅因为他们的社会地位较高，最重要的是因为他们拥有的教士特权能够保护他们，使他们往往能够免遭普通信徒受到的刑罚。如第二章所述，如果教师犯了某些特别严重的罪行，通常先由大学法庭审理，然后递交教会法庭审理，而且通常他们都不会受到死亡的威胁。

三、大学教师举证：约翰·威克利夫及其追随者

14 世纪英国著名的神学家约翰·威克利夫被赞誉为宗教改革的晨星，[③]威尔·杜兰认为，欧洲的"宗教改革真正开始于 14 世纪的约翰·威克利夫

① 参见赵敦华:《基督教哲学 1500 年》，第 421 页。

② 赵敦华:《基督教哲学 1500 年》，第 490 页。

③ 参见 R. Edwin, *John Wycliffe: Morning Star of the Reformation*, Marshalls, 1984. http:// www.thirdmill.org/files/english/html/ch/CH.h.McLaughlin.Wyclif. html.

和巴伐利亚的路易士，由15世纪的约翰·胡斯推波助澜，而到达16世纪，在鲁莽的修道士威登堡手中大放异彩”[①]。威克利夫在宗教改革中的地位和影响非同一般，不过，我们这里谈到的不是作为宗教改革先驱者的威克利夫，而是作为大学教师和学者的威克利夫。

威克利夫大约1330年出生于约克郡北部的赫普斯维尔，1345年左右进入牛津大学学习，1349—1353年因黑死病中断了在牛津的学业。父亲去世后，他重返牛津，他的名字曾经出现在默顿、巴利奥尔和女王三所学院的名册上。1360年他获得文学硕士学位，并担任巴利奥尔学院的院长。后来，他辞去院长一职，接受林肯郡非灵汉教区长一职，利用非灵汉教区提供的圣俸继续学业，于1370—1374年获得神学博士学位。毕业后他一直在牛津从事教学工作，直到1382年被逐出牛津，1384年因中风卒于路特沃斯。[②]这位英国著名学者和神学家的一生大部分时间是在学校中度过的，我们选他作为大学教师的代表，看看中世纪的大学教师所处的学术环境是怎样的，作为教师依托的大学能够为他们提供些什么支持和帮助。

威克利夫的异端思想是从谴责大多数教士缺乏认真的宗教生活开始的。他抨击修道士一方面大讲贫穷之道，而实际却在聚敛钱财。他斥责某些修道院为“贼窝、蛇窟、妖魔之屋”；他认为“教士借虚假的赎罪券与特赦去蒙骗世人，其目的即在可恶地抢夺金钱……人们以如此昂贵的代价购买这些赦罪符，实为至愚”[③]。后来，威克利夫的学说进一步发展为反对1215年第四次拉特兰宗教会议通过的“化体说”（transubstantiation）。

---

①③ [美]威尔·杜兰:《世界文明史·宗教改革》(上)，第1页，第44页。

② 参见R. Edwin, *John Wycliffe: Morning Star of the Reformation*, http:// www. thirdmill. org/ files/ english/ html/ ch/CH.h.McLaughlin.Wyclif. html.

化体说认为，圣餐礼中使用的面包和酒，在主礼教士祈祷并按基督在最后的晚餐上的话念叨之后，就会转化为基督的肉和血。化体说的本质是强调教士在圣体转化中的特殊作用和神职人员的特权地位。但是在著作《论圣餐》和《论判教》中，他拒绝了宗教会议确定的“化体说”。[①]1382年，当时的坎特伯雷大主教在写给卡梅尔修会的彼得·斯多克的信中引述了威克利夫的“异端”观点，威克利夫认为：“第一，面包和酒在祭献后仍然是面包和酒，没有发生任何改变。…… 第三，基督的肉体千真万确地没有出现在圣餐中。”[②]威克利夫对化体说的否定，意味着他对教阶制和教会特权的否定，进而他主张以《圣经》的权威取代教皇的权威。1378年他写了《论圣经的真理》，他认为：“一切教会机构应该服从于《圣经》,《圣经》对于每个信仰者来说是最高权威,《圣经》包含了全部真理。”[③]为了使广大民众能像有学问的人一样阅读理解《圣经》，他与助手合力把拉丁文的《圣经》译成了英文。

威克利夫的观点使教会中的人哗然一惊，他们担心倘若威克利夫反对圣餐化体的学说传播开去，势必会有损于教士的权威，也将连带影响教会的道德权威基础。伦敦主教库特内决定告发威克利夫为异端，他将一份引述的威克利夫作品多达52页之多的详细控状递交到罗马。1377年5月，教皇格里高利十一世颁布训谕，谴责了他的18条异端命题（proposition），命令牛津大学校长镇压这些异端思想，并让其到坎特伯雷大主教处接受讯

① 参见 R. Edwin, *John Wycliffe: Morning Star of the Reformation*, http:// www. thirdmill. org/ files/ english/ html/ ch/CH.h.McLaughlin.Wyclif. html.

② A. R. Myers, *English Historical Documents 1327–1485*, London: Eyre & Spottiswoode, 1969, p.844.

③ R. Edwin, *John Wycliffe: Morning Star of the Reformation*, http:// www. thirdmill. org/ files/ english/ html/ ch/CH.h.McLaughlin.Wyclif. html.

问。[①] 牛津大学当时正处在争取独立的高峰期，1367 年，牛津大学从教皇乌尔班五世处获得特权——校长的选举不再需要林肯主教的确认。1370 年 2 月，牛津再次获得教皇授予的特权，校长的选举不需要经过林肯主教的委托和确认。[②] 也就是说，牛津大学从此以后不再接受林肯主教的司法管辖。基于这个原因，牛津校长拒绝服从主教的命令，他认为在信仰问题上，任何高级教士不能超越大学居于权威的地位。牛津大学的校长为此事进行斡旋和调解，最终使威克利夫逃脱了惩罚，仅仅受到主教的警告。[③]

威克利夫的观点在牛津得到很多教师和学生的支持，如默顿学院的埃斯顿的约翰、女王学院的尼古拉·赫里福德和罗伯特·阿灵顿、菲利普·雷普顿等人。[④] 1382 年，威克利夫的老对手、从伦敦主教升任为坎特伯雷大主教的库特内得知，威克利夫的忠实追随者菲利普·雷普顿将要在牛津举行布道，因此他派卡梅尔修会的彼得·斯多克去牛津镇压，同时他写信给牛津大学校长里格，要求里格对彼得·斯多克予以协助。当大主教的信件送达校长里格的手中时，激起了校长的愤怒，他认为彼得的行为损害了大学的自由和特权，他说："即使是处理异端问题时，无论是主教还是大主教都无权把手伸向大学。"[⑤] 他与学监和执教教师商量后决定，表面上宣称帮助彼得，但是大学要尽全力抵制他。后来，彼得·斯多克回信给坎特伯雷大主教，这封信清楚地记录了他在牛津受到抵制的全过程：

> 他（校长里格）召集了 100 名左右身穿锁子甲、拿持盾牌的人，

---

①②③ 参见 A. B. Cobban, *The Medieval English Universities: Oxford and Cambridge to c. 1500*, p.285, p.283, p.285.

④ 参见 J. I. Catto, *The History of the University of Oxford: late Medieval Oxford*, p.214.

⑤ A. R. Myers, *English Historical Documents 1327–1485*, p.846.

扬言如果彼得胆敢行动，就要杀死他或者将他赶走，最后他们还说服了市长站到大学这一方。不仅如此，为了表示对菲利普·雷普顿的支持，校长还与市长、学监和大学的其他官员一起去听菲利普·雷普顿的布道。布道过程中，菲利普鼓动人们起来进行反抗，号召掠夺教堂的财产。在任何问题上，他都为威克利夫辩解。布道后，菲利普·雷普顿在20名身着盔甲的武士的护卫下走进圣·弗莱德斯教堂。彼得在那里噤若寒蝉，不敢走进，而校长在走廊里等着菲利普，二人相视一笑离开了。①

牛津大学的蔑视使大主教极为愤怒，1382年1月，库特内在伦敦的黑衣僧修道院召开教士会议，并传唤牛津的校长里格和教师托马斯·布莱特威尔到伦敦，会议对校长里格等人进行了7项指控："没有彻底镇压赫里福德；让赫里福德和菲利普等人在大学进行布道演说 ……"②大主教高声嚷道："所以说大学是个异端学说的保护伞，因为它不能捍卫基督教真理。"③会议同时从威克利夫著作中挑出24条异端命题，命令校长限制威克利夫和赫里福德等人在牛津的教学工作，声称如果不服从，他们将被处以绝罚。就在同一时期，英国国内爆发了瓦特·泰勒农民起义，国王理查二世也因为这次几乎使他垮台的叛乱而对威克利夫发生芥蒂，命令牛津校长驱逐威克利夫及其全部追随者。里格不得已被迫服从了，回到牛津后，他签署了对威克利夫的24个异端命题的谴责书，禁止威克利夫、赫里福德、雷普顿及其支持者布道演讲，直到他们完全清洗了自己的异教思想为止。

1382年11月，威克利夫和赫里福德等人被迫离开了大学。威克利夫回到了路特沃斯，在那里他依然在从事写作，他的小册子依然在到处流传。

---

①②③　A. R. Myers, *English Historical Documents 1327–1485*, pp.846–847, p.847, p.848.

直到1384年去世的时候，他并没有被剥夺教籍，所以他被平安无事地埋葬在路特沃斯教堂墓地。他的遗骨一直安葬在那里，直到38年后的康斯坦茨宗教会议将他的学说定为异端之后，他的遗骨才在1428年被掘出墓穴，焚尸扬灰。[①]虽然威克利夫离开了大学，但实际上他的“异端学说”并没有从大学完全消失。1382年以后，许多坚持威克利夫学说的人依然留在大学里，但是与从前相比，他们的行为更为谨慎小心。据罗拉德派的传教士威廉·索普回忆，除了威克利夫之外，他的一大群追随者，如赫里福德、菲利普、埃斯顿等人在相当长的时期内还与大学保持着接触和联系，他们的思想在牛津至少持续了近一代人的时间。[②]不仅如此，还有一点是值得关注的，校长里格领导大学抵制教会对大学独立的干涉，虽然最终被迫屈服于外部的行政权威，但是他仍然赢得了全体教师的信任和尊敬。教师们曾经几次推选他担任大学校长，因此他史无前例地连续七年担任牛津大学的校长。[③]这在中世纪大学的历史上是极为罕见的。

牛津大学对威克利夫及其追随者的庇护说明，如果情况允许，大学这个共同体能够为大学教师提供一定程度的保护。虽然这种保护很有限，但是即使是最低限度的保护对于大学教师来说都是非常宝贵的，它保证了大学教师最基本的人身安全。虽然在外部力量的干涉下，威克利夫和他的部分追随者后来还是被逐出了牛津，这同时说明中世纪大学的学术自由是有一定限度的，需要在教会和国家所允许的范围内，然而，正是这些有限的

---

① 参见R. Edwin, *John Wycliffe: Morning Star of the Reformation*, 见http:// www. thirdmill. org/ files/ english/ html/ ch/CH.h.McLaughlin.Wyclif. htm。

② 索普在14世纪后半期出生于英格兰北部，后来进入牛津学习并参加了修会。1397年受到监禁并被指控为异端。1407年坎特伯雷大主教亲自主持了对他的审查，从他们的谈话记录中，可以发现威克利夫的追随者在牛津大学的教学和研究等情况。资料来源于A. R. Myers, *English Historical Documents 1327–1485*, p.852。

③ 参见J.I. Catto, *The History of the University of Oxford : Late Medieval Oxford*, p.219.

自由为教师留下了一定的教学和研究空间，有利于各种思想学说的诞生和传播，有利于保持学术文化的多样性。

中世纪大学教师的学术研究工作已经明显不同于以前学者的研究活动。从古希腊开始，学术研究主要是以个人的方式进行的，学者之间很少进行探讨和交流，也很少有专门进行高深学问研究的学术团体。中世纪大学的建立，打破了这种传统，使学术研究成为团体的事业，使学术交流经常化，这对于学术发展起着深远的影响，从历史发展的角度来看，这是一个历史的进步。

只要在教会许可的范围内，大学教师们还是有一定的研究自由，并且这种自由的程度超出了我们的想象。如果不幸被指控为学术异端，他们遭受的惩罚的方式还是比较温和的，正如怀特海所说："科学界人物遭到的最大不幸，只是伽利略在平安地寿终正寝之前所受到的光荣的拘禁和缓和的谴责。"[①] 怀特海的这句话是针对科学革命刚刚启动的时候的科学环境所说的，实际上，他的话同样适用于中世纪大学中勇于探索真理的研究者们。如果我们脑海中记住的只是哥白尼和布鲁诺，我们得出的印象往往是中世纪教会对研究者施以的酷刑。有比较才有鉴别。如果与中国历史上的"文字狱"相比，中世纪大学教师为学术和思想自由付出的代价要相对低得多。看看中国明朝的方孝孺，不仅他本人惨遭刑戮，而且他的家人和学生一同被"株连十族"。如果与这样的酷刑相比，他们所遭到的谴责和刑罚还是比较温和的，其中的一个重要原因是大学这个共同体独立机制所发挥的保护作用。如果把中世纪的大学教师置于整个西欧社会这个大背景下，我们就会发现，中世纪西欧社会的每个共同体都有可能为其成员提供某种程度的

---

① [英]A. N. 怀特海:《科学与近代世界》，何钦译，商务印书馆 1959 年版，第 2 页。

保护，都为其成员留下了一定的、有限的自主空间。农民依靠这种有限的自主获得了财富的普遍积累；市民依靠“使人自由的城市空气”发展了商品经济；大学教师在教会所允许的范围内获得了一定的思想和研究的自由，而这种自由正是学术发展所需要的最重要的“土壤与空气”，不可须臾或缺。

第五章

中世纪大学的学生

本章将从学生的角度对大学进行考察。中世纪大学生的生活是什么样的呢？大学为他们提供了怎样的教育和训练呢？他们的就业情况如何呢？这是本章将要关注的内容。

第一节

学生的基本情况

一、学生的入学

原则上来说，中世纪大学的门是向任何人敞开的，所有希望进一步学习知识的人都可以进入大学学习。1224 年教皇创办那不勒斯大学时，他说创办大学是“为了所有希望学习的人”[①]。大学产生初期，并不需要任何的入学考试或者其他的入学条件。入学者之前的学习状况既不是先决条件，也不是绝对必需的。如果说有要求，仅有的一点要求是他必须懂得拉丁文，因为拉丁文不仅是当时通用的语言，也是所有学校的教学语言。“从圣·安德鲁斯到萨莱诺，从克拉科到科英布拉，拉丁语是教学语言。”[②]然而，即使这么简单的要求，也不能够确定所有的入学者都具备了基本的读写能力，因为“佩皮尼昂大学的章程中曾经特别提到了这个问题”[③]。直到 14 世纪，才有种种迹象表明，入学者之前的学校教育经历才成为大学入学的“正式”条件。中世纪晚期的科隆大学已经有 3/4 的学生接受过学校教育。[④]

---

① O. Pedersen, *The First Universities : Studium Generale and the Origins of University Education in Europe*, p.213.

② W. Rudy, *The Universities of Europe, 1100–1914: A History*, London and Toronto: Associated University Presses, Inc, 1984, p.36.

③ H. D. Ridder–Symoens, *A History of the University in Europe*, Vol.I, p.174.

④ H. D. Ridder–Symoens, *A History of the University in Europe*, Vol.I, p.177.

进入大学，学生首先需要进行登记，用今天的话来说就是“注册”。大学初期，在欧洲北部的大学中，每个入学者需要通过自己的老师进行登记。1215 年巴黎大学章程中规定：“如果没有在教师处登记就不能成为巴黎大学的学生。”[①] 剑桥大学同样规定，一个人在抵达大学城后 15 天之内必须在教师处登记或者在教师名册上写下自己的名字，否则是不合法的。1276 年伊利主教重申了这个法令。[②] 在南部欧洲的博洛尼亚、帕杜瓦等大学中，一般是由同乡会负责新成员的登记。13 世纪后半期，博洛尼亚大学章程规定，学生必须具有同乡会资格。“同乡会会长必须在 10 天之内向校长和司库报告新入会的成员名单，如果不能按时报告，将被罚款 10 个索里达。”[③]

大学要求学生进行登记，主要有 3 个目的。首先，登记有利于对学生进行管理，并记录下他们参加讲座和学习的情况。1231 年牛津大学规定：“每个学生必须在教师处登记，每个教师将学生参加讲座的情况记录下来，如果学生不能满足学术和纪律的要求将被开除。”[④] 现存的最早的教师登记簿是一本写于 1268 年之前的剑桥大学康维尔科斯学院的亚里士多德《逻辑学》的摘要集，在这部手稿页边的空白处，一位教师简略地记录了 60 个姓名，每个姓名都对应一些数字，这些数字很可能是名单上每个学生的学习时间。[⑤] 其次，通过入学登记对学生进行收费。由于没有国王和政府的资助，大学主要依靠自身的收入维持运作，学生缴纳的注册费是大学最重要的收

---

① O. Pedersen, *The First Universities: Studium Generale and the Origins of University Education in Europe*, p.243.

② O. Pedersen, *The First Universities: Studium Generale and the Origins of University Education in Europe*, p.243.

③ P. Kibre, *The Nations in the Mediaeval Universities*, p.42.

④ G. Leff, *Paris and Oxford Universities in the Thirteenth and Fourteenth Centuries: An Institution and Intellectual History*, p.108.

⑤ H. D. Ridder-Symoens, *A History of the University in Europe*, Vol.I, p.179.

入。如，博洛尼亚大学日耳曼同乡会的章程明确规定，同乡会会长的主要职责之一是记录新成员的名字，向每位加入同乡会的学生收取一定的费用，5~60个索里达不等。[①]最后，大学要求学生进行登记还有一个更为主要的目的——识别出真正的学生。中世纪时期，如果一个人拥有大学成员的身份，可以享有很多特权，诸如免除世俗法庭司法审判的权利，免税权，等等。大学拥有的特权，使他们在与当地市民的竞争中处于有利地位，市民们经常抱怨很多捣乱分子乘机混入大学中享有特权。为此，对学生进行登记，可以将真正需要大学保护的学生和那些滥竽充数的人区分开来。巴黎大学文学部在1289年引入入学制度的理由是："鉴于我部学生的人数越来越多，但是学部却不知道很多学生的姓名，也不能将具有合法身份的学生与那些假冒为学生在大学中学习和享有大学特权的人区分开，为此引入该制度。"[②]

从14世纪下半期开始，学生开始向校长进行登记注册，这标志着作为一个机构的大学发展到了一个新的阶段。现存的欧洲最古老的校长登记注册簿是1372年布拉格大学的注册登记簿。[③]一般来说，学生在注册时都需要向校长宣誓，同意服从管理，反过来，校长也需要履行他们的职责，即尽力保护大学团体中每位成员的权利和自由，在必要时保护他们不受到他人的伤害和侵犯。学生向他们的大学宣誓，如同一个新市民向即将加入的城市，或者像商人和手工业者向他们各自的行会宣誓一样。从大学成员的宣誓服从和校长提供的保护中，我们似乎又看到了西欧中世纪制度中最典型的封建关系的影子：附庸向领主表示臣服，反过来，领主为附庸提供一

① P. Kibre, *The Nations in the Mediaeval Universities*, p.30.

② O. Pedersen, *The First Universities: Studium Generale and the Origins of University Education in Europe*, p.243.

③ H. D. Ridder-Symoens, *A History of the University in Europe*, Vol. I, p.180.

定的保护。正如布洛赫所言："这种人际关系的原则渗透到了整个社会生活中，那么它的表现形式却是各种各样的。"[①]

中世纪时期，大学学生的入学年龄通常很低。1215 年巴黎大学章程关于学生入学的条件中规定，如果一个人在文学部的学习少于 6 年，或者年龄低于 21 岁，他不能在文学部开设讲座。[②]1252 年巴黎大学英格兰同乡会规定，一个人必须在文学部学习至少 5 年，或者 19 岁以上才能获得文学部的学士学位。[③] 这意味着，巴黎大学最低的入学年龄是 14 岁。英国大学对学生年龄规定的最早记录是剑桥国王学院 1380 年章程，该章程规定学生入学的最低年龄为 14 岁。[④] 将所有证据放在一起考虑，中世纪的学生进入大学文学部学习的年龄约在 14 岁。

许多学者经过调查后发现，15 世纪中期之前，无论是欧洲大陆还是在英国，大部分学生来自中等阶层的家庭，直到 15 世纪后半叶，具有贵族身份的学生的数量才有所上升。拉什道尔认为，中世纪大多数学生的家庭是处于高级阶层和低级阶层之间：骑士、约曼、商人和手工业者的子弟、教会要员的甥侄、修道院院长或者执事长眼中有前途的年轻人。[⑤] 学者埃斯顿调查后发现，中世纪剑桥大学的学生既有来自乡村地区的，也有城镇地区的。乡村地区的学生大部分属于非贵族阶层，有富裕农民和约曼之子，也有庄园管家和庄头的子弟。城镇地区的商人、手工业者、城市官员的子弟等也都是剑桥大学的主要生源。[⑥] 学者利托曾经对牛津新学院

---

① [法]马克·布洛赫：《封建社会》(上)，第 250 页。

② A. B. Cobban, *The Medieval English Universities: Oxford and Cambridge to c. 1500*, p.352.

③ O. Pedersen, *The First Universities: Studium Generale and the Origins of University Education in Europe*, p.221.

④ A. B. Cobban, *The king's Hall Within the University of Cambridge in the Later Middle Ages*, p.59.

⑤ H. Rashdall, *The Universities of Europe in the Middle Ages*, Vol. III, p.408.

⑥ T. H. Aston, "The Medieval Alumni of the University of Cambridge", *Past and Present*, No.86. (Feb., 1980), pp.50–51.

1380—1500年之间的学生进行统计，他发现：“61.4%的学生来自乡村的土地持有者家庭，21.7%的学生来自城市中上等人家，12.5%的学生出身贵族家庭，只有0.1%的学生来自农奴背景的家庭，另外的0.1%来自城市劳动力家庭。”[①] 上述资料表明，中世纪时期大多数学生的家庭背景一般。那么，中世纪的大学生怎样负担上学的费用呢？

二、上学的费用

与现代的学生一样，中世纪的大学生都必须满足以下两个方面的需要：学习费用和生活开支。学习费用包括入学登记费、攻读各门课程的费用、考试费，按照惯例参加毕业典礼和庆祝仪式上的巨大开销，另外还有购买教材和参考书、羊皮纸、纸张和墨水等学习用品的费用。学生的生活费支出包括伙食费、住宿费、购买衣物的费用、衣物送洗修补的费用，还有燃料和蜡烛的费用、往返学校的旅费等。那么，一个大学生每年大概需要多少费用呢？爱默顿教授从一本逻辑学的笔记中，发现了牛津圣·米尔德里德会馆馆长约翰·阿兰德尔在1424年写下的一份备忘录，上面记录了一些账单。每学期初，学生家长将一笔钱委托给他进行管理，账单上清清楚楚地记录了一名学生的每笔开支，如：

> 备忘录：从W. Clavyle处得到20先令。用于买书和木屐，10便士，衣服8便士；节日庆典12便士；亚麻衣5便士；饭费3先令8便士；饭费3先令2便士（饭费总计6先令10便士）；节日庆典（Sophister feast）8便士；买手套3便士；讲座费20便士；付给厨师和厨房的帮工12便士；讲座费20便士；租房的费用为6先令；返乡路费为20便士……

① A. B. Cobban, *The Medieval English Universities: Oxford and Cambridge to c. 1500*, p.305.

Clavyle 第一学期总计花费 16 先令 8 便士，现手中余款为 40 便士。[①]

根据爱默顿教授的估计，15 世纪初，一个在牛津学习的本科生所有开销总计大约为 3 英镑 13 先令 4 便士。雅各布教授估计的稍微保守一些，他认为，1450 年左右，一个住在牛津、稍有一些经济头脑的学生一年的费用不会超过 2 英镑 10 便士。[②] 虽然对中世纪学生上学费用的估计有高有低，但是对几乎所有的学生来说，他们都面临着支付学习和生活费用的巨大压力，他们的通信就反映了这样一个事实。中世纪时期学生通信的基本内容都是——要钱。一位意大利父亲曾经疲惫地说："学生会唱的第一支歌就是要钱"，"没有一封信不是要钱的。"[③] 大英博物馆现存一封 1220 年左右，一个在牛津上学的学生写给父亲的信：

> B 写信给尊贵的主人 A，问候。写此信是为了告诉您我在牛津学习非常勤奋，但是金钱成为我前进道路上的巨大障碍，因为上次寄给我的钱在两个月前已经花完了。城市生活费用高，需求多；我必须租房子，购买生活必需品，还要添置一些其他用品，这里我不能一一列举了。因此，我恭敬地请父亲大人看在上帝的份儿上，给我援助，以便完成已经有了良好开端的学业。因为您知道，没有克瑞斯和巴克斯，阿波罗也会感到寒冷。[④]

从学生们的通信中得知，家庭的资助构成了他们主要的经济来源。除此之外，当时的学生还有多种渠道获得一定的资助。

能够申请到教皇颁发的圣俸对于学生来说是最好的选择。13 世纪初，从教皇处领取圣俸的方法正式得到确认。1219 年，教皇洪诺留三世颁布

---

① A. R. Myers, *English Historical Documents 1327–1485*, p.889.

② 参见 A. B. Cobban, *The Medieval English Universities: Oxford and Cambridge to c. 1500*, p.311.

③④ C. H. Haskins, "The Life of Medieval Students as Illustrated by their Letters", *The American Historical Review*, Vol. 3, No.2. (Jan., 1898), pp.208–209, p.210.

敕令："只要他们在学校教学，教师和神学部学生就应该享受 5 年的圣俸。"1346 年教皇克莱芒六世将教师和学生获得圣俸的时间延长为 7 年。[①] 教皇乌尔班五世对于接受教廷资助的学生具有清醒的认识，"我相信，不是所有我培养的人都会成为教士。有的人会成为在俗教士或世俗教士，其他一些人将留在尘世，成为家庭之父。然而，无论他们选择什么，甚至从事体力劳动的职业，学习对他们来说总是有用的"[②]。有的学生很好地利用教皇颁发的圣俸完成了学业。例如，根据教皇本尼迪克九世写给丹麦教会的两封信推断，丹麦冈托夫的教区监理亨利从 1303 年起在罗马教廷大学学习教会法课程，在学习期间，虽然他没有在教区工作，但是他依然享有了 5 年的圣俸。[③]

从 14 世纪开始，许多大学开始向教皇递交申请圣俸的名册。一般说来，每个人都有直接向教皇递交申请的权利，但是为了保证申请的成功，很多大学有组织地替各自的成员递交申请，如巴黎和牛津在 1340—1400 年都递交了相当数量的申请。大学利用各种机会为自己的成员递交申请，如派特使去罗马教廷确认大学特许权的时候递交申请；每当新教皇就职时，往往也是大学递交申请的良机。1362 年，巴黎大学英格兰同乡会为去世的教皇刚刚举行弥撒之后就递交了申请。非常有意思的是，有的学生在申请书上写下的愿望竟然是"但愿碰巧教皇去世"！[④] 总之，如果能够从教皇处领取圣俸，他们的学习和生活将会获得很好的保证。

---

①③　参见 O. Pedersen, *The First Universities: Studium Generale and the Origins of University Education in Europe*, p.217, p.217.

②　B. Guillemain, *La Cour pontificale d'Avignon (1309–1376). Etude d'une société* , Paris, 1962, p. 142. 转引自 [法] 雅克 · 韦尔热：《中世纪大学》，第 87 页。

④　参见 D. E. R. Watt, *University Clerks and Rolls of Petitions for Benefices*, p.216.

此外，学生可以在校内做一些临时性的工作而获得一定的酬劳。剑桥国王学院的财务账簿中曾经记录了一笔为在学院花园工作的学生支付薪水的费用。1373—1378 年，一些经济困难的学生帮助建新图书馆，牛津默顿学院的财务账簿中也记录了向这些学生支付薪水的费用。[①] 还有一些学生为家境富裕的学生或教师做仆役，或者为会馆或学院做一些服务性工作，这样他们就可以获得食宿费用的减免。在 1483—1490 年牛津的会馆章程中，这类学生被称作"batellers"。[②]

不仅如此，家庭困难的学生往往可以得到大学或者学院的其他帮助。14 世纪剑桥大学规定，执教教师必须保证那些生活极度贫困的学生入学。[③] 这意味着，虽然学校没有公开声明，但是肯定会为这些学生减免一定的学费。1490 年瓦伦斯大学曾经明确规定："出身贵族的学生需要缴费 3 个弗罗林（英国旧时硬币，相当于 2 个先令）；不太富裕的家庭缴费 2 个弗罗林；其他每人缴费 1 个弗罗林，如果出身贫穷，免缴学费。"[④] 除了这些制度上的帮助之外，穷学生还可以通过一些可能的方式获得物质资助。从 1264 年开始，默顿学院给每位学生补助 2 英镑（不包括住宿费）；1266 年巴利奥尔学院给学生补助 2 英镑 5 先令；1340 年，除了给学生 2 英镑 7 先令 6 便士的补助外，学院还为这些学生提供免费住宿。[⑤] 为了保证贫困学生得到帮助，许多学院章程明确规定，只有家庭困难的学生才能获得资助。如 1274 年，默顿学院规定："贫困是学生获得补助的必要条件之一。"艾克赛特学院和奥里尔学院在 1326 年也做出了相似

---

①②③　参见 A. B. Cobban, *The Medieval English Universities: Oxford and Cambridge to c. 1500*, p.306, p.306, p.306.

④　O. Pedersen, *The First Universities: Studium Generale and the Origins of University Education in Europe*, pp.244–245.

⑤　参见 H. D. Ridder–Symoens, *A History of the University in Europe*, Vol.I, p.238.

的规定。[①]

除了得到教皇和学院的帮助之外，中世纪的学生们也经常成为贵族、大主教、主教和富人慈善捐赠的对象，这种捐赠的例子不胜枚举。爱德华一世的王后艾琳娜在1290年去世，她在遗嘱中留下100马克捐赠给剑桥大学的穷学生。坎特伯雷大主教罗伯特·温切利曾经在1294—1313年资助过牛津、剑桥的学生。[②]丹麦教师彼得·艾尔法斯特1284年9月在巴黎签署了一份公证书，他宣布，“将他在巴黎购买的、坐落在盎格鲁大街的房子留给来自丹麦的困难学生，这些学生在巴黎的学习期间内可以住在这所房屋里。学生每年选举产生的领导负责对该房屋的管理和监督”[③]。

在急需现金的时候，学生们还可以通过贷款获得一定的款项来渡过难关。中世纪时期，犹太的货币商人是西欧的主要放贷者，但是他们的利息往往过高，而且他们要求的抵押品经常是一本书，这对于学生们来说是难以承受的。因此许多城市、主教和大学纷纷建立一些基金会，尽可能地为学生提供低息或者无息贷款。如帕杜瓦市政官拨专款4000多里尔建立了贷款基金，由大学负责监督，按照4%~6%的固定利率借给学生。[④]1348年，诺维奇主教威廉·贝特曼用100英镑在三一学堂学院建立了一个基金会，一名教师从这个基金会最多可以借出4英镑的现金；一个学士可以借30先令；一个本科生可以借20先令，并且这些借款不需要任何抵押物，

① 参见 J.I. Catto, *The History of the University of Oxford: The Early Oxford Schools*, p.253.

② 参见 A. B. Cobban, *The Medieval English Universities: Oxford and Cambridge to c. 1500*, p.307.

③ O. Pedersen, *The First Universities: Studium Generale and the Origins of University Education in Europe*, p.220.

④ 参见 P. Kibre, *Scholarly Privileges in the Middle Ages*, p.58.

也不需要支付利息。[1]至中世纪末期，牛津大学控制的类似的基金会达到了二十多个。[2]

上述资料表明，中世纪时期的学生可以有多种渠道获得一定的资助用以弥补上大学的支出，尤其对于家庭贫困的学生来说，这些渠道是非常宝贵的，这些资助为他们完成学业提供了保证，使他们不会因无力支付学费而辍学。

三、学生的生活图景

中世纪的学生生活怎样呢？他们又有怎样的行为举止呢？中世纪的大学生似乎没有赢得什么好名声。学生们的通信中同样反映出他们日常生活的点点滴滴：一位父亲在信中发出了对儿子的警告："我从一些可靠的来源处得知，你没有像一个好学生那样在宿舍内学习，也没有在学校内循规蹈矩，而是在到处游玩，不听从教师的教导，沉溺于运动和其他不光彩的行为。"[3]中世纪的法庭案卷记录下了学生们的各种违法行为："一个博洛尼亚大学的学生在上课的教室中利用短刀进行攻击，造成一个听课学生的重大伤亡；1289 年，一个学生用石头打伤了另一个学生的头部，头上的鲜血直流。"[4]

教授们在布道和讲课的时候也时常流露出对学生们的生活方式和学业表现的不满意。博洛尼亚著名的注释法学者奥德弗雷德斯曾经直言不讳地批评学生生活无节制，追求奢华享乐，喜爱锦衣华服以及嗜好赌博和酗

①② 参见 O. Pedersen, *The First Universities: Studium Generale and the Origins of University Education in Europe*, p.220, p.219.

③ C. H. Haskins, *The Life of Medieval Students as Illustrated by their Letters*, p.214.

④ C. H. Haskins, *The Rise of Universities*, p.61.

酒。[1]13 世纪，一个多米尼克修士在巴黎大学布道时说："学生们的心灵处于迷惘之中，他们所关心的只是圣俸和眼前的俗物，还有如何满足自己的欲望。"索邦学院的创办人罗伯特·索邦曾经说："学生们更熟悉的是掷骰子的规则，而不是逻辑的规则 …… 然而，他们忘记了在虚饰、浮华的骰子背后的是诅咒、盗窃和登上绞刑台"，"学生们是那么好打官司，好吵闹，没有一刻太平。他们走到哪里，无论是在巴黎还是在奥尔良，哪里就会不得安宁，同伴受伤，甚至殃及整个大学。"[2] 在文学作品中，中世纪的学生也成为被嘲讽的对象。在巴塞尔大学教授塞巴斯蒂安·布兰特写于 1494 年的社会讽刺诗——《傻瓜之船》中，学生们是这样被描摹的："那些滑稽、放纵的家伙——在神圣罗马帝国被称作笨蛋——在大学里虚耗青春，挥霍父亲的钱财，学业上毫无长进，倒是学会了怎样沽酒，最后只能带着耻辱回家。"[3]

如果将通信、法庭记录、布道词以及各种评价综合起来，在世人的眼中，中世纪的大学生们仿佛就是这样一群人：他们喜欢大喊大叫、打架斗殴、嫖妓狂欢、唱歌跳舞；沉溺于打牌下棋、掷骰子以及其他赌博；四处游荡、日夜不分；还对城市市民进行挑衅。情况果真如此吗？中世纪大学的学生们就是这样无视学业、举止粗俗、行为不端的一群人吗？中世纪的大学中有好学生存在吗？

拉什道尔曾经在《欧洲中世纪大学史》第三卷中记录了巴黎主教雅克·德维奇对当时学生的描述："他们比一般人还要放荡；他们不以为奸淫是有罪的，…… 你往往可以同时听到哲学家们的辩论，以及妓女和老鸨争

① 参见 H. D. Ridder-Symoens, *A History of the University in Europe*, Vol.I, p.223.

② C. H. Haskins, "The University of Paris in the Sermons of the Thirteenth Century", *The American Historical Review*, Vol.10, No. 1. (Oct., 1904), pp.18–19.

③ H. D. Ridder-Symoens, *A History of the University in Europe*, Vol.I, pp.223–224.

吵的声音发自同一栋屋子里。”[①] 这些描述曾经被很多学者引用作为中世纪大学生生活荒淫无度的证据，但是很多学者忽略了拉什道尔在引文之后的评论：“但是我们有足够的证据表明，如果夸张点说，德维奇对那个时代学生生活的描述是根本不真实的。”[②] 实际的情况应该是，中世纪大学中各种各样的学生都有，既有上面所说的行为不端的学生，也有好学生大量存在，只是“历史没有将好学生的生活记录下来”[③]。哈斯金斯也曾经说：“在所有的年代里，与那些更具闯劲的同伴相比，好学生都不太为人们所注意。”[④]

实际上，各种文献资料中也有对好学生的描述，只不过被学者们忽略了。学生们的通信中同样反映出好学生对学业持之以恒的态度。他们不断希望延长学习的期限，因为他们“渴望在智慧女神雅典娜所在地学习更长的时间”；“无论如何，我们不能在复活节之前离开，因为教师可能要开设重要的讲座”。一个学生的家中来信召他离开锡耶纳大学回家与一位迷人的姑娘结婚，他在回信中说，“因为一位姑娘而放弃学习是极为愚蠢的行为，一个人在任何时候都可以得到一位妻子，但是一旦失去了知识，是无论如何也找不回的”。另一个学生也因同样的理由拒绝与一位漂亮、迷人、出身于名门的女子结婚。[⑤]

学生们的日常学习可以充分反映出他们的勤奋好学。“在很多情况下，他们一天至少要听 3 次讲座，期望很快能够超过他们的教师和同伴们。”博洛尼亚大学的学生博康帕诺在信中描述了他的学习情况：在晨钟敲响之前，

---

① H. Rashdall, *The Universities of Europe in the Middle Ages*, Vol. III, pp.439–440.（原文是拉丁文，这里转引了威尔·杜兰《世界文明史·信仰的时代》第 1291 页的译文。）

②③ H. Rashdall, *The Universities of Europe in the Middle Ages*, Vol. III, p.441, p.441.

④ C. H. Haskins, *The Rise of Universities*, p.89.

⑤ 参见 C. H. Haskins, “The Life of Medieval Students as Illustrated by their Letters”, *The American Historical Review*. p.214.

他已经起床了；他通常第一个到达学校，最后一个离开，每天在房间内认真地读书，吃饭的同时思考着讲座的内容，甚至在睡觉的时候也在和他人进行辩论。在同一封信中，他还以讽刺的口吻嘲讽那些学习不用功的学生。[①]其实，中世纪大学培养出的各种优秀毕业生就是好学生大量存在的最好注脚，请不要忘记，那些学识渊博的教授，纵横裨阖的教皇、大主教，锋芒毕露的律师，尽显才华的医生，他们几乎都是从中世纪大学中走出的学生。

中世纪大学的学生们在学校中受到了严格的管理，各个学院和同乡会都制定了详细的章程对学生们在日常交往、行为举止和学术生活等各方面的一言一行进行约束。1344 年，彼得豪斯学院规定，禁止学生养狗和鸟，特别是禁止饲养猎鹰，因为这些动物产生的噪声有可能影响学习。除特殊情况以外，一般不允许学生掷骰子和下棋，因为它们会影响学业或者导致学生之间发生冲突。[②]1340 年，牛津的女王学院规定，除个别情况之外，禁止学生使用乐器，因为它会使人轻浮，不利于学习。[③]赌博和携带武器通常也是大学明令禁止的内容。博洛尼亚大学规定，出席全体大会时禁止师生携带武器。如果有人携带短剑，他人可以举报，举报人可以获得休假的奖励。大学同时规定，禁止学生和教师出入赌博室，如果在公共场合观看赌博也是违法的。[④]大学，尤其是欧洲南部的大学对学生放纵、奢侈的生活方式作了诸多的限制。莱里达大学规定，除了一些重大节日之外，禁止学生观看演员和小丑的演出。该大学还规定，禁止学生骑马上学，但是允许学生使用骡子。大学甚至还规定了学生们招待朋友时饭菜的数量，以及他们所穿衣服的最高价格。[⑤]

---

① 参见 C. H. Haskins, *The Life of Medieval Students as Illustrated by their Letters*, p.224.

②③ 参见 A. B. Cobban, *The Medieval English Universities: Oxford and Cambridge to c. 1500*, p.361, p.362.

④ 参见 H. Rashdall, *The Universities of Europe in the Middle Ages*, Vol. I, p.193.

⑤ 参见 H. Rashdall, *The Universities of Europe in the Middle Ages*, Vol. I, p.194.

尽管大学对学生实施了严格的管理，但在实际生活中还是出现了很多违反规定的现象，因此各大学对违反规定的情况采取了一定的制裁措施。如果有学生违反纪律，他们可以被剥夺学位、被逐出城外，甚至被绝罚。对于一些普通的违反纪律的行为，会馆经常采用的方式是罚款。根据1483—1490年牛津会馆的规定，学生如果犯有下列错误均会受到罚款的处理，如发表异端的观点、吃饭时举止不当、做出有损会馆名誉之事、泄露会馆秘密，或者与品行不端的人结交为友、会馆关门后私自爬入或爬出大门、未经允许私自离开等等。[①] 学院中经常采用的惩罚方式是：不给违反纪律的学生饭吃，根据违纪的情况剥夺其用餐时间，这个方法一直使用到16世纪。从15世纪后期开始，有的学院对违反纪律的学生实施体罚，但是这种惩罚措施并不常见，只有少数学院采用，其中巴黎大学的蒙太古学院的体罚最为严格。[②]

这些精心制定的戒律和禁令，令人噤若寒蝉的惩罚措施，如果把它们放在现代大学中学术自由的背景中来理解，简直就是骇人听闻的规定。那么生活在高压规定之下的学生，他们有自己的空闲时间吗？他们的课余生活又是怎样的呢？

根据基督教教义，教会比较反对身体获得某种感官刺激，因此整体上来说，大学对学生的娱乐生活普遍持抑制的态度。尽管如此，在基督教的重大节日中，学生们还是可以参加很多的娱乐活动，特别是在每年的圣·尼古拉节、圣诞节和婴儿殉教日（Holy Innocents' Day）等法定节日中。不仅如此，每逢各学院、同乡会或者学院守护神的纪念日，学生们也都举行盛大的庆典、游行以及各种娱乐活动以示庆祝。如遇上这些节日，会馆和

①② 参见A. B. Cobban, *The Medieval English Universities: Oxford and Cambridge to c. 1500*, p.366, p.370.

学院通常允许学生们稍微放纵一下，让他们举行各种娱乐活动。如在尼古拉节，剑桥国王学院的学生扮演主教，主持整个庆典活动。15 世纪末期牛津的摩德林学院也出现了类似的活动。[①]15 世纪末 16 世纪初，英国大学的学院中有了完整的戏剧演出。牛津的摩德林学院从 1486 年开始定期上演宗教戏剧，卡迪纳学院从 1530 年，布拉斯诺斯学院从 1542 年开始都有了舞台演出。[②]牛津的摩德林学院 1518—1519 年财务账簿中记录了当时购买假发用于学生演出的款项，由此我们可以判断，由于禁止女性在大学出现，男扮女装的演出在那个时期就已经出现了。[③]

---

①②③ 参见 A. B. Cobban, *The Medieval English Universities: Oxford and Cambridge to c. 1500*, p.374, p.377, pp.377–378.

第二节

学生的学习

一、学生的学习内容

学生在大学中的学习主要分两个阶段：文学部的基础学习和高级学部的专业学习。1215 年教皇特使罗伯特为巴黎大学制定了第一个文学部的课程大纲："文法是普里西安的《大、小文法》，逻辑是亚里士多德的《工具论》和菲波利的《〈范畴篇〉导论》，修辞学是多纳图斯《高级文法》的第三篇《非拉丁语》和《主题篇》，哲学是亚里士多德的《伦理学》；还有包括算术、几何、音乐和天文学在内的'四艺'课程，但是没有指定必读书目。"[①] 由于巴黎大学的课程大纲被其他大学模仿，因此我们可以推断，中世纪欧洲各大学文学部的课程设置意图在于保持中世纪初期学校原有的"三科"和"四艺"的传统。

随着翻译运动的深化和影响，许多新的、更复杂的知识被逐渐吸收进大学的课程之中，文学部的"七艺"课程大大突破了原有的知识畛域。1431 年牛津大学规定，攻读文学部学士学位需要修业 4 年，必读书目如下：

① H. Rashdall, *The Universities of Europe in the Middle Ages*, Vol. I, pp.440−441.

文法：普里西安，《大文法》和《小文法》（1 学期）

修辞：亚里士多德的《修辞学》（3 学期）

或者博伊提乌的《主题篇》第四册

或者西塞罗的《新修辞学》

或者奥维德的《变形记》或者维吉尔的诗篇

逻辑：亚里士多德的《解释篇》（3 学期）

或者博伊提乌的《主题篇》前三册

或者亚里士多德的《前分析篇》和《主题篇》

算术：博伊提乌（1 学期）

音乐：博伊提乌（1 学期）

几何：欧几里德（6 本书）

或者亚尔阿森（2 学期）或者维里奥的《透视法》

天文学：《行星理论》（2 学期）或者托勒密的《天文学大成》

三种哲学包括：

自然哲学：亚里士多德的《物理学》、《论生灭》、《论灵魂》（3 学期）

道德哲学：亚里士多德的《伦理学》或者《经济学》和《政治学》（3 学期）

形而上学：亚里士多德的《形而上学》（2 学期）[①]

由此可见，中世纪大学文学部始终保持了“七艺”的课程设置，而且随着知识容量的增加，文学部的课程还增加了亚里士多德的 3 种哲学。中世纪各大学对文学部的要求基本上是相同的，学生只有在完成文学部的基础学习和教学实习之后，才能进入高级学部进行学习。

① H. Rashdall, *The Universities of Europe in the Middle Ages*, Vol. III, pp.155–156.

我们再看看学生在高级学部的学习情况。《圣经》一直是不容置疑的欧洲大学神学部的课本。彼得·伦巴德曾是阿贝拉尔的学生，他按照《是与否》一书的方法编辑了一套神学的百科全书——《箴言集》。在这套丛书中，他把神学的主题分成4类，每一本书围绕一个主题，每本书分别包含了几个题目。由于这4本书的题目几乎囊括了神学的全部内容，因而1215年拉特兰宗教会议将他的《箴言集》确定为神学部的正式教科书。[①]

大学对学习神学的期限作了严格的规定，一个学生如果想获得神学的博士学位或者获得神学的教学资格需要经过长期的训练。通常，一个非修会成员的学生需要学习16年，修会的学生需要学习13年。在完成文学部的学习之后，一位学生首先需要听4年《圣经》的讲座和两年《箴言集》的讲座，然后作为圣经学士开设《圣经》讲座；作为箴言学士开设《箴言集》讲座；作为完成学士继续参加神学部的辩论和考试，最后获得博士学位。[②]神学部的学生不仅要参加讲座、辩论，当他成为完成学士之后，他还要在全体成员面前举行布道。整体上来说，牛津与巴黎的神学大纲课程相似，唯一的不同点在于牛津的学生需要先开设《箴言集》的讲座，然后是《圣经》的讲座。[③]为了确保学生有充裕的学习时间，1215年，巴黎大学规定，“获得神学博士学位的学生年龄需要达到35岁”[④]。维也纳和科隆大学也要求获得博士学位的学生年龄至少要达到30岁。

如果学生想学习法律，他可以到意大利、法国和英国等国学习。意大

---

①②③　参见H. D. Ridder-Symoens, *A History of the University in Europe*, Vol.I, p.412, p.418, p.420.

④　H. Rashdall, *The Universities of Europe in the Middle Ages*, Vol.I, p.472.

利的法学中心在博洛尼亚、帕多瓦、帕维亚、佩鲁贾和锡耶纳等地；法国的法学中心在蒙彼利埃、奥尔良、图卢兹和阿维尼翁等地；英格兰的法学教育中心主要设在牛津。教会法主要在神圣罗马帝国的境内学校进行，如布拉格、维也纳、海德堡和科隆等地。①大学的法学教材主要是《教会法大全》和《民法大全》中包含的法律文本，前者包括格拉提安的《歧异教规之协调》、格里高利九世的教令集，还有一些其他教皇在任时颁布的法规和教令集。②中世纪时期的法学家把查士丁尼的《民法大全》分为《学说汇纂》、《法典》、《法学阶梯》和《新律》4 部分。法律专业的学生们除了学习上述的法律著作之外，还需要学习各种各样的《封建法》。③为了保证课上的教学不遗漏任何一个部分，博洛尼亚大学的教师在 1252 年最早开创了"要点"体系：将一本法学书分成几个部分，注明了哪一天讲解哪一个部分，哪些部分属于由正式教师讲解的常规讲座，哪些部分属于由学士讲解的特别讲座，这种教学方式后来被其他大学模仿。

中世纪最早的医学教育中心是萨莱诺，但是它没有形成正式的教育组织。从 13 世纪 20 年代开始，欧洲大学的医学部相继形成。1220 年，教皇特使康拉德确认了蒙彼利埃医学部的章程，这说明蒙彼利埃的医学教师和学生在 1220 年已经形成了自己的组织。④1289 年，教皇颁布敕令正式确认蒙彼利埃有权颁发教会法和民法、文学和医学学位。⑤在博洛尼亚学习文学与医学的教师和学生模仿法学部组织在 13 世纪 60 年代形成了自己的学术团体——文、医学部。据记载，1268 年博洛尼亚授予了第一个医

①②③⑤ 参见 H. D. Ridder-Symoens, *A History of the University in Europe*, Vol.I, p.389, p.394, p.394, p.367.

④ 参见 H. Rashdall, *The Universities of Europe in the Middle Ages*, Vol. II, p.123.

学学位。[1] 帕杜瓦大学在13世纪也成为医学研究的中心，15世纪，帕杜瓦大学医学部在欧洲的医学教育中占有重要地位。从13世纪开始，巴黎和牛津也有自己的医学部，但是如果与它们的神学和哲学研究相比较，医学部的作用不太突出。牛津的医学部是牛津所有高级学部中最小的，在很多方面甚至位于文学部之下，直到14世纪牛津才正式授予了第一个医学学位。[2]

12世纪和13世纪初期，萨莱诺的学者将希波克拉底和盖伦的著作，以及阿拉伯人约翰尼西斯为了介绍盖伦著作而撰写的《医学入门》作为教材，通过对这些文献的评注进行教学。[3] 其他学校纷纷仿效萨莱诺，也将上述著作列为教科书。1340年，蒙彼利埃大学医学部开设的讲座包括阿维森纳的《医典》、盖伦的《论医术》、希波克拉底的《箴言》和《论预后》等。[4] 各大学的医学部不仅指定了学习的教材，而且还对学习的期限、考试、获得学位需要满足的条件等方面做出了规定。1340年蒙彼利埃大学规定："学生如果想获得医学学士学位，必须参加24个月的讲座。学生必须参加实习，实习期为一个夏季，实习的地点通常在蒙彼利埃城市之外的地方。不仅如此，学生还需要和自己的导师一同探望病人，在老师的监督下对病人进行检查。如果学生已经获得文学的硕士学位，再学习五年后他能够获得医学博士学位。如果他没有文学的硕士学位，他必须学习六年才能得到医学博士学位。"[5] 博洛尼亚大学也做了类似的规定。上述资料显示，欧洲各大学的医学部在课程大纲方面差异很小，希腊、阿拉伯医学著

①③　参见 H. D. Ridder-Symoens, *A History of the University in Europe*, Vol.I, p.368, p.366.

②　参见 V. L. Bullough, *Universities, Medicine and Science in the Medieval West*, Aldershot and Burlington: Ashgate Publishing Company, 2004, pp.63–65.

④　参见 H. Rashdall, *The Universities of Europe in the Middle Ages*, Vol. II, p.127.

⑤　H. Rashdall, *The Universities of Europe in the Middle Ages*, Vol. II, p.126.

作构成了欧洲大学医学课程的主要部分，从而保证了整个欧洲医学课程的统一性。

二、学生的学习过程

印刷术出现之前，由于书籍短缺，图书馆尚不存在，因此口头讲课变得异常重要，各个大学采用的教学方式主要有两种，即通过讲座和辩论来给学生传授教学内容。大学建立初期，举办这些讲座的教室根本不存在，教师通常在租来的房子中进行教学。在巴黎，这样的房子大部分集中在塞纳河左岸的一条叫作维克・斯特拉米纽斯的街上，这些房子的地上铺着稻草，学生就坐在草上做笔记，因此这条街在但丁的笔下被称为稻草街。[①] 如果遇到一个特别杰出的教师，他的房间不能容纳所有慕名前来的学生，就像当年的伊尔内留斯在圣・斯蒂芬教堂前的空地上讲课一样，该教师有可能在借来的公共建筑物中或者是空旷的场地上举行讲座。直到15世纪大学拥有了像模像样的建筑之后，教师们才逐渐停止了在租来的地方讲课的做法。

学生通常需要参加3种类型的讲座，有常规讲座（ordinary lecture）、特别讲座（extraordinary lecture），还有一些复习性质的粗略讲座（cursory lecture）。常规讲座，类似于大学的官方讲座，通常由大学的执教教师担任。为了保证教学内容的正确，大学禁止其他人开设常规讲座。常规讲座通常在每天上课的最佳时间——早晨进行，大约持续两个小时。受到柏拉图对话法传统的影响，在常规讲座中，教师往往居于主导地位，阅读指定教材，学生以听为主，并记下笔记。这个教学环节的主要目的是让学生熟悉教学内容，保证知识的延续和传递。如

① 参见 C. H. Haskins, *The Rise of Universities*, p.45.

法学教师佩鲁斯曾经记下博洛尼亚法学教师奥德弗雷德斯的教学安排，他说：

> 第一，在开始正式讲授课本知识之前，我首先要对每个章节做概括性的说明；第二，我要尽可能清楚地阐述每一条法律的主旨；第三，以修正为目的对课本进行阅读；第四，我要简要重复一下法律的内容；第五，尽我所能，解决明显的矛盾之处，增加一些（从文章中引申出来的）通常被称作“Brocardica”的普遍的法律原则，指出法律与解决方法之间产生的一些细微的差别但有用的问题。如果任何一部法律，因为十分有名或者难以理解，值得再讲一次，我会安排一个晚上进行复习。①

博洛尼亚大学同时规定，教师在阅读课本之后，必须马上阅读该书的评注。②因此教师不仅需要详细地解释课本的内容，而且还需要对评注进行严格地分析，解答评注之中的要点和晦涩难懂的部分。在这个教学过程中，一名教师可以充分利用这个时机表达自己的观点，他们所探求的知识领域往往超出了课本的限制。

在没有常规讲座的时间通常举行特别讲座或者粗略讲座，二者的界限并不清晰，这些课程主要由正在攻读文学部硕士学位或者在高级学部学习专业课程的学士负责讲授，这对学士们来说是一个非常重要的训练，因为这些讲座可以帮助他们将来能够更好地胜任正式的教学工作。一般情况下，特别讲座和粗略讲座的内容比较宽泛，讲课内容往往不受教学大纲的限制。牛津大学1380年前的一个章程规定：“在没有常规讲座的时候，允许教师

---

① H. Rashdall, *The Universities of Europe in the Middle Ages*, Vol. I, p.218.

② 参见 H. Rashdall, *The Universities of Europe in the Middle Ages*, Vol. I, p.218.

阅读一些适合特别讲座的课本。”[①]一些比较容易产生争议的课本，或者处于教学大纲边缘的一些教材经常可以在这些讲座中进行讲授。例如，牛津大学最初就是在粗略讲座中开设了亚里士多德《形而上学》的部分内容。[②]这些讲座的存在无疑也表明了这样一个事实：大学中所传授的知识范围大大超出了教学大纲的规定，超出了我们的想象。以这种方式，一些更重要的课本，如与逻辑和哲学有关的书，还有伦理学、数学、自然史、天文学以及诸如此类的课程都可以提供给学生。

另外一种更为重要的教学方式是辩论。大学内的辩论，经常又被称为经院辩论，是大学教育中一个极富活力的方面。在讲座中，学生是被动的听众，但是在辩论会上，学生成为积极的参与者，他们有了发挥其才能的机会。与讲座相似，辩论也分为常规辩论和特别辩论两大类。[③]

常规辩论通常有一个固定的程序：先是由教师提出一个论点，由他本人或者学生引经据典提出一个否定性答案；然后，其他人对这一论点进行正面论证，并答复反驳意见；学生或其他教师可以提出新的反驳和问题；经过反复的发问与回答、论证与反驳；当辩论结束时，由教师对辩论的命题进行总结，得出最初的论点是否成立的结论。阿奎那在巴黎大学主持辩论时，在论证“什么是真理”这一命题时，他的教学形式和方法如下：

> 首先提出七个论证，说明真理即存在，其出发点是奥古斯丁的名著：真理就是存在的东西；最后一个论证，则讨论了亚里士多德在《形而上学》中定义真理的著名的一段话。接着有五个相反的论证，认为

① J.I. Catto, *The History of the University of Oxford : The Early Oxford Schools*, p.377.

② 参见 J.I. Catto, *The History of the University of Oxford : The Early Oxford Schools*, pp.377–378.

③ 参见 E. Grant, *The Foundations of Modern Science in the Middle Ages*, p.41.

存在与真理决不是同一个东西。然后就是阿奎那对这个辩论的裁决，他在这里区分了“真”和“真理”的三种意义。…… 最后，阿奎那又回到了一开始提出的正面的论证和相反的论证，把各种论证逐个加以考察，指出在每一个论证中，他认为哪些是正确的，哪些是错误的。[①]

常规辩论通常一周举行一次，要求学生必须参加，其他老师也可以参加，具有很强的对抗性的特征。在辩论中，教师可以让学生充分利用所学知识，提出一个又一个的论证，在教师的帮助下，又一一加以辩驳，目的是在辩论中为学生答疑解惑，传授知识，使教学过程逐渐深入和提高，犹如一个完整的学术研究过程。

特别辩论主要在公共场所举行，又称自由辩论。自由辩论没有固定的程序，与会者可以提出任何问题进行争辩。这些公开辩论使教师和学生们有机会充分表达自己的观点，凡不能在正式讲座和辩论中表达和受到限制的论点都可以在这里表达。这种自由辩论从 13 世纪开始风靡大学讲坛，不仅在神学部而且在法学、医学和文学部都得到充分发展。剑桥神学部在 1270 年左右、牛津神学部在 1280 年开始举行自由辩论，牛津文学部在 14 世纪初开始举办自由辩论。[②]自由辩论宽松的氛围和模式鼓励人们积极参与，它后来逐渐演变为大学里的文化娱乐方式。现在我们经常用来嘲笑中世纪经院哲学的问题——“一个针尖能站多少天使？”“是拴猪的绳子，还是拉绳子的手拽着猪？”，这些实际上都是大学中具有娱乐性质的“自由辩论”中提出的“精细问题”，并不是经院哲学家讨论的学术问题。[③]

还有一种类型的辩论让学生们受益匪浅。在学校的讲座之后，有时在

---

① [英]安东尼·肯尼：《阿奎那》，黄勇译，中国社会科学出版社 1987 年版，第 11 页。

② 参见 A. B. Cobban, *English University Life in the Middle Ages*, pp.175–176.

③ 参见赵敦华：《大学的理念与科学民主的价值》，《北京大学教育评论》，2005 年第 2 期，第 34 页。

下午，有时在晚上，一位教师及其所带的学生聚集在教师的房间或者在学生的宿舍内，师生们一边回忆教学的内容，一边像在正式辩论一样切磋辩论的技巧。在研讨中，他们同样引经据典，并且使用拉丁语进行辩论，这种课后辩论非常像学术沙龙或者学术讨论会。比维斯在 1531 年写道："吃饭时他们论辩，吃完饭他们也论辩；公共场合他们论辩，私人场合他们还论辩。总之是无时无地不在论辩。"①

通过辩论会这种形式，学生分析有争议问题的能力得到了锻炼，同时为获得学位作了准备。入学的前两年，学生在辩论会上一般是沉默的旁观者。从第三年开始，学校要求学生们提出问题并参与回答问题。经过一段时间的训练，一些比较好的学生能够得到允许主持一场辩论会，也就是在辩论会即将结束时对辩论中所提出的正方和反方的观点进行总结，并给出最后的答案。如果这一步顺利通过，学生就可以获得文学院的学士学位了。辩论，这种智力训练形式，很可能是欧洲教育中极具创造性的贡献。

① [法] 爱弥尔·涂尔干:《教育思想的演进》，第 155 页。

第三节

学生的毕业和就业

一、学位之路

历史地说，所有的学位制度都起源于教学许可证。从形式上来看，教学许可证是由教会代表来颁发的，如巴黎的教长、博洛尼亚的副主教有权颁发教学许可证，但是自从13世纪初，大学从教皇处获得了审查教学许可证候选人资格的权力后，大学团体就牢牢控制着这项生死攸关的权力，即由大学团体，而不再是由教长或者主教个人来甄别一名候选人是否达到合格的标准。为了保证审查的公平和公正，大学引入了考试制度。随着时间的推移，这种执教权的考试越来越正规，经过考试获得教学许可的做法得到了普遍认同。巴黎大学英格兰同乡会在1252年、1275年章程中明确通过了这项规定，并将这一做法推广到整个学部。[①] 后来，经过考试获得学位的级别也逐渐清晰起来，第一级学位是学士学位，类似于行会的学徒期满，在一位教师的监督下，他可以在一个特定的领域从事一些辅助性的教学工作；第二级学位是硕士或者博士学位，类似于行会的师傅，得到这个学位以后可以留在大学，有机会成为大学的正式教师。

① 参见 O. Pedersen, *The First Universities: Studium Generale and the Origins of University Education in Europe*, p.263.

学生若想获得学位，必须经历一系列考试。在跟随某一教师学习 4~5 年的规定课程之后，他可以着手准备迎接成为“学士”的考试了。“学士”一词，在当时并不是大学所特有的，在行会、教会及骑士制度中都使用，意为“入门者”。还有的学者认为，这个词来源于拉丁语 baccalarius，表示“属下”，犹如一个低级的附庸或者一个还没有升为师傅的手工学徒。[①]在正式考试之前，学生首先递交申请，请求老师证明自己已经按照章程学习了规定的课程和时间，并提交审查者批准。当审查通过之后，学生可以参加圣诞节期间举行的问答考试和学士学位考试。如果他能够回答出所有的问题，并且证明自己已经掌握了教学大纲中规定的著作的内容，他就可以参加在四旬斋期间以公开辩论形式举行的最终考核。如果这个“最终考核”的结果是很好，他就可以被称为学士，可以正式参与教学活动了，但是他只具有初步的教学资格，只能开设一些特殊讲座和粗略讲座。[②]

在大学学习第二个阶段之后，学生可以取得硕士学位或者博士学位。最初，硕士和博士不分轩轾，只是在不同的大学有不同的称呼。如在巴黎大学，文学部、神学部和医学部的教师习惯上被称为硕士，而在博洛尼亚大学，法学部的教师习惯上被称为博士。[③]只是到了后来两个头衔才逐渐产生差别：级别较低的文学部的毕业生通过第二个阶段的考试后被授予硕士称号，而级别较高的神学、法学、医学专业的毕业生则被授予博士称号。

当一名学士修习了规定的课程并完成了教学实践之后，他就可以参加最后阶段的考试了。最后阶段的考试通常分为不公开考试和公开考试。不

---

①② 参见 O. Pedersen, *The First Universities: Studium Generale and the Origins of University Education in Europe*, p.262, p.262.

③ 参见 H. Rashdall, *The Universities of Europe in the Middle Ages*, Vol.I, p.19.

公开考试是真正的能力测试，这个“严格而可怕的”考试由经过严格挑选的教师组成的考试委员会主持，每个教师都发誓要像对待自己的儿子那样对待考试者。[①] 每个学生需要做出一系列评注并回答考试委员会的提问，或者就某一个命题进行辩论。通过考试的候选人还需要参加公开考试，公开考试难度不大，只是一种形式化的考试。虽然两种类型的大学公开考试的方式略有不同，但实际上它们都是一个伴随有隆重庆典的学位授予仪式。巴黎大学的学生需要参加“学位授予典礼”（inception）才能正式得到硕士学位。在参加典礼的前一天晚上，该学生要参加一个严肃的讨论，称为“初夜”。第二天正式“就职”时，在全体学部成员面前，他进行第一次的正式授课，并得到学位的荣誉证件：四角帽、一本书、同伴的吻和行会成员的一个坐席。[②] 同巴黎大学的毕业生类似，博洛尼亚大学的毕业生需要参加一场“答辩会”之后才能得到博士学位。举行仪式的这一天，候选人被大学的礼仪执杖官从宿舍中接出，由一群教师陪伴他参加早晨的弥撒，然后在大教堂处举行辩论，如果有很多问题，这个辩论会可以持续到晚上。然后老师把他推荐给副主教，副主教在表达一些赞誉之词后隆重地授予他教学许可证。最后，这位新教师得到了一枚代表他身份的徽章、一本书、一枚戒指、象征着名誉的一顶帽子和一个和平之吻。[③] 博洛尼亚大学的博康帕诺曾经写信回家描述了自己的考试和毕业典礼的情况：“…… 他正确地回答了每一个提问，…… 没有人能够驳倒他的论证。他还举行了一场欢庆盛宴，无论穷人还是富人都受到了邀请，这种事情以前从未有过。随后，他举办了一场讲座，他的讲座如此受欢迎，以至于别人的教室空无一人，而他的

---

①② 参见 H. Rashdall, *The Universities of Europe in the Middle Ages*, Vol.I, p.226, p.462.

③ 参见 O. Pedersen, *The First Universities: Studium Generale and the Origins of University Education in Europe*, p.268.

教室座无虚席。”[①]

大学掌握着谁能够毕业的决定权，但是在中世纪时期，大学的学生中只有少数人能够毕业，对于这一点现代的学者已经能够达成共识。由于资料所限，如果想得到准确的中世纪大学的淘汰率或者学生的毕业率是困难的。根据15世纪德国一所大学的记录显示，那所大学中只有30%~40%的学生获得了学士学位，只有10%的学生获得硕士学位。[②]根据利托教授的估计，如果将去世的人排除在外，牛津新学院在1390—1510年的淘汰率应该在35%左右。[③]学生毕业率较低的原因是多方面的：一是因为中世纪大学时期，尤其是大学早期，由于没有入学考试，缺乏系统地对学生能力进行鉴别的机制，很多能力有限的学生在学习中途遭到淘汰。第二个原因是，举行毕业典礼常常需要大笔的费用。如一个在巴黎的学生写信给他的朋友，请求朋友帮忙劝说他的父亲，“因为世俗人头脑简单不能理解这些事情”，经过长期的学习之后，最后因毕业典礼需要的大笔花销阻碍了他的毕业。一位在奥尔良学习法律的学生，曾经写信给一位在图尔的亲戚，信中说，他正在致力于最后一个阶段的专业学习，如果他们能够为他寄100里尔用于必要的开销，他就能够顺利通过并获得学位。[④]在当时，这是个不小的数目了，因为蒙彼利埃大学1496年规定，年俸为100里尔的教师仅设四席。[⑤]上述事实表明，毕业典礼的巨大开销可能会让一些学生望而却步，放弃申请学位。还有一个更为重要的原因，虽然学位能给持有人带来很大

---

① C. H. Haskins, “The Life of Medieval Students as Illustrated by their Letters”, *The American Historical Review*, p.223.

② 参见 H. D. Ridder-Symoens, *A History of the University in Europe*, Vol.I, p.147.

③ 参见 A. B. Cobban, *The Medieval English Universities: Oxford and Cambridge to c. 1500*, pp.356-357.

④ 参见 C. H. Haskins, *The Life of Medieval Students as Illustrated by their Letters*, pp.222-223.

⑤ 参见［意］卡斯蒂格略尼：《世界医学史》（第一卷），北京医科大学医史教研室译，商务印书馆1986年版，第318页。

的声望，但是不要忘记，学位只是一个具有执教资格的证明，这个证明仅仅对于那些希望加入教师团体、成为教师的人来说才是必要的，其他行业并不需要这个执业资格的证明。很多学生只是请求老师写一份证明，说明他曾经有在大学的学习经历后就去求职了。无论是出于什么样的原因造成了当时学生较低的毕业率，或许这个统计数字并不是很精确，但是这个粗略的数字对于当今学位授予的数量应该提供一些感性的认识。学生完成了学业，开始进入社会，那么他们的就业情况怎样呢？

二、就业渠道

学生的就业与他们的专业密切相关，因此我们先考察一下学生所学专业的状况。纵观中世纪，作为一个教育机构的大学整体上还是荫附于教会之下，不仅如此，它还是教会的思想阵地，培育教会人才的基地，所有这些因素叠加在一起很容易使人们想当然地认为，大学教育必然带有浓郁的神学色彩，因此选择神学作为专业的学生必然占有绝对的优势。的确，各大学还是比较重视神学学习的。1500 年之前，牛津的默顿、巴利奥尔、女王、林肯等 8 个学院中，学习神学的学生比例从未下降到 70% 以下。[①] 在身份为修士的学生中，神学专业更是独领风骚。如，1287 名身份为修士的学生中有 1169 人（91%）学习神学，113 人（9%）学习法律，113 人中的 85 名学生（大约占总数的 75%）学习教会法。[②]

但是，事实表明，上述情况并不具有典型性。如果把民法和教会法单独加以考察，神学部的确是最大的；但是如果把学习民法和教会法的学生加在一起，法律专业更占优势。根据牛津大学的记录，1200—1500 年，已知姓名的毕业生总计 4614 人，其中神学专业为 2104 人，法律专业为

①② 参见 T. H. Aston, "Oxford's Medieval Alumni", *Past and Present*, No.74. (Feb., 1977), p.13, p.11.

2359 人。也就是说，与神学相比，法律专业更占优势，大约超出 12%。在学习法律的 2359 人中，同时学习民法和教会法两个专业的人数为 716 人，学习民法的学生为 932 人，学习教会法的学生为 711 人，民法专业的学生超出了教会法专业 31%。[①] 下表是剑桥大学在 1340—1499 年，每个专业学生人数所占的具体比例：

表一 剑桥大学 1340—1499 年，各专业学生人数所占比例 [②]

	民法	教会法	民法和教会法	法律（合计）	神学
1340—1399	17%	14%	4%	35%	8%
1400—1459	7%	14%	3%	24%	15%
1460—1499	9%	18%	3%	30%	10%

经过对比发现，这一时期剑桥大学的学生中大约 1/3 到 2/5 的学生学习法律，8%~15% 的学生学习神学，学习法律的学生远远多于学习神学的学生。

以上数据说明，中世纪的大学课程实际上也是很实用的。由于神学的理论性太强，而法学专业的就业前景一片光明，因此在多数大学中，法律专业和神学专业至少是受到了同等的重视。实际上，学生们热衷于学习法律的趋势从 13 世纪末期就已经开始显现。罗吉尔・培根曾经愤愤地说："那些民法的律师都是一些蛊惑人心的牧师，他们能够得到大部分的圣俸，因此许多有才华的人，特别是那些具有学习神学和哲学良好资质的人，都冲过去学习民法，因为他们看到了律师的职业是有利可图的。"[③]14 世纪，学

① 参见 T. H. Aston, "Oxford's Medieval Alumni", pp.8–11.

② T. H. Aston, "The Medieval Alumni of the University of Cambridge", p.59.

③ J.I. Catto, *The History of the University of Oxford : The Early Oxford Schools*, p.574.

生们对于法律学习的热情丝毫没有减弱，并且到 14 世纪后期法律专业甚至有超过神学专业的趋势。

尽管中世纪大学的高淘汰率在当今看来是不能接受的，但是无论如何它们为世俗政府和教会管理提供了各种需要的人才。教会成为大学毕业生的理想去处，他们渗透到教会各个层次的管理之中，成为教皇、大主教、主教、监理、修道院院长、堂区主持，等等。在教会管理的高层，阿维尼翁教廷（1309—1378 年）的 134 个红衣主教中，66 个是大学毕业生，其中 71% 的人毕业于法律专业，28% 的人毕业于神学专业，1% 的人毕业于文学专业。[①]1307—1499 年英国的主教中，91 人毕业于牛津，占主教总数的 58%；16 人毕业于剑桥，占主教总数的 10%，总计为 68%。[②] 在法国，拥有硕士学位的主教的比例也呈增长的态势，如路易七世时期（1137—1180 年），3% 的主教拥有硕士学位；菲利普二世时期（1180—1223 年），这个比例上升到 20%；到路易九世时期（1226—1270 年），这个比例达到了 41%。[③] 大学毕业生担任监理一职的比例反映了相同的情况。1307—1499 年，英国至少 58% 的教堂监理拥有牛津大学的学位，10% 的教堂监理拥有剑桥大学学位。还有更多的毕业生成为教会的其他管理人员，如财务主管、教长、副监理，等等。[④]

大学毕业生中，去教会供职的学生占有压倒性的多数。牛津新学院建立于 1379 年，现存的它的注册登记簿能够为我们提供一份比较原始的、关于该学院毕业生就业情况的“统计”资料。1451—1500 年，牛津新学院学生总计 2040 人（其中 42.5% 的人身份不明或者较早死亡）。对该学院毕业生任职的情况进行的研究表明，进入教会担任职位的学生占有绝对的优

①③　参见 H. D. Ridder-Symoens, *A History of the University in Europe*, Vol.I, p.253, p.249.

②　参见 T. H. Aston, “The Medieval Alumni of the University of Cambridge” , p.69.

④　参见 A. B. Cobban, *The Medieval English Universities: Oxford and Cambridge to c. 1500*, p.395.

势，其中 39% 的学生成为教区牧师，超过 5% 的人进入了教会法庭和管理层，另外 2.5% 的人既在教会同时又在世俗政府中任职，还有 7.5% 的人从事其他神职工作，仅余 2.5% 的人完全在世俗社会中担任行政人员、法官和教师等职位。如果考察该学院更长一段时间（1380—1520 年）的资料（其中 44% 的人身份不明或者较早死亡），至少 46% 的人进入教会工作，只有 5.5% 的人进入世俗社会任职。[①]

大学毕业生还有一个就业渠道，即他们中的一部分人成为公证员。公证员虽然是一个可以赖以谋生的职业，但绝不是一个有丰厚回报的职业，因此从事这个职业的毕业生的比例较低。根据埃斯顿教授的估计，14、15 世纪的牛津大学中，修习两种法律的学生中 10% 的人担任公证员，其次是民法专业毕业的学生，教会法专业只有 2%～4% 的学生担任公证员。[②] 剑桥的毕业生只有不到 1% 的人担任公证员一职。[③]

还有一个领域是不能被忽视的，即随着大学医学部的发展，医学专业的毕业生不仅成为大学中的医学教授，更多的学生则走出大学进入社会，逐渐形成一个新兴的职业阶层——医生。“如果将所有的法国医生的名字按照时间顺序排列，就会发现他们的人数从 12 世纪前半期到 15 世纪后半期出现非常清晰的增长，当然增长的速度有所不同。12 世纪前半期与 15 世纪后半期的人数之比为 1∶5。”[④]

还有一部分毕业生进入世俗政府工作，成为国王的顾问、议会成员、世俗法庭的官员、各级王室机构的管理者、贵族领地中的官员，等等。由于原始资料的缺乏，我们对中世纪大学毕业生的就业情况了解得非常有限，

---

① H. D. Ridder-Symoens, *A History of the University in Europe*, Vol.I, p.269.

② T. H. Aston, “Oxford's Medieval Alumni”, pp.30-31.

③ T. H. Aston, “The Medieval Alumni of the University of Cambridge”, p.80.

④ H. D. Ridder-Symoens, *A History of the University in Europe*, Vol.I, p.258.

特别是在世俗领域，也就是指为国王服务的官员和其他公务人员方面，可供比较的数据几乎没有。但是，大量毕业生进入教会工作本身就是一个很好的反证，反映了中世纪大学毕业生——当时的社会精英们就业选择的不唯一性。如果按照现代的观点来判断，很难说中世纪大学生的就业选择是多渠道的，但是如果与中国中古社会千千万万依附于帝王之家的士子相比，欧洲的社会精英们的择业选择应该是多向的。

中世纪的大学生只需向学校登记就可以入学，虽然几乎每个学生都面临着学费和生活费的巨大压力，但是他们有多种渠道可以获得一定的资助以弥补资金的不足。大学中各种各样的学生都有，既有行为不端的学生，也有勤奋刻苦的好学生。虽然中世纪大学对学生的管理非常地严格，但是当时的学生生活并不是一潭死水、毫无生气的。

中世纪大学的课程设置力图保持原有的“七艺”的传统，但是与以前学校明显不同的是，中世纪大学赋予了从古代继承下来的知识等级观念以及制度形式。许多大学明确规定，学生必须完成文学部的学习和教学实践之后，才能进入高级学部的学习。这项规定对于每个学生来说是非常必要的，因为文学部文法、修辞和逻辑等基础知识的学习是他们在大学期间进行学习和研究以及将来从业时的必备工具。学生在学校期间接受了系统的逻辑分析和辩论技能的训练，这些学术训练可以锻炼人的思维，是一个人从事批判性的探索和进行缜密思考的前提。

中世纪大学时期的学位最初就是一个人是否具有执教资格的证明，是加入教师团体的敲门砖。大学在现实需要中引进了考试制度，并在考试合格后授予一种资格证明，从而使大学成为唯一一个把教学、考试和学位紧密结合起来的教育机构，这是中世纪大学制度的巨大创新之一。随着时间的推移，这个教学许可证逐渐演变为一个人的知识能力或者专业技术达到了某种程度的证明，成为每个学生在自己学术生涯的每一个阶段都孜孜以求、期望获取的一个学位。今天人们非常熟悉的获取学位的一系列过程与仪式就是在中世纪大学中奠定的。

的确，冀望通过“学优”来改变命运，这一传统观点对于中古东西方的社会精英来说基本上是相同的。在西方基督教世界，虽然现世之人在“上帝面前人人平等”，但中古西欧社会事实上还是一个等级社会。即使在这样一个有着明显的等级秩序的社会中，对于众多有才华的穷人子弟来说，通过后天的学习和努力，还是有机会利用自己的“学优”改变个人的等级地位，如巴黎大学的校长热尔松是有 12 个子女的农民家庭的长子，大学者库萨的尼古拉是船夫之子。[①] 中国的“学而优则仕”的传统观念同样为那些出身贫寒、有才能的子弟提供了改变自己命运的出路。他们寒窗苦读 10 年，通过面向所有等级开放的科举考试一举加入了“劳心者”之列，由“贱”入“贵”，成为“贵族”，从而彻底改变了自己的命运。[②]

虽然通过“学优”来改变命运对于中古东西方的社会精英来说是相同的，但是选择改变自己命运和地位的途径在东西方的知识者中间却存在着天壤之别。对于中国中古社会的士子们来说，他们的“就业”选择非常狭窄，人生出路极为单一，因为“学成文武艺，货与帝王家”似乎是每个人生存与进身的唯一途径，念书、考进士、做官、发财几乎是每一个社会人追求的理想模式，正如《儒林外史》中所说：“人生世上，除了这事（文章举业），就没有第二件可以出头”，“只是有本事进了学，中了举人、进士，即刻就荣宗耀祖。”[③] 然而，对于西欧的社会精英来说，步入“仕”途并没有成为他们的必然选择。上述资料说明，西欧中世纪大学的毕业生有多种就

① 参见［法］雅克·韦尔热：《中世纪大学》，第 138 页。

② 参见张绪山：《“学而优则仕”传统之功过说》，《炎黄春秋》，2007 年第 1 期，第 79 页。

③ 吴敬梓：《儒林外史》，百花文艺出版社 2002 年版，第 182 页。

业选择，进入世俗政府任职并不是他们唯一的抉择，因此西欧的社会精英从来没有像中国这样“天下英雄尽入皇帝的彀中”。正是因为他们从来没有像中国的士子一样依附于帝王之家，他们也因此始终保持着知识者最重要的品质:人格独立和思想自由。不仅如此，对于中国的士子来说，既然“仕”是他们“学”之鹄的，因此中国士子所学所思皆是“四书”和“五经”，因为这些圣贤经典是评价他们学术水平和至仕之途的标准，而对千变万化的自然现象的探索却少得可怜。[①] 与此相反，虽然西欧的知识者们求学的目的是证明基督教信仰，但是即使在神光的沐浴下，他们仍然表现出了一种对自然、真理进行努力探索、孜孜以求的治学态度。所以，知识者“求学”目的的差别成为决定一个国家和社会学术发展不同方向的重要因素。

① 张绪山:《“学而优则仕”传统之功过说》,《炎黄春秋》2007 年第 1 期，第 64 页。

第六章

中世纪大学对西欧社会的影响

从世界史的角度来看，西欧最早完成了社会转型，最先跨入了近代文明。11世纪之前的西欧还是一个经济凋敝、政治混乱、文化落后的地区。推动西欧社会进步，促进西欧第一个迈入近代社会的原因是多方面的。在诸多因素之中，教育的进步，特别是大学的产生和发展对西欧社会的贡献是不容置疑的。本文试图从人才的培养和学术研究的成果两方面说明中世纪大学对西欧社会产生的巨大影响。

第一节

大学为欧洲培养了大批人才

自大学产生以来，培养人才就是其近千年未变的宗旨和鹄的。道森说："西方的思想活动——它不但在地理大发现上，而且在科学和技术发明中都同样证明了自己——不是一个特定的生物类型的自然遗传，它是逐渐改变了人类思想的方向并扩大了社会活动的可能性的漫长的教育过程的结果。在这个过程中，至关重要的因素不是征服者和资本主义者的进取力量，而是人类智能容量的扩大和具有创造力的新型才智和能力的发展。"[①] 显然，作为西欧社会的教育机构，中世纪大学为西欧社会"智能容量的扩大和具有创造力的新型才智和能力的发展"培养了大批人才。

一、具有"通识教育"基础的人才 [②]

大学产生前，"人文学科"（liberal arts）[③] 和《圣经》构成了中世纪的

---

① ［美］克里斯托弗·道森：《宗教与西方文化的兴起》，第 7 页。

② "通识教育"（general education）最早是由 19 世纪美国博德因学院 (Bowdoin college) 的帕卡德（A. S. Packard）教授提出的，他主张给青年一种古典的、文学的和科学的教育，一种尽可能综合的教育，它是学生进行任何专业学习的准备，为学生提供所有知识分支的教学，这将使得学生在致力于学习一种特殊的、专门的知识之前对知识的总体状况有一个综合的、全面的了解。目前，我国关于"通识教育"的大讨论方兴未艾。（李曼丽：《关于"通识教育"概念内涵的讨论》，《清华大学教育研究》1999 年第 1 期。）

③ "liberal arts"有多种译法，有"自由人的学科""自由七艺""自由技艺""艺科"和"人文学科"等，沈文钦博士对此有详细论述，这里不再赘述。（沈文钦：《近代英国博雅教育思想及其古典渊源——概念史的视角》，北京大学 2008 年博士论文。）

知识基础。基督教教父奥古斯丁对“人文学科”有着深刻的理解，他的观念对以后欧洲教育的发展产生了深远的影响。奥古斯丁说：“异教徒各科学问不只是错误和迷信的幻觉、殚思劳神的谜团，…… 也含有适合真理之用的自由文科教育、极为卓越的道德规则以及一神崇拜的真理。”[①] 在他看来，人文学科的知识是引导人们走向真理和上帝的必不可少的工具。因此至少从奥古斯丁开始，“人文学科”成为一种基础性的教育，是通往更高智慧（神学）的预备科目与必由之路，这种观念被后世学者长期奉为圭臬。虽然，人文学科的知识被置于了从属的地位，但是它毕竟使人文学科的学习得以存在下来，从而为其以后的发展埋下了伏笔。加洛林文艺复兴的关键人物阿尔古因将奥古斯丁“人文学科”服务于神学的理念和人类的整体知识，即“自由七艺”引入了当时的学校教育之中，“七艺”和《圣经》成为中世纪初期学校的主要教学内容，学生首要的学习任务是《圣经》和基督教教义，“七艺”是学习神学的必要准备，此时的“七艺”逐渐成为学校中的固定课程，“成为一种实实在在的制度”。[②]

大学出现以后，“七艺”的学习依然受到重视。在大学教师看来，“七艺”所包含的内容仍然是每个人都需要熟悉的一些基本知识，是通往高深知识的基础。牛津大学校长罗伯特·格罗斯泰斯特对“七艺”的看法颇具代表性。他曾经撰文赞扬“七艺”的作用：他坚持认为学习文法和语言是必要的，他把“七艺”描述为自然哲学和道德哲学的仆人，修辞所激起的情感有助于道德哲学的研究，音乐和天文学有助于自然哲学的学习。他认为音乐是一门普遍的艺术，它不仅与声音有关，还与天体和非天体的和谐有关，而且与时间和运动有关，因此音乐与事务的内部结构有关；天文学

① 赵敦华：《基督教哲学 1500 年》，第 124—125 页。

② 参见［法］爱弥尔·涂尔干：《教育思想的演进》，第 55 页。

对于与自然有关的一切活动都是必要的，因为它与植物、矿物或者疾病的产生都有关系。[1]格罗斯泰斯特同时指出，人通过追求自由技艺而实现心灵的自由。[2]与他同时代的英国编年史家吉拉德斯·康布拉恩西斯[3]认为："七艺是高深知识的坚实基础，是文学知识的宝库。"[4]通过以上的考察，我们可以看出，无论是大学的校长格罗斯泰斯特，还是纯正的教师和学者吉拉德斯·康布拉恩西斯，都不约而同地站在学术的立场上重视基础的"七艺"教育。

拉丁基督教父们以及格罗斯泰斯特等当时学者的观点不可避免地影响到中世纪大学的课程设置。在相当长的时期内，大学文学部的课程按照"七艺"的知识结构进行设计。如1215年巴黎大学文学部的课程是"三科"与"四艺"；1431年牛津大学文学部的课程仍然以"七艺"为主，二者的课程结构基本相同。[5]虽然随着翻译运动的深化，许多新知识被融入大学的教学之中，如15世纪时期，牛津大学文学部的课程中增加了哲学的比重，"四艺"也增添了新的内容，但是两所大学、不同时期的课程结构基本上没有变化。由此我们可以推断，中世纪大学始终保持以"七艺"为主的课程结构，与此同时，随着知识容量的变化，学校不断增加新的教学内容。

---

① 参见 G. Leff, *Paris and Oxford Universities in the Thirteenth and Fourteenth Centuries: An Institution and Intellectual History*, p.145.

② 参见 E. B. King. "The De contemptu mundi Attributed to Grosseteste", *Speculum*, Vol. 58, No. 3. (Jul., 1983), pp. 724–726.

③ 吉拉德斯·康布拉恩西斯，又称 Gerald of Wales，中世纪英国的编年史家，早年在格罗塞斯特和巴黎接受教育，曾经在巴黎大学任教，1180年回到英国。由于其家族与王室关系密切，他曾经陪同约翰王远征爱尔兰，因此在他的著作中描述了大量的中世纪时期爱尔兰的风土人情。他精通古典知识，当时被称为"学识最渊博的人"，他一生著述颇丰，有10余本著作留世。见 http://en.wikipedia.org/wiki/Gerald_of_Wales。

④ G. Leff, *Paris and Oxford Universities in the Thirteenth and Fourteenth Centuries: An Institution and Intellectual History*, p.145.

⑤ 参见二者的教学大纲，在第五章曾经作过介绍，详见第五章第二节。

不仅如此，中世纪大学还重点突出了“七艺”在整个教学体系和知识体系中的基础地位，深化了奥古斯丁以来“七艺”从属地位的观念，并将其观念转化为制度。文学部的学习被看作进入神学部、法学部或者医学部的必要准备阶段。各个高级学部普遍重视学生在文学部的学习经历，许多学部章程规定，已经精通自由七艺知识的学生们，比起那些缺乏“七艺”知识储备的学生，可以在更短的时间内获得学位或者被允许尽早从事教学活动。如，1270—1274 年巴黎大学医学部章程规定：如果已经掌握文科的课程，学生需要学习五年半，如果还没有掌握文科的课程，需要学习六年才能获得医学学士学位。[①]1313 年，牛津大学章程显示，已经获得文科硕士学位的学生们，在听授七年的神学课程后，可以开始讲授《箴言集》；没有文学学位的学生必须在文学部学习哲学八年，并听授九年的神学课程之后才能讲授《箴言集》。[②] 因此，正是在中世纪的大学中，“七艺”教育真正地制度化了。

“七艺”成为中世纪大学“全面发展”的教育理念的基础。“七艺”自产生之初就表达了一种全面发展的教育理念。“七艺”最初形成于中世纪初期的学者玛蒂娜斯 · 卡佩拉、博伊提乌和卡西奥多鲁斯 3 人那里，在他们看来，教育应该是百科全书式的，“七艺”涵盖了人类的全部学问。因此，大学以“七艺”为主的课程为每个学生提供了一种基本的、系统的知识，使他们得到了一种综合的教育。虽然在不同时期的教学中，根据当时的情况可能对某个方面有所侧重，如在 12 世纪之前，文法教育始终占有优势，到 13 世纪，逻辑开始占据压倒性的优势；当人文主义兴起之后，早期意大利人文主义者倡导的人文学科，如修辞、希腊语、古典文学等课程进

① 参见 H. Rashdall, *The Universities of Europe in the Middle Ages*, Vol.I, pp.435-436.

② 参见 H. D. Ridder-Symoens, *A History of the University in Europe,* Vol. I, p.419.

入大学，“三科”重新得到强调，但是大学以“七艺”为主的课程结构长期保持不变，7个基本学科自始至终内在地统一在同一个教学框架下，始终表达了一种全面发展的知识结构和教育理念，表达了一种知识综合的理想。无论每个阶段的知识容量发生怎样的变化，学者们都力图通过“七艺”对人类知识进行统一和系统的概括，并将此作为人的素质训练的基础，力求通过这种训练使人具有一定的能力、品性和素养，使人的心灵获得解放和自由。

通过以“七艺”为主的课程设计和教学，中世纪大学为西欧社会训练了一批具有“通识教育”基础的人才。“三科”中的文法、修辞和逻辑学课程以人文知识为主，“四艺”中的算术、几何、天文学和音乐课程主要以自然科学知识为主，这显然是一个“人文”与“自然”并重的构架。中世纪时期的大学中并没有现代意义上的理科和文科的划分，他们学习的课程既包括文科也包括理科的科目，甚至有时候他们获得的学位的头衔也是“文理兼具”的。如在许多意大利大学中，文学和医学被统一纳入文医学部，因而它们授予的学位通常是“文学和医学”或者“医学和哲学”。[①] 正是这种“人文”与“自然”并重的课程构架对确保学生奠定人文和自然兼通的知识基础，对“通才”的产生必定能够发挥积极的作用。很多中世纪的大学教师自己就是知识广博的“通才”。 如1378年，为博洛尼亚大学制定医学大纲的14名教授中，7名获得过哲学和医学学位，5名讲授过逻辑、亚里士多德的自然哲学和医学课程。[②] 中世纪时期，从事自然科学研究的人往往都是神学或者哲学教授，如格罗斯泰斯特、罗吉尔·培根和大阿尔伯特等人。

---

①② 参见D. Lindberg, *Science in the Middle Ages*, Chicago and London: University of Chicago Press, 1978, p.136, p.136.

更为重要的是，这种全面发展的知识结构和教育理念，有助于西欧的知识者在“文理兼蓄”、学会贯通的基础上，进行各种知识的综合，有利于新知识的产生。“罗吉尔·培根第一次设想了关于科学和哲学知识的一个总体上的综合，这个综合将扩大人类生活的界限并赋予基督教文明以统一世纪的力量。”[①] 大学中，各种广博知识的学习有利于培养学生广泛的兴趣，从而造就出一批批出类拔萃、多才多艺的人。文艺复兴时期“文学三杰”中的彼得拉克曾在蒙彼利埃和博洛尼亚大学学习法律，薄伽丘曾在那不勒斯大学学习法律，但是他们后来却成为文坛巨擘。许多人在意大利大学受到教育，拥有医学学位的头衔，但是在其他不相关的领域中却有所成就，哥白尼就是一个很好的例子。

正是在中世纪的大学，“七艺”的影响达到巅峰，这同时成为欧洲教育的一个伟大传统。自 20 世纪三四十年代以来，以芝加哥大学校长赫钦斯为代表的现代教育家致力于复兴古典自由教育的理念，在他看来，“整个西方教育的传统就是自由技艺传统”[②]，从而形成了一场轰轰烈烈的通识教育的大讨论。实际上，一些现代教育家强调通识教育在大学中不可或缺的基础地位与中世纪大学“自由七艺”为基础的全面教育的理念是相一致的，可以说，在某种程度上，现代的通识教育的观念和实践在中世纪的大学中就可以发现其历史的印迹。

二、辩才出色、具有怀疑精神的人才

中世纪大学非常重视学生论辩能力的培养主要有两方面的原因。首先，

---

① ［美］克里斯托弗·道森：《宗教与西方文化的兴起》，第 8 页。

② R. M. Hutchins, *Great books: The foundation of a liberal education*, New York: Simon and Schuster, 1954, p. 31. 转引自沈文钦：《近代英国博雅教育思想及其古典渊源——概念史的视角》，第 2 页。

“逻辑学”一直是中世纪大学文学部中的主干课程。在亚里士多德看来，逻辑至少应该包括两方面的内容，其一是指在《前分析篇》和《后分析篇》中发展出来的分析学或三段论逻辑，其二则是通过《论题篇》和《辩谬篇》表现出来的更倾向于实践的、应用的逻辑即论辩术，因此亚里士多德曾明确指出：“论辩术的价值有 3 个：用于智力训练；用于交际会谈；用于增加哲学素养。”[①] 亚里士多德关于逻辑和论辩术的著作成为中世纪大学逻辑课程的主要教材，因为按照 1215 年巴黎大学的课程大纲规定，逻辑课程需要学习亚里士多德所有的逻辑学著作——《工具论》。逻辑学和辩论术在当时被认为是学问之王，是开启所有大门的钥匙。乔叟甚至直接将学习逻辑学等同于上大学，他说：“学好逻辑学需要很多年。”[②]

中世纪大学之所以非常重视学生论辩能力的培养，还离不开当时学术研究中盛行的逻辑分析方法的影响。自 12 世纪上半叶开始对逻辑推理的偏好在 12 世纪末及 13 世纪迅速成为人们进行哲学思辨和理性探索的必不可少的工具，经院哲学的方法被普遍应用于神学、法律和医学等各个知识领域的研究之中。众多学者已在具体的实践中认识到，运用精确的逻辑推理方法不仅可以使他们在研究和辩论中游刃有余，而且获得一种完全合理的方法也是推动人类思想进步和进行新探索的关键。根据索邦神父的说法：“这种练习甚至比诵读还有用，因为它能够有效地阐明所有的疑难。任何东西只有在辩论中经过反复咀嚼之后，才能获得完整的了解。”[③] 因此，中世纪大学中的“逻辑学，不仅是一个主要的研究课题，而且作为一种方法渗透到其他所有学科，并为中世纪的知识定性定调。三段论法、辩论术为

---

① 亚里士多德：《亚里士多德全集》（第一卷），苗力田译，中国人民大学出版社 1990 年版，第 148 页。

② C. H. Haskins, *The Rise of Universities*, p.30.

③ [法] 爱弥尔·涂尔干：《教育思想的演进》，第 155 页。

支持或反对特定命题而依据一定的规范对论据进行整理，所有这些在一个法律与医学并重、哲学与神学并行的时代，都变成了知识分子的习惯”[①]。

因此，逻辑学成为中世纪大学中重要的教学内容，辩论成为中世纪大学最具特色的学术训练。与东方“讷于言而敏于行”的传统不同，中世纪大学的师生都致力于发展辩论的技艺，积极参与整个教学活动。大学师生之间、教师之间、学生之间学术上的讨论、争辩是广泛而热烈地存在着的。“在13世纪的巴黎大学，每隔一周，教师就提出一些辩论问题供学生练习。……每到圣诞节和复活节的时候，教师还要公开举行辩论，可以讨论任何问题。”[②]从二年级的时候起，中世纪的每个学生都必须反复练习这一技艺，在其学术生涯的任何关键时期，无论是作为答题者还是对手，他必须参加公开的辩论。中世纪大学里辩论的气氛是相当活跃的，这种技能如同“文件书写”一样具有很强的实用性。无疑，持续的辩论大大提高了知识者才智的敏捷性与思想的准确性，有助于他们发展成为一个“勤于思考、能言善辩”的人。不可否认的是，大学中的辩论有时过于注重形式上的技巧，有些人为了展示自己的才华，不惜使辩论退化成一种在词语上耍小聪明的游戏。有的时候提出的问题漫无边际，玄玄乎乎，正如前文所提到的“是拴猪的绳子，还是拉绳子的手拽着猪？”这样可笑至极的问题，为此中世纪大学中的辩论训练曾经遭到了文艺复兴时期的人文主义者无情的讥讽。16世纪法国的拉伯雷在《巨人传》中描述了巴黎的神学大师约诺土斯·德·卜拉克玛，这位神学大师在索要大钟时表现出的口才和技艺在高康大等人的眼中是那么荒唐可笑，以至于“笑得几乎断了气，不多不少，完全像克拉苏斯看见一头笨驴吃蒺藜秧，菲勒蒙看见一头驴吃了给他准备

① C. H. Haskins, *The Rise of Universities*, p.30.

② W. Rudy, *The Universities of Europe, 1100–1914: A History*, p.33.

的无花果笑死的时候一模一样”[①]。的确，在一些能力较低的人手中，逻辑和辩论的训练可能会弱化为一种枯燥的形式；可能会变成对一个无聊命题的荒谬的讨论，正如文艺复兴的大师们所相信的那样。但是所有这些事实并不足以让逻辑和辩论术遭到彻底的谴责，因为一旦某种方法成为一种习惯，一旦它具有了一定程度的权威性，使用它的人往往会在不知不觉中机械地使用它，使它陷入某种刻板的状态，这种情况几乎是不能避免的。大学中的逻辑和辩论训练固然有其烦琐，甚至荒唐的一面，但是我们必须承认，在300多年的时间里，大学中持续的学术辩论在欧洲的教育中确实发挥了极其重要的作用，这种学术训练培养了人们提出和辨明观点的机敏性以及从容地利用所学知识的能力。

这种挑剔性的诘问和辩难不仅对训练理论思维，培养思维的逻辑性和严密性具有重要的作用，而且这种激烈的辩论有助于怀疑精神的产生。正如阿贝拉尔在其著作《是与非》中说：“这种疑问使青年读者最大限度地探索真理，这种探索使他们心灵敏锐。坚持不懈地、经常性地提出疑问确实是智慧的第一关键 …… 通过怀疑，我们开始探讨，通过探讨，我们按照主自身的真理来知悉真理。主说：‘寻找，你将发现’，‘推敲，它将向你敞开’。”[②]怀疑是学术创新的前提和基础。明代哲学家、教育家陈献章也说：“学贵知疑，小疑则小进，大疑则大进。疑者，觉悟之机也。一番觉悟，一番长进。”只有怀疑才会有思考，才有可能走出前辈学者的学术窠臼，才能超越前人，开辟新的学术道路。一般说来，大胆见疑与科学释疑往往是连在一起的，问题是在怀疑中提出的，又必然会在深入研究中解决，而问题的解决，便是学术创新的开始。由怀疑而产生学术创新的例子俯拾皆是：

① [法]拉伯雷：《巨人传》，胡茜译，北岳文艺出版社1992年版，第37页。

② 赵敦华：《基督教哲学1500年》，第244页。

对托勒密“地心说”的怀疑促使哥白尼“日心说”的确立，对盖伦“血液涨落说”的怀疑导致了哈维“血液循环说”的产生，等等，因此怀疑是获得真知的先导，正如我国科学家李四光所说：“不怀疑不能见真理。”中世纪大学中浓郁的辩论之风有利于磨炼学生发现问题、分析分题、解决问题的思维能力，有利于培养学生的怀疑精神，及其别具慧眼洞穿事物本质的能力，这使得他们往往能够思人之所不能思，察人之所不能察，创造出富有创造性的、有深度的研究成果。

第二节

大学是欧洲人文社会科学的思想库

大学的使命是什么？哈斯金斯说过：“大学的任务从来就没有变换过，即培训学生、保持学习和探究的传统。”[①]我国深谙西方大学理念的教育家、时任清华大学校长梅贻琦指出：“凡一大学之使命有二：一曰学生训练，一曰学术之研究。”[②]学术研究是大学赖以存在的根本，是大学的生命，离开了学术研究，大学就不成其为大学。西欧中世纪大学，作为一个承前启后的教育载体，不仅是一个造就各类人才的基地，而且是西方古典文化和东方成熟文化交融创新的荟萃之地，一个学术的研究中心。来自四面八方的知识者云集此地相互交流，新知识、新思想不断在大学里萌芽，由此带来了整个西方世界学术的复兴和繁荣。他们的学术研究不仅包括了对人和社会的研究，而且还包括对千变万化的自然现象的认真探索。本节将主要讨论中世纪大学中人文社会科学方面的学术成果。

中世纪大学首先是一个人文社会科学的思想库。人文社会科学的很多领域曾经在12世纪那场欧洲文化知识的复兴中被重新挖掘和拓展，如文学、历史学、法学和哲学领域，等等。当大学开始出现在欧洲大地时，因

---

① C. H. Haskins, *The Rise of Universities*, p.25.

② 杨立德：《西南联大的斯芬克斯之谜》，云南人民出版社2005年版，第276页。

其在政治上享有的各种特权，制度上具有的优势，促进了人文社会科学的进一步发展，大学很快成为人文社会科学的思想库。

大批从事人文和社会科学研究的专业人员云集在中世纪大学。当时的大学并没有像当今的大学一样拥有辉煌宏伟的建筑，一流的教学设施，它所拥有的只是一群以教学和研究学术为职业的知识者，这一点恰恰符合中世纪大学的本质特征——一个由教师或者学生组成的、享有某些特权和某种程度自治的知识者行会。由于当时并不存在其他专门性的学术研究机构，因此大学理所当然地成为博学之儒的荟萃之地，一个“囊括大典，网罗众家”的学府。只有拥有了学术大师，大学才能真正履行学术研究的使命。中世纪的大学曾经为无数第一流的学者和思想家提供了活动的舞台和场所。

威尔·杜兰曾经这样写道：

> 自从亚里士多德以来，没有一个教育机构能和巴黎大学所造成的影响相比拟。在三个世纪里，它不但吸引了最大量的学生，并且招来了心智最敏捷最突出的人士，例如阿伯拉尔、索尔兹伯里的约翰、大阿尔伯特、布拉班特的西格尔、托马斯·阿奎那、波纳文图拉、罗吉尔·培根、邓斯·司各脱、威廉·奥卡姆等，几乎构成了从公元1100年到1400年之间的哲学史。而这些伟大的学者，又必然是由那些伟大的教师，和一种唯有在人类历史达到巅峰状态的时候才会产生的，令心智激昂兴奋的气氛，如此方能造就出这些更伟大的学者。巴黎大学无疑就是这样一块最能激发人的灵智的天地。①

大学为这些经院哲学家提供了学术争鸣的平台，他们纷纷著书立传，传播自己的学术观点，培养学术继承人，经院哲学在此臻于鼎盛。这些大

① ［美］威尔·杜兰：《世界文明史·信仰的时代》，第1285页。

学中的学者无论属于何种流派或者推崇何种学说，都对哲学，特别是中世纪哲学的发展做出了重要贡献。如果没有这些经院哲学家的努力和贡献，古代哲学不可能直接过渡到近代哲学。中世纪的经院哲学在西方哲学史上占有重要的地位。

大学兴起之后，法学的研究进一步深入。拉什道尔曾经说：“当对作为一门学问的法律进行研究的黄金时期，该领域的教授几乎全部聚集在博洛尼亚。”[①]伊尔内留斯等人奠定了注释法学派的基础。注释法学派分为前期和后期，继伊尔内留斯之后，对前期注释法学派贡献最大的是阿佐和阿库修斯。阿佐是博洛尼亚大学的民法教授，他的注释集是研究《民法大全》的必读之物，是出庭审案者的必备之品，因而当时流行着这样一句俗语：“不带阿佐的著作，不能上法庭。”[②]注释法学派的集大成者是阿佐的学生阿库修斯，他在博洛尼亚大学研究和讲授罗马法达 40 年之久，致力于对《民法大全》注释的汇编和总结工作，内容涉及《民法大全》的每个领域，被认为是对《民法大全》的标准注释。正是通过前期注释法学派的努力，法律这门课程超越了修辞学的范围而逐步演化为一门专门的科目，并成为近现代西方法学的历史原型。因而该学派被视为近现代西方法学的先驱——“他们建造了罗马法学通向近代法学的桥梁”[③]。13 世纪末期意大利兴起了后期注释法学派，又称评注法学派，该学派最著名的代表人物是巴尔多鲁和巴尔杜斯。巴尔多鲁在佩鲁贾从事罗马法的教学工作，他的主要著作包括《〈学说汇纂〉评注》《罗马前期法典九卷评论》等，他的教学活动和著作极大地推进了西方法学的发展，西方学者认为，巴尔多鲁是“中世纪后期一位最负盛名的法学家，享有任何其他法学家都未曾享有过的权威，直至

① H. Rashdall, *The Universities of Europe in the Middle Ages*, Vol.I, p.255.

②③ 何勤华：《西方法学史》，中国政法大学出版社 2003 年版，第 62 页，第 72 页。

中世纪末期”[①]。他的学生巴尔杜斯也是著名的法学家，先后在佩鲁贾、博洛尼亚、比萨、佛罗伦萨等大学教授法律，他最有名的著作是《〈学说汇纂〉第一部评注》。意大利的博洛尼亚大学由于在罗马法教育和研究中的开创性地位成为中世纪法学研究的中心。此外，法国的奥尔良大学和蒙彼利埃大学也是罗马法的研究中心。12 世纪后半叶，意大利的注释法学逐步渗透到法国南部。1219 年教皇洪诺留三世禁止在巴黎大学讲授罗马法，因而当巴黎大学的罗马法教学和研究衰落时，奥尔良大学的罗马法研究则由于未受此禁令限制而开展得生气勃勃。

与罗马法的发展不同，教会法没有形成体系完整的大全，但由于罗马法与教会法一并成为大学学习的课程，因此有许多学生发现拿到两个学位是明智的，而同一个教授也许同时教授罗马法和教会法。在这样的学术背景下，教会法的研究有了进一步的拓展。大学内外，教会法领域同样涌现出许多阐述教会法原则的著作，并在各种著作和注释文章的基础上形成了新的教会法汇编。博洛尼亚的法学教授，后来担任教皇的亚历山大三世就是著名的宗教法学家，他在博洛尼亚撰写了《行政长官罗兰迪大全》（*Summa Magistri Rolandi*），该书最早对格兰提安的《教会法》进行了评注。他还是 12 世纪最活跃的立法者，他和他的继任者颁布的各种教令堆积如山，并于 1234 年被收入了格里高利九世的巨著《教令集》，成为《教会法大全》的第二部分。教会法领域的评注学发展迅速，以至于后来但丁抱怨说，由于它的缘故，“福音书和著名哲人受到冷落”[②]。各种法令集以及《教会法大全》的编纂出版，使得教会法成为一门与罗马法并列的学问，共同构成近代西方法学的历史基础。

---

① 何勤华:《西方法学史》，第 75 页。

② ［美］查尔斯·霍默·哈斯金斯:《12 世纪文艺复兴》，第 175–176 页。

正是在一代代大学法学教师的传承和努力下，罗马法的研究由复苏走向复兴，由复兴走向全盛；罗马法的研究同时促进了对其他类型法律的研究，使法学研究的内容不断拓宽和深入，这一切都离不开中世纪大学为法学研究提供的平台和制度基础。因此有学者认为："除了方法上的原因之外，中世纪大学也为法学研究提供了近代意义上的科学所必需的组织形式，正是在这样的组织形式之下，法律才被作为了一种与实践相对脱离的纯粹学术的对象。这种学术品格恰恰是近代科学意义上的法学的特征。"①

中世纪时期，人文社会科学的另一个分支——教育学，有了新的发展。当昆体良的《演讲学校》和西塞罗的《雄辩家》的著作被发现之后，他们的教育观念深刻地影响了这个时期教育思想的发展。弗吉里奥曾经担任帕杜瓦和佛罗伦萨大学逻辑学教授，他于 1404 年前后在《论绅士的教育》(*The Education of the Gentleman*) 一书中首次全面地、清晰地概述了人文主义者提出的全面教育的新教育理想。他的著作一经问世就获得了极大的成功："几乎每个欧洲图书馆都收藏了他的著作，到 16 世纪末期他的著作出现的版本达 40 个以上。"② 根据全面教育的原则，弗吉里奥对原有的"七艺"的教学内容作了较大的修改，目的是使学生能够接受更为广泛的人文知识的教育。他认为："历史、道德哲学和雄辩术是通识教育的基础，其中历史是位于第一位的。"③ 他继承并拓展了希腊自由人教育的观念和思想。格里诺曾经在维罗纳担任修辞学教授，后来来到费拉拉大学教希腊文和修辞学。他强调教学要循序渐进，主张应该按照学生对知识掌握的不同程度把教学分为循序渐进的 3 个阶段：基础教学阶段、语法教学阶段和修辞学教学阶段，他的教育思想体现了教育的科学性。④ 在他的推动下，费拉

---

① 李中原：《罗马法在中世纪的成长》，《环球法律评论》2006 年第 1 期，第 92 页。

②③ J. Bowen, *A History of Western Education*, Vol. II, p.213, pp.214–215.

④ 参见刘明翰：《欧洲文艺复兴史 · 教育卷》，第 64 页。

拉成为欧洲著名的文化中心之一。

中世纪后期，欧洲文学得到迅速发展。“桂冠诗人”彼得拉克的代表作《歌集》用意大利俗语写成，他常常借用自然景物来抒情，该诗格调优美，文词淡雅洁丽，为十四行诗树立了完美的典范，开辟了欧洲抒情诗歌的先河。意大利薄伽丘《十日谈》对欧洲文学产生了深远的影响，众所周知，“英国诗歌之父”乔叟就模仿了《十日谈》的创作手法，写成了久负盛名的《坎特伯雷故事集》一书。阿里奥斯托（1474—1533 年）是一个以诗歌来抒发政治理想、赞美人文主义精神的诗人。他的代表作是历时 30 年才写成的长篇传奇诗《疯狂的罗兰》，被称为意大利文艺复兴时期社会生活的画卷，该诗对欧洲的叙事长诗产生了深远的影响。虽然这些文坛才子并不是作为大学教师而取得了令人瞩目的成就，但，一个无可辩驳的事实是，这些文学巨匠大都具有大学教育的背景，彼得拉克、薄伽丘、阿里奥斯托等人都在大学接受过法律教育。

这些人在各个领域内都是如雷贯耳、举足轻重的人物，他们的学术成就几乎构成了当时欧洲整个人文社会科学的学术发展史，大学由此成为中世纪欧洲人文社会科学的思想库和诞生地。众所周知，欧洲人文社会科学的发展代表了世界人文社会科学发展史的主流，人文社会科学各学科领域内的基本原则、制度、内容以及用语，相当一部分是欧洲人文社会科学发展各个阶段的产物。在世界人文社会科学发展的历史长河中，融入了许许多多中世纪欧洲人文社会科学家的灵气和睿智，他们的各种学说和理论是人类丰富、宝贵的知识遗产，构成了人类文明的重要组成部分。

第三节

大学推动了自然科学体系的建立[①]

从1543年哥白尼公开发表《天体运行论》到1687年牛顿发表《自然哲学的数学原理》，在这短短的一百多年中，欧洲自然科学的研究取得了一系列重大成果，通常被称为“近代自然科学革命”，这是人类自然科学发展史上的一大进步，对现代科学革命的产生了无与伦比的影响。近代自然科学革命的产生可能有多方面的原因，但是人类的每一次文化活动必须以它从以往历史中继承的文化遗产为基础，因此近代自然科学革命的产生必然有文化上的内在继承因素。那么推动近代自然科学革命产生的文化上的内在继承因素是什么呢？笔者以为，在近代自然科学革命诞生之前，欧洲社会已经普遍建立起一个自然科学的研究体系，近代自然科学革命正是继承了这个至关重要的文化因素才得以产生。从某种意义上说，这个自然科学研究体系的确立比这个科学革命来得更为重要，因为后者只是这个研究体系建立后产生的一个硕果，正如牛顿所说：“如果说我比别人看得更远些，那是因为我站在了巨人的肩膀上。”正是因为牛顿之前巨人们的努力，牛顿才完成了近代自然科学的革命。

① 清华大学张绪山教授撰写的论文《经院哲学：近代科学思维之母体》对本节写作启发很大，在此谨表谢忱。

古希腊先哲们首先为欧洲奠定了自然科学的基础，在中世纪早期，古希腊的自然科学遗产在伊斯兰世界得到传承和丰富。中世纪大学中的学者们不仅承担了迎接自然科学遗产返回欧洲的重任，而且为推动自然科学体系的建立作了 3 个方面的准备：孕育了自然科学研究的理性精神，发现和训练了自然科学的研究方法，继承和传播了自然科学知识。理性精神、研究方法和科学知识共同构建了自然科学的研究体系，其中精神和方法是自然科学研究的“软件”，知识是“硬件”，三者缺一不可。

一、大学培养了自然科学研究的精神

自然科学研究中的理性精神最终溯源于希腊的自然理性之中。长期致力于中国科技史研究的李约瑟博士多次提出，缺少“自然法”概念，也许是中国未能发展出近代科学的一个原因。“在欧洲，自然法可以说是由于其普遍性而帮助了自然科学的成长。但是在中国，由于自然法从来都不被认为是法，而是取了一个社交的名称‘礼’，所以很难设想有任何一种适用于人类社会之外的法。”[①] 他的观点为我们提供了一个非常有意义的视角。欧洲文明中，“自然法”是一个是最古老、最不容置疑的观念。早在公元 500 年前，古希腊的赫拉克利特提到过一种培育了人类一切法律的“神律”，这种“神律”包括人类社会和非人类的自然界，因为神律“对于万物是共同”的，全能和全足的。[②] 这个神律就是自然法。公元 6 世纪的查士丁尼《民法大全》中，法学家是这样解释自然法的：“自然法则是自然界教给一切动物的法则：这法不为人类所专有，而是为产于陆地或海洋的一切动物和天上

① ［英］李约瑟：《中国科学技术史》（第二卷），何兆武等译，科学出版社 1990 年版，第 615 页。

② ［英］李约瑟：《中华科学文明史》（第一卷），上海交通大学科学史系译，上海人民出版社 2001 年版，第 293 页。

的飞禽所共有。从法中，我们人类便有了男人和女人的结合，被我们称为婚姻；于是又有了孩子的生育和抚养；其实我们发现一切动物甚至最野蛮的兽类，都有着知道这法的标志。”[①]可见，欧洲文明中的“自然法”概念蕴含着两重含义：自然法不仅是人类社会所必须遵守的法律，而且与自然界中反复发生的运动的认识之间总是有紧密的联系。“自然法”蕴含的两重含义分别朝着两个方向发展：第一重含义进入法律、政治等人文领域，深刻地影响着欧洲的法律文化和政治管理，我们经常可以看到“自然法”总是作为欧洲社会中“实定法”的内在原则出现。第二重含义则进入了自然科学研究领域，欧洲社会中的人普遍意识到：千变万化的自然现象也是有规律的，宇宙万物之间存在着一种理性。

如果西罗马帝国没有灭亡，或许古希腊、罗马人所持有的“自然理性”的观念可能会直接影响到自然科学研究的发展，但历史事实告诉我们，随着西罗马帝国的灭亡，古希腊、罗马自然法中表现出的自然理性的观点被中世纪的基督徒以一种新的形式加以改造、利用和研究。基督教在自然界或者宇宙万物之上树立起一位至高无上的上帝，他们明确宣布宇宙万物都是上帝合理地创造出来的，它们必须服从上帝的法，因此整个中世纪，基督教神学家和哲学家的主要任务就是证明一位有理性的上帝的存在。为了证明上帝的无所不能，为了证明上帝的理性的存在，基督教神学家必然需要驱使理性为信仰、哲学为神学而服务。

大学产生前，基督教的神学家已经开始了对理性和信仰之间关系的研究。9世纪，约翰·司各脱·厄里根纳是欧洲世界第一个把理性放在信仰之上的神学家，他认为理性并不要求任何权威的赞同或者认可。11世纪的安瑟伦坚持“信仰第一，理性第二”的原则，他说：“我决不是理解了才能

---

① [英]李约瑟：《中华科学文明史》(第一卷)，第296页。

信仰，而是信仰了才能理解。”[①]12 世纪的阿贝拉尔更是大胆地提出了“理解才能信仰”，他说：“他们要求可理解的东西不仅仅是词语。如不首先理解，没有任何东西能被相信。”[②] 因此为了信仰这个最终目的，基督教神学家们不得不用理性作为手段，虽然理性暂时屈居于信仰之下，但是早期的经院哲学家们毕竟为理性留下了一定的空间，人的理性精神在上帝这个前提下得到应有的尊重。

既然经院哲学家们没有撇弃理性，就意味着理性的存在，理性和信仰的矛盾也依然存在。大学产生后，特别是当亚里士多德主义被介绍到欧洲之后，大学中的教师们围绕着如何对待理性和信仰、哲学和神学问题展开了激烈的辩论，从而将经院哲学的发展推向鼎盛。保守派的基督教神学家以波纳文图拉为代表，他们明确地宣布反对理性，反对哲学，他说“哲学知识是通往其他科学的道路，但谁想停留在这条道路上，他就会在黑暗中沉沦”[③]，而巴黎大学文学部的教师布拉邦的西格尔和达西亚的波埃修却宣称，作为基督徒，他们承认基督教教义的最高权威；作为哲学家，他们则坚持理性高于一切。激进派“理性高于信仰”的观点遭到了保守神学家的一致鞭挞，巴黎主教唐比埃在 1277 年颁布了一道谴责西格尔等人观点的公开信。虽然西格尔等人弘扬“理性高于信仰”的观点遭到了谴责，但是这同样从反面论证了理性精神在中世纪大学中的广泛存在和影响。

为了弥补理性和信仰之间的裂痕，13 世纪巴黎大学的托马斯 · 阿奎那

---

① 《西方哲学原著选读》(上卷)，北京大学哲学系外国哲学史教研室编译，商务印书馆 1981 年版，第 240 页。

② Abelard, P. & Heloise, *The letters of Abelard and Heloise*, trans. Radice, B., New York: Alfred A. Knopf, 1926, p.78.

③ E. Battonii, *Saint Bonaventure*, Westport, 1964, p. 34. 转引自赵敦华：《基督教哲学 1500 年》，第 408 页。

费尽心思和努力构建了一个新的神学体系。他并没有诋毁哲学和理性，而是调整了神学和哲学、理性和信仰之间的关系。阿奎那认为神学和哲学、理性和信仰是可以并存的，但前提条件是“哲学依旧是神学的婢女”，理性可以为信仰服务。他说：“神学可能凭借哲学来发挥，但不是非要它不可，而是借它来把自己的义理讲得更清楚些。因为神学的原理不是从其他科学来的，而是凭启示直接从上帝那里来的。所以，它不是把其他科学作为它的上级长官而依赖，而是把它们看成它的下级和奴仆来使用。”[①] 阿奎那的努力调和了神学和哲学关系，消除了理性与信仰的二元对立，从而为理性保留了不可动摇的位置，为理性最终解脱信仰的羁绊留下了可能性。在某种程度上可以说，托马斯·阿奎那构建的神学体系与其说是信仰的胜利，还不如说是理性的胜利。

13世纪末期的经院哲学家约翰·邓·司各脱，充分意识到人类理性和能力的局限性，他以上帝万能为借口，认为理性不能认识上帝，从而使理性具有摆脱信仰的倾向。他的学生威廉·奥卡姆继续深化和发展了司各脱的“理性和信仰相分离”的倾向，他主张信仰和理性是两个互不相干的领域，在神学领域内需要以信仰为主，但是在其他领域内则要求助于理性，从而最终完成了“信仰和理性相分离”的论证。在万能的上帝面前，基督教神学家把神学留给了信仰，而自身利用理性转向了其他领域的研究。

虽然基督教神学家一方面坚定地相信上帝的无所不能，另一方面又意识到人类的理性是有限的，人类的理性是不能认识上帝的，但是他们从来没有放弃“证明上帝的存在”的努力，他们试图通过其他方面的研究来证明上帝的存在和上帝理性。奥古斯丁、阿奎那等神学家和哲学家都认为，

① 《西方哲学原著选读》(上卷)，第260页。

由于上帝赋予了自然世界以理性秩序，自然界的和谐秩序最能证明存在着一种超人的智慧，因此只要证明自然界的理性秩序就能证明上帝的存在。因此，为了证明上帝的存在和上帝的理性，基督教神学家和哲学家重新接纳和拥抱了自然理性的回归。

这种自然理性——“自然界存在秩序和规律，自然世界可以成为理性认识的对象”的观点对于自然科学研究的发展具有极为重要的意义，可以说，这是进行自然科学研究的前提条件。正如怀特海所说：“我们如果没有一种本能的信念，相信事物之中存在着一定的秩序，尤其是相信自然界中存在着一定的秩序，那么现代科学就不可能存在。”①“这种信念只有一个来源，即中世纪对神的理性的坚定信念。这种理性被看作兼具耶和华本身的神力和希腊哲学家的理性。每一种细微的事物都受着神视的监督并被置于一种秩序之中。亚洲人不曾有过我们这样的信念，认为近乎人性的神具有为人理解的理性。在现代科学理论还没有发展以前人们就相信科学可能成立的信念是不知不觉地从中世纪神学中导引出来。”②

“上帝为自然或宇宙设定秩序”和“自然界存在秩序和规律”的观点成为中世纪所有基督徒，也是所有学者的坚定信仰，随着时间的发展，这种观点和基督徒一起走出中世纪进入了近代社会。近代社会的学者依然对上帝理性深信不疑。1637 年，笛卡儿在《方法论》一书中提到的还是“上帝赋予自然界的法则”③。牛顿在研究中也始终念念不忘上帝理性的存在，证明上帝理性的存在成为他研究的目的和责任。他写道：

> 我们只是通过上帝对万物的最聪明和最巧妙的安排，以及最终的原因，才对上帝有所认识；…… 我们在不同时间不同地点所看

---

①②　[英]A. N. 怀特海：《科学与近代世界》，第 4 页，第 13 页。

③　[英]李约瑟：《中华科学文明史》(第一卷)，第 299 页。

到的所有各种自然事物，只能发源于一个必然存在的上帝的思想和意志之中。但是，我们可以用一个比喻来说，上帝能见，能言，能笑，…… 因为我们关于上帝的一切观念都是从与人的行为相比拟而得出来的，这种比拟，虽不完善，但终究有某种近似性。以上就是我关于上帝所要说的一切。从事物的表象来论说上帝，无疑是自然哲学分内的事。[①]

为了证明上帝理性的存在，牛顿等自然科学家，或者也可以称他们为神学家，始终坚信由上帝创造的自然界始终存在着秩序和规律，并且这些自然秩序和自然规律可以为人的理性所认识。正是自然科学家抱有对自然界秩序和规律的坚定信念，成为自然科学研究牢不可破的信念，也是自然科学理性精神的重要内涵，正是它指导并促成了自然科学研究的产生和发展。正如爱因斯坦所说："相信世界在本质上是有秩序的和可认识的这一信念，是一切科学工作的基础。"[②]

近代自然科学家对"自然界存在秩序和规律"的坚定信仰，首先源于西方古老文明中的自然法概念中蕴含的自然理性，然而这种自然理性又经过了中世纪长达千年神学理性的洗礼，经中世纪大学中的神学家和哲学家之手又重新回归到欧洲人的思想之中。因此可以说，中世纪大学中经院哲学的研究直接孕育了自然科学研究理性精神的产生，是近代自然科学理性精神的直接基础，中世纪的信仰时代孕育了近代科学理性时代的产生。

① [英] 牛顿：《牛顿自然哲学著作选》，王福山等译，上海译文出版社 2001 年版，第 63 页。

② [美] 爱因斯坦：《爱因斯坦文集》(第一卷)，许良英等译，商务印书馆 1976 年版，第 284 页。

二、大学培育了自然科学研究的方法

人类是有思想、有创造力的理性动物，做任何事情都有一定的方法。中国古代的一句名言是："工欲善其事，必先利其器。"笛卡儿也说："最有价值的知识是关于方法的知识"，他还说："没有正确的方法，即使有眼睛的博学者也会像瞎子一样摸索"，因此正确的研究方法就像一盏指路明灯，如果没有正确的研究方法，欧洲的自然科学研究是不会获得成功的。

爱因斯坦认为，西方科学的发展是以两个伟大成就为基础的：一是以欧几里得几何学为代表的希腊哲学家发明的形式逻辑体系，二是文艺复兴时期通过系统的实验发现有可能找出因果关系。[①]爱因斯坦所说的两个伟大成就都能够在中世纪的大学中找到根源。

中世纪大学恢复和发展了古希腊哲学家的逻辑分析传统，使欧洲的受教育阶层在大学中接受了系统的逻辑分析训练，而这种逻辑分析训练正是近代自然科学研究数理逻辑的基础。如前所述，形式逻辑的创始人亚里士多德的逻辑学著作《工具论》先后成为欧洲各大学中重要的教学内容。不仅如此，大学中非常重视受教育者辩论技艺的训练。这些持续的学术训练培养了欧洲受教育阶层严密的逻辑思维和推理能力。"很明显，在数个世纪中，欧洲受过教育的阶层在逻辑思维的艺术方面一直在接受一种严格的和精确的训练，这个事实必然已在欧洲文化上留下了痕迹。"[②]近代自然科学研究中所需要的严密的逻辑推理习惯正是以中世纪经院中的逻辑训练为基础的，就是在这样不知不觉中被培养起来的，正如怀特海所说："伽利略那条理清晰和分析入微的头脑便是从亚里士多德那里学来的。"[③]

---

① 参见［美］爱因斯坦：《爱因斯坦文集》（第一卷），第 574 页。

② ［美］克里斯托弗·道森：《宗教与西方文化的兴起》，第 218 页。

③ ［英］A. N. 怀特海：《科学与近代世界》，第 12 页。

如果将希腊哲学家的形式逻辑体系发展为近代自然科学研究所需要的数理逻辑体系，必须重视数学的作用。13 世纪的大学学者已经注意到了数学在科学研究中的重要性。格罗斯泰斯特认为："观察和实验能够提供现象，但是数学能够让我们弄清现象背后的原因。"[①] 罗吉尔·培根认为，有必要将学习拓展到数学的 4 个部分，即几何学、算术、音乐和天文学，"因为通过学习数学可以促进其他知识的学习"[②]。在中世纪学者的基础上，近代科学家继续重视数学及其数学方法的应用。在达 · 芬奇看来，只有数学标准才能将科学与诡辩法区别开来，他说："除非通过数学证明来进行，否则，任何人类研究都不可以自称是真正的科学"，而"藐视数学确然性的人将不可能完全驳倒仅仅以打笔墨官司告终的诡辩理论"。开普勒是第一个清楚地看到数学应用于自然不仅是数学的问题，而且也是自然和自然哲学的问题的科学家。他坚信，"没有数学，我就成了盲人"[③]。伽利略相信自然界是用数学设计出来的，他说："上帝在自然界的规律中令人赞美地体现出来的并不亚于他在圣经字句中所表现的。"[④]"(宇宙) 这本书是用数学语言写的，符号是三角形、圆和其他几何图形，而没有这些符号的帮助，那是连一个字也不可能理解的。"[⑤] 从牛顿给他的书命名为《自然哲学的数学原理》就很容易地知道牛顿对数学的重视程度，他在该书的序言中宣称："由于古人认为在研究自然事物时力学最为重要，而今人则舍弃其实体形状和隐蔽性质而力图以数学定律说明自然现象，因此我在本书中也致力于用数学来探讨

① D. Lindberg, *Science in the Middle Ages*, p.96.

② D. Lindberg, *Science in the Middle Ages*, p.128.

③⑤ [美]W. H. 沃克迈斯特:《科学的哲学》，李德容译，商务印书馆 1996 年版，第 16–17 页，第 16–18 页。

④ [美]M. 克莱因:《古今数学思想》(第一册)，张理京译，上海科学技术出版社 1979 年版，第 252 页。

有关的哲学问题。”[①]

“数学的创造性就在于事物在这一门科学中显示出一种关系，这种关系不通过人类的理性作用，便极不容易看出来。”[②] 怀特海这里所说的人类理性就是一种逻辑分析能力，也就是说，只有人类的逻辑分析能力达到某种程度，才能发掘和发挥数学的创造性，而近代自然科学家的成功之处就在于将他们在大学中接受的严格的、精确的逻辑推理训练和他们所知的数学知识结合起来，努力用数学将一门科学的各种内在关系描述出来，从而逐步使人类的思维方式从形式逻辑阶段上升为数理逻辑阶段。

中世纪大学的学者还发现并发展了近代自然科学研究中的重要方法——观察和实验方法。阿利斯泰尔·克隆比认为，近代早期科学的关键特征在于对科学实践合理方法——实验方法的把握，而这种实验的方法产生于中世纪后期。他说：

> 实验科学的系统理论（早在 13、14 世纪）就被众多的哲学家理解和运用，正是由于他们的工作才产生了方法论上的革命，近代科学由此得以发源…… 我们似乎可以从（13 世纪）英国逻辑学家、自然科学家和学者罗伯特·格罗斯泰斯特的著作里，第一次看到对现代实验科学的基本原则清晰明了的理解。[③]

的确，格罗斯泰斯特一方面提倡数学的应用，另一方面强调观察、实验的作用，他认为理性和实验是自然哲学研究中两个不可或缺的工具。他的学生，罗吉尔·培根的科学探索对近代自然科学研究中实验方法的形成产生了更为深刻的影响。培根指出：“没有经验，任何东西都不可能被充分认识，因为认识有两种方法，即通过推理和通过实验。推理作出一个结论，

① ［英］牛顿：《牛顿自然哲学著作选》，第 15 页。

② ［英］A. N. 怀特海：《科学与近代世界》，第 20 页。

③ ［美］戴维·林德伯格：《西方科学的起源》，第 370 页。

并使我们承认这个结论，但并没有使这个结论确实可靠。它也没有消除怀疑，使心灵可以安于对真理的直观，除非心灵通过经验的方法发现了它；…… 所以只有通过推理是不够的，还要有经验才充分。”[①] 曾经担任巴黎大学教师、后来在科隆潜心从事研究工作的大阿尔伯特非常注重科学研究中经验的作用，他认为自然科学不仅仅在于听别人怎么说，还要观察研究自然现象的起因；在他的手稿《论动物》中，他告诉我们经验是最好的老师。[②] 总之，中世纪大学中的学者坚持所有的真理都必须得到证明，并强调直接经验的重要性，对不加以实验就加以接受的先验做法表示厌恶，这实际上已经开始形成了一种新的思维方式和新的科学研究方法。

观察和实验的方法在中世纪大学的医学教学中进行了有效的尝试，解剖学被引入大学就是一个极好的明证。中世纪大学的医学教师试图通过观察和实验来了解动物和人体的构造。12 世纪晚期，萨莱诺的一些教师将动物解剖学引入医学教学之中。1315 年，博洛尼亚大学教师蒙蒂诺是将系统的解剖教学介绍到大学医学课程的第一人，他所著的《解剖学》是迄 16 世纪末叶被普遍采用的教科书。[③] 博洛尼亚大学开创人体解剖进入大学的先例之后，各地竞相效仿，帕杜瓦、佛罗伦萨、蒙彼利埃和维也纳等大学先后将解剖学引入大学。帕杜瓦大学十分受重视解剖学，1446 年曾专建一实验室为教授解剖使用。[④] 中世纪大学发展的解剖学对 16 世纪的达 · 芬奇和维萨留斯的影响很深，正是通过尸体解剖和观察，他们才能够对长期以来被奉为医学圭臬的盖伦的学说提出了挑战。

中世纪大学中培育的观察和实验的研究方法为近代科学家继承。达·芬奇

① 《西方哲学原著选读》(上卷)，第 287 页。
② 参见 [美] 查尔斯 · 霍默 · 哈斯金斯:《12 世纪文艺复兴》，第 250 页。
③④ 参见 [意] 卡斯蒂格略尼:《世界医学史》(第一卷)，第 322 页，第 321 页。

曾经明确指出："一切科学如果不终止于观察，也就是它们的开始、中途或终结没有通过五官之一，那些全都是毫无用处的，充满了谬误。"伽利略也表达了相同的观点，他认为科学应该从观察和实验入手。[①] 弗兰西斯·培根（1561—1626 年）提出了革命性的口号——"知识就是力量"，值得关注的是，培根所强调的知识不是来自上帝或者先哲的典籍，而是来自观察："人，既然是自然的仆役和解释者，他所能做的和了解的，就是他在事实上或思想上对自然过程所观察到的那么多；除此之外，他什么都不知道，也什么都不能做。"[②] 培根认为，科学研究应该像蜜蜂采蜜一样，一方面从花园和田野里收集材料，另一方面用自己的一种力量来改变和消化这种材料，也就是说："真正的科学是实验与理性密切结合。"[③] 牛顿所做工作的实质就是把培根等人为代表的新的科学方法论和笛卡儿的逻辑几何学应用到自然科学之中，并取得了令人惊异的成果，而达尔文、伽利略和培根等人的科学方法论则是继承和发展了中世纪大学中孕育和培养的观察和实验的研究方法。

三、大学奠定了自然科学研究的知识基础

中世纪大学为建立近代自然科学体系做的第三个准备就是大学中系统地讲授了自然科学知识，从而为近代自然科学家从事研究提供了充分的知识积淀。历史事实表明，近代的自然科学直接脱胎于自然哲学，而这位孕育了众多学科的母亲——自然哲学是在西欧中世纪的大学中发展起来的，这在人类历史上是独一无二的。

12 世纪之前，拉丁基督世界拥有的自然知识极为贫乏，仅仅知道亚里

① 参见［美］W. H. 沃克迈斯特：《科学的哲学》，第 15 页。

②③ 《西方哲学原著选读》（上卷），第 345 页，第 358-359 页。

士多德的一些医学、占星学著作，三分之二的柏拉图《蒂迈欧篇》，还有普林尼、博伊提乌等人撰写的一些百科全书式的手册等科学著作，[①]而对博大精深的亚里士多德自然哲学著作中所包含的自然科学知识的了解非常有限。亚里士多德自然哲学的著作主要有《形而上学》《物理学》《论灵魂》《天象学》《论生灭》和《论天》等。

亚里士多德自然哲学著作传入西欧后，拓宽了西欧人自然科学知识的范围。13世纪时期，亚里士多德的自然哲学著作和独立的大学相结合，成为大学文学部的教材和教学内容。1215年，巴黎大学曾经禁止讲授亚里士多德自然哲学著作，但是到1366年，教皇特使为巴黎大学制定的新章程中明确规定："如果要获得文学的硕士学位必须完成道德哲学和自然哲学的全部课程。"[②]虽然亚里士多德自然哲学著作曾经在巴黎大学受到抵制，但是在其他地方它们并没有受到任何限制，成为大学的主要课程，"亚里士多德的自然哲学深深扎根于中世纪的大学之中"[③]。下面是1410年莱比锡大学攻读文学学士和文学硕士学位的必读书目：

A. 莱比锡大学文学学士必读书目

（1）文法：普利西安文法后2册（2个月）

（2）逻辑：i. 论文皮鲁斯·希斯帕纳斯（2~3个月）

ii."旧"逻辑（3~4个月）

iii."新"逻辑，论题篇除外（6~7个月）

（3）自然哲学：i. 物理学 ii. 论灵魂

（4）数学：论物质世界（萨克罗博斯科）（5~6个月）

---

① 参见D. Lindberg, *God and Nature: Historical Essays on the Encounter between Christianity and Science*, Berkeley · Los Angeles · London: University of California Press, 1986, p.49.

② H. Rashdall, *The Universities of Europe in the Middle Ages*, Vol. I, pp.443–444.

③ E. Grant, *The Foundations of Modern Science in the Middle Ages*, p.53.

B. 莱比锡大学文学硕士必读书目

（1）逻辑：i. 海蒂斯堡的逻辑　ii. 亚里士多德的论题篇（3~4 个月）

（2）道德和应用哲学：i. 伦理学（6~9 个月）

ii. 政治学（4~9 个月）

iii. 经济学（3 周）

（3）自然哲学：i. 论天（3~4 个月）

ii. 论生灭（7 周 ~2 个月）

iii. 气象学（3~4 个月）

iv. 小自然（2~3 个月）

（4）形而上学：《形而上学》（5~9 个月）

（5）数学：i. 天文学：行星学说（5~6 个月）

ii. 几何学：欧几里德（5~9 个月）

iii. 算术：普通算术（萨克罗博斯科）（3 周 ~1 个月）

iv. 音乐：音乐（约翰·穆丽斯）（3 周 ~1 个月）

v. 光学：普通透镜（比萨的约翰）（3~3½ 个月）①

由于各大学的课程大纲差别不大，因此我们可以判断，中世纪时期几乎每所大学都系统地讲授了基本的数学、天文学和其他自然科学知识。

中世纪的大学不仅系统地讲授了基本的自然科学知识，而且大学教师，特别是一些大学中的神学家对自然进行了系统的研究，这些神学家在大学中不仅受到了严格的神学训练，而且获得了必要的自然科学知识。从 1200 年到 1650 年大约 450 年中，西欧大学普遍强调，想获得硕士和博士学位的人必须在文学部接受亚里士多德的逻辑和自然哲学的训练，这是他们进

---

① ［美］E.P. 克伯雷：《外国教育史料》，第 185–186 页。

入高级学部的必要条件，因此当时的大多数神学家都对流行的自然科学知识了如指掌。

神学家们经常利用他们在文学部学到的自然科学知识来解释创世问题。400多年来，神学部的标准课本《箴言集》第二本书的主题是六天创世，书中提出了大量的创世问题供人思考，如光的性质、四种元素、天体和行星的运行和秩序等。大阿尔伯特、托马斯·阿奎那、波纳文图拉和约翰·邓·司各脱等人对这部分的评注或者讲座中就包含了许多天文理论、物理、光学和生物学知识。巴黎大学教师朗格斯坦的亨利将所有的科学知识运用于解释创世问题，撰写成一本百科全书式的评论。[①] 中世纪晚期，自然科学和数学知识被广泛应用到其他神学问题的研究中，如上帝无所不在、上帝的无限权力和上帝永恒、上帝与他创造物之间的关系等问题。[②] 随后，神学家又逐渐疏远了上帝，不再以上帝作为既定的研究对象，而是把自然现象作为研究的对象，因为他们相信，只要证明了自然界的合理秩序，就能真正地认识上帝。就这样，神学竟然成为推动自然科学研究的一个重要的动力。

中世纪大学涌现出很多有影响的、对自然科学的发展做出重要贡献的大学教师。牛津大学自13世纪以来成为欧洲自然科学的研究中心，“西方科学在那里开始诞生”[③]。如前文所述，格罗斯泰斯特和罗吉尔·培根不仅提出了观察和实验的研究方法，他们还身体力行，积极从事自然科学的研究。如，格罗斯泰斯特把亚里士多德的自然哲学、奥古斯丁的神学与光学知识糅合在一起，形成了奇特的光的理论，写成《论光》一书。[④] 继格罗斯泰斯特之后，罗吉尔·培根和坎特伯雷大主教、方济各会修士约翰·佩

①② 参见 D. Lindberg, *God and Nature*, p.60, p.60.

③ [美]C. 沃伦·霍莱斯特:《欧洲中世纪简史》，陶松寿译，商务印书馆1988年版，第324页。

④ 参见 D. Lindberg, *Science in the Middle Ages*, p.96.

尚也对光学做出了很重要的贡献。约翰·佩尚发表了关于光的论文，该论文的第二部分讲述了光的反射和折射，在相当长的时期内成为“光”领域内的权威著作。[①] 罗杰尔·培根用镜子和透镜做实验，他烧制了一种透镜，从他的实验中能够朦胧地看到复合显微镜和望远镜的影子，预示着它们即将出现。培根的光学实验也深刻地影响了英国 16 世纪著名的数学家和光学家莱昂纳多·狄格斯。[②]培根还涉及了许多其他领域的研究，如数学、占星学和天文学、机械、炼金术、地理学等方面。

14 世纪牛津大学的科学研究与默顿学院紧紧联系在一起。格罗斯泰斯特对数学的强调深深地影响了 14 世纪默顿学院的教师们，他们努力将数学应用于物理学研究中，其中最著名的学者是托马斯·布雷德沃丁，1328 年他发表了专著《论运动中的速度比》，[③] 其他享有盛名的大学教师还有威廉·海特伯里、邓布尔顿的约翰和理查德·斯怀因谢德等人。默顿学院的教师们“努力发展出了一套概念体系和专业术语来研究运动学意义上的运动，其中包括速度和瞬时速度，它们都被视为可以量化的科学概念”[④]。

虽然巴黎大学是神学和经院哲学的大本营，但是巴黎大学依然拥有卓越的自然科学家，让·布里丹、撒克逊的阿尔伯特和尼古拉·奥瑞斯姆是其中的代表人物。让·布里丹在巴黎大学文学院任教，他使用了一个新的术语“冲力”（impetus）来表示施与的力，这一术语直到伽利略时代仍是标准的术语。他提出的冲力概念与牛顿物理学中的“冲量（momentum）”概念表现出惊人的一致性。随后，布里丹的工作由撒克逊的阿尔伯特和尼

---

①② 参见 G. Sarton, *Introduction to the History of Science*, Vol. II, p.1029, p.957.

③ 参见 R. C. Dales, *The Intellectual Life of Western Europe in the Middle Ages*, p.285.

④ [美]戴维·林德伯格:《西方科学的起源》，第 304 页。

古拉·奥里斯姆接着进行，他们发展了冲力理论，他们运用冲力来说明落体的加速运动，认为速度越快，冲力也越大。可见布里丹、阿尔伯特、奥里斯姆等人的早期工作为伽利略和牛顿开辟了道路，不论是伽利略，还是牛顿，都在自己的著作中留下了冲力理论的烙印。因此科学史研究者格兰特说道："有关运动的一些最基本概念和定理，伽利略并未优先于他的中世纪先驱。人们一度认为运动学完全是伽利略的创造，无疑，这种说法夸大了他的贡献。这主要是由于17世纪到19世纪提出的对伽利略成就的传统解释，是在对中世纪成果几乎完全无知的基础上做出的。"① 人们通常认为笛卡儿是解析几何的创始人，但是巴黎大学的尼古拉·奥瑞斯姆早在14世纪已经开始使用解析几何中的关键概念——"坐标"（coordinates）了。②

中世纪大学医学部的体制化促进了医学研究水平的提高。除教学之外，中世纪大学的医学教师们还潜心研究医术，成为博学的医学专家，他们的医学专著成为恩泽后世的重要研究成果。"博洛尼亚大学的医学著作在17世纪中叶被重印多次，它们仍然像在13世纪后半期一样在流行。"③ 博洛尼亚大学医学部的奠基人是塔蒂奥·阿尔德罗蒂，从1260年起，他就开始在博洛尼亚讲授医学。他不仅将希波克拉底和盖伦的医学著作直接从希腊文翻译成拉丁语，纠正了原有文献中的错误之处，还编著了一种崭新形式的医学著述——《顾问》，它是一本临床病案集，表明了当时的医学家开始对

① ［美］爱德华·格兰特：《中世纪的物理科学思想》，郝刘祥译，复旦大学出版社2000年版，第59页。

② 参见L.Thorndike, "The Survival of Mediaeval Interest into Early Modern Times", *Speculum*, Vol. 2, No. 2. (Apr., 1927), p.152.

③ L. Thorndike, The Survival of Mediaeval Interest into Early Modern Times, p.149.

实际观察和临床医学的关注。[①] 卢卡的休和其子狄奥多里是博洛尼亚外科医院的创始人，他们对现代外科学作了初步的开拓。[②] 博洛尼亚大学另一位著名的外科医生是萨利赛托的威廉，他首倡内外科应取得紧密联系，他的观点极大地推进了外科的发展。1476 年，他发表了虽然简短但非常著名的《外科学》一书。[③]

帕多瓦在中世纪大学的医学史上占有重要的一席之地，该校最卓越的医学教师是皮特·达巴诺，他的著作《论战调和论——哲学与医学的关系》在几个世纪中对意大利学校的医学教学产生深远影响。[④]14 世纪中期黑死病暴发之后，大学教师还撰写了大量的关于鼠疫和抗鼠疫方法的著作，其中帕多瓦大学教师贞泰尔·达·弗里格诺 1348 年撰写的《防疫顾问》一书最为有名，他还为热那亚和佩鲁贾两城提出了饮食、隔离等方面的建议。[⑤]

与现代医学知识相比，中世纪大学教师的医学著作中还有很多错误和疏漏，他们对解剖学和生理学的知识还比较懵钝，但是从整体上看，中世纪大学医学部的建立，为培养医学人才，促进医学研究的发展，为近代实验医学的兴起起到了极为重要的作用。正如 14 世纪初期的画家们，虽然昧于解剖学和配景法，但他们终究是文艺复兴伟大人物的先驱者。当时的医生们虽然受到人文主义者的嘲笑，但是他们到底起了纯朴而宝贵的作用，他们都是不可或缺的促成光荣日子到来的先锋。

历史事实表明，中世纪大学推动了近代自然科学体系的建立，从而促

---

① 参见 G. Sarton, *Introduction to the History of Science*, Vol. II, p. 1087.

② 参见［意］卡斯蒂格略尼:《世界医学史》(第一卷)，第 314–316 页。

③ 参见 G. Sarton, *Introduction to the History of Science*, Vol. II, p.1078.

④ 参见 H. D. Ridder-Symoens, *A History of the University in Europe*, Vol.I, pp.368–369.

⑤ 参见［意］卡斯蒂格略尼:《世界医学史》(第一卷)，第 336 页。

进了17世纪自然科学革命的产生，但是我们不禁还要问一个老生常谈的问题：自然科学革命为什么产生在西欧社会？我们很容易想到一个先例。7世纪中叶崛起的阿拉伯人在1000年之前的3个多世纪几乎将全部希腊医学、自然哲学以及数学著作译成了阿拉伯文。阿拉伯人迅速接受并融合了希腊学问，从9世纪中期直到13世纪一直在科学上处于领先地位，曾经取得了令人瞩目的科学成就，但是阿拉伯科学却在13、14世纪衰落了。为什么自然科学革命没有产生在阿拉伯？美国学者戴维·林德伯格的解释可能有助于我们理解其中的原因：

> 具体来说，希腊学问在伊斯兰从未像它最终在中世纪基督教世界的学校中那样，从体制上建立或找到一个庇护所。之所以如此，一个原因就在于伊斯兰学校缺乏西方学校中的组织和统一性。较高水平的学校尤其如此。这种组织上的不足使单个学者可以自由地追求他所希望的任何专业，自由保证了多样性，并为研究希腊科学和哲学的人开辟了空间，但是它也使伊斯兰学校永远不会发展出一套系统传授这些外来科学的课程。简而言之，伊斯兰教育没有对这些外来科学加以阻止，然而也没有给予多大程度的支持。①

如果中世纪西欧的教育制度没有绽放出最绚丽的花朵——大学，如果没有大学培养出的自然理性精神，如果没有大学所提供的严密的逻辑思维的训练，没有学者提出的科学的研究方法，没有大学对自然科学知识的传承，哥白尼不会开创天文学革命，伽利略、笛卡儿、弗兰西斯·培根、牛顿等人也不会引发17世纪的科学革命。正如戴维·林德伯格所说："当一个新的科学框架在17世纪建立起来时，这一大厦包含许多中世纪的砖瓦"，

---

① ［美］戴维·林德伯格：《西方科学的起源》，第181页。

“古代思想奠定了近代科学的基础，那么对古代思想的接纳、吸收和建制化则是科学大厦得以建立的先决条件。”[①] 他的话是针对近代自然科学革命的产生所说的，笔者以为，这句话不仅仅适用于自然科学的研究领域，同样适用于整个学术领域的发展。

中世纪大学对西欧社会的贡献是不容置疑的。作为一个承前启后的教育载体，大学始终重视学生“七艺”的学习和辩论技能的培养，从而为欧洲社会培养和造就了大批具有“通识”基础、辩才出色、具有怀疑精神的人才。作为一个学术的研究中心，大学不仅成为欧洲人文社会科学的思想库，而且为推动自然科学研究体系的建立作了 3 个方面的准备，使西欧社会在学术发展上遥遥领先于世界其他文明，从而使西欧第一个跨入了近代文明社会，率先敲开了通向现代世界的大门。

在被视为西方文明史上的“空白”时期里，中世纪教育制度绽放出最绚丽的花朵——大学。大学的产生是中世纪对文明的贡献，特别是西欧社会对世界文明的贡献。当我们对西欧中世纪大学，这一特定历史时期的独特历史现象进行一番考察之后，我们不禁要问：大学为什么没有产生于拥有着相当发达的经济和璀璨文明的中古阿拉伯和中国呢？这的确是一个值得深思的问题。

毋庸置疑，经济的进步、教育的发展、知识容量的增加等剧烈的社会变迁都会对教育产生巨大影响，但是我们同时不能忽视一个社会的政治结构和法律传统对其教育组织的影响。大学产生于中世纪的西欧社会，西欧特有的封建制成为孕育大学产生和发展的“优良土壤”。如同“橘生淮南则为橘，橘生淮北则为枳”的道理，迥异的政治环境和法律传统使不同地区

① ［美］戴维·林德伯格：《西方科学的起源》，第 376–377 页。

的教育组织走上了不同的发展道路。中世纪西欧所提供的特殊的社会“土壤”是其他非西欧文明所不具备的，这应该就是中古时期的阿拉伯和中国虽然都拥有着相当发达的经济和璀璨的文明，但却不能孕育出现代大学源头的深层原因。

中世纪大学的产生和发展是各种条件综合作用的结果，是由当时的社会环境决定的，它们是当时社会的天然有机体，具有典型的中世纪特征和鲜明的时代特点。中世纪大学的组织机构如同西欧其他社会团体的“再版”，其管理制度的设计处处体现着一种民主的原则，体现着对绝对权力的制约。不仅如此，大学与西欧社会其他共同体一样，都能够为其成员提供某种程度的保护，都为其成员留下了一定的、有限的自主空间，正是依靠这种有限的自主空间，大学教师在教会允许的范围内获得了一定的思想和研究的自由，获得了学术发展所需要的最重要的“土壤与空气”。

教育的发展与社会的进步密切相关。中世纪西欧的社会进步是大学产生的根本动力，而大学的发展反过来又促进了西欧社会的进步，为社会的进步提供了智力上的准备和人才的储备。

马克思认为，人是生产力中起主导作用的因素，劳动者是首要的生产力。这里的“人”“劳动者”是指具有一定科学文化水平的人。作为一个承前启后的教育机构，中世纪大学通过知识的传授，不仅提高了西欧普通民众的文化水平，而且为欧洲培养和造就了大批具有“通识”基础、辩才出色、具有怀疑精神的人才，壮大了欧洲科研人员的队伍，实现了劳动力的再生产，反映了整个文明程度的提高，反映了社会的整体进步。

经济是社会进步与发展的要素，但并不是唯一要素，还有很多非经济因素推动社会的发展。经济的与非经济的因素形成的合力，共同促进了社会的进步。因此，西欧社会的率先转型并不仅仅是经济上的转型，在其他方面，如政治、法律，还有在高等教育的发展方面，西欧也远远走在了其他社会的前面。通过对中世纪大学的考察，或许有助于我们从一个新的视角来认识为什么西欧率先敲开了通向现代世界的大门。

深入了解中世纪大学的全貌，探究它的本质特征和历史发展，总结它的得与失，这对我国当今的高等教育改革也是值得关注和借鉴的。

参考文献

英文类

著作：

1. Abelard, P. & Heloise, *The letters of Abelard and Heloise*, trans. Radice, B., New York: Alfred A. Knopf, 1926.
2. Adams, G. B., *Civilization during the Middle Ages: Especially in Relation to Modern Civilization*, New York・Chicago・Boston: Charles Scribner's Sons, 1922.
3. Backman, C. R., *The Worlds of Medieval Europe*, Oxford: Oxford University Press, 2003.
4. Bender, T., *The University and the City: from Medieval Origins to the Present*, Oxford: Oxford University Press, Inc. 1988.
5. Benson, R. L & Constable, G., *Renaissance and Renewal in the Twelfth Century*, Oxford: Clarendon Press, 1982.
6. Black, A., *Guilds and Civil Society in European Political Thought from the Twelfth Century to the Present*, London: Methuen & Co. Ltd., 1984.
7. Bolton, J. L., *The Medieval English Economy 1150–1500*, London: J M Dent & Sons Ltd., 1980.
8. Boorstin, D. J., *The Discoverers*, New York: Random House, 1983.
9. Bowen, J., *A History of Western Education,* Vol. I & Vol. II, London: Methuen & Co. Ltd., 1975.
10. Bullough, V. L., *Universities, Medicine and Science in the Medieval West*, Aldershot and Burlington: Ashgate Publishing Company, 2004.
11. Bury, J. B., *History of Freedom of Thought*, London: Thornton Butterworth, 1913.
12. Catto, J. I., *The History of the University of Oxford : Late Medieval Oxford*,

Oxford: Oxford University Press, 1992.

13. Catto, J. I., *The History of the University of Oxford : the Early Oxford Schools*, Oxford University Press, 1984.

14. Cobban, A. B., *English University Life in the Middle Ages*, Columbus: Ohio State University Press, 1999.

15. Cobban, A. B., *The King's Hall within the University of Cambridge in the Later Middle Ages*, Cambridge: Cambridge University Press, 1969.

16. Cobban, A. B., *The Medieval Universities : their Development and Organization*, London: Methuen & Co. Ltd, 1975.

17. Cobban, A. B., *The Medieval English Universities: Oxford and Cambridge to c. 1500*, Aldershot, Hampshire: Scolar Pr., 1988.

18. Copeland, R., *Pedagogy, Intellectuals, and Dissent in the Later Middle Ages: Lollardy and the Ideas of Learning*, Cambridge: Cambridge University Press, 2001.

19. Courtenay, W. J. & Miethke, J., *Universities and Schooling in Medieval Society*, Leiden · Boston · Köln: Brill, 2000.

20. Dales, R. C., *The Intellectual Life of Western Europe in the Middle Ages*, Leiden · New York · Köln: E. J. Brill, 1995.

21. Deansly, M., *A History of the Medieval Church: 590–1500*, London and New York: Methuen, 1969.

22. Dopsch, A., *The Economic and Social Foundations of European Civilization*, London: Kegan Paul, Trench, Trubner, & Co. Ltd., 1937.

23. Duryea, E. D., *The Academic Corporation: A History of College and University Governing Boards*, New York & London: Falmer Press, 2000.

24. Dyer, C., *Making a Living in the Middle Ages: the people of Britain 850–1520*, New Haven and London: Yale University Press, 2002.

25. Gilson E., *The History of Christian Philosophy in the Middle Ages*, London: Sheed & Ward, 1980.

26. Gilson, E., *The Spirit of Medieval Philosophy*, London: Sheed & Ward, 1936.

27. Goodman, P., *Compulsory Mis-education and the Community of Scholars*, New York: Vintage Books, 1964.

28. Grant, E., *A Source Book in Medieval Science*, Cambridge: Harvard University

Press, 1974.

29. Grant, E., *The Foundations of Modern Science in the Middle Ages*, Cambridge: Cambridge University Press, 1996.

30. Harris, M. H., *History of Libraries in the Western World*, London: Scarecrow Pr., Inc., 1999.

31. Harrison, J. F. C., *The Common People: A History from the Norman Conquest to the Present*, London: Fontana Press, 1984.

32. Haskins, C. H., *Studies in the History of Mediaeval Science*, Cambridge: Harvard University Press, 1924.

33. Haskins, C. H., *The Renaissance of the Twelfth Century*, Cambridge: Harvard University Press, 1927.

34. Haskins, C. H., *The Rise of Universities*, Ithaca and London: Cornell University Press, 1957.

35. Jaspers, K., *The Idea of the University*, Boston: The Beacon Press, 1959.

36. Jewell, H., M., *Education in Early Modern England*, New York: St. Martin's Press, 1998.

37. Jordan, W. C., *Europe in the High Middle Ages*, London: The Penguin Press, 2001.

38. Keen, M. H., *England in the Later Middle Ages*, London · New York: Methuen & Co. Ltd., 1973.

39. Kern, F., *Kinship and Law in the Middle Ages*, Oxford: Basil Blackwell, 1956.

40. Kibre, P., *Scholarly Privileges in the Middle Ages*, Cambridge: Mediaeval Academy of America, 1961.

41. Kibre, P., *The Nations in the Mediaeval Universities*, Cambridge, Mass.: Mediaeval Academy of America, 1948.

42. Knowles, D., *The Evolution of Medieval Thought*, London: Longman Group Ltd., 1988.

43. Lambert, M. D., *Medieval Heresy: Popular Movements from Bogomil to Hus*, London ： Edward Arnold Ltd., 1977.

44. Le Goff, *Medieval Civilization: 400–1500*, Oxford: Basil Blackwell Inc., 1988.

45. Le Goff, J., *The Birth of Europe*, London: Blackwell Publishing Ltd., 2005.

46. Le Goff, J., *The Medieval World*, London: Collins & Brown Ltd., 1990.

47. Lea, H. C., *A History of the Inquisition of the Middle Ages*, New York: Macmillan, 1922.

48. Leach, A. F., *The Schools of Medieval England*, London: Methuen, 1915.

49. Leader, D. R., *A History of the University of Cambridge : the University to 1546*, Cambridge: Cambridge University Press, 1988.

50. Leff, G., *Paris and Oxford Universities in the Thirteenth and Fourteenth Centuries: An Institution and Intellectual History*, New York · London · Sydney: John Wiley & Sons, Inc., 1968.

51. Lilley, K. D., *Urban Life in the Middle Ages: 1000–1450*, New York: Palgrave, 2002.

52. Lindberg, D., *God and Nature: Historical Essays on the Encounter between Christianity and Science*, Berkeley · Los Angeles · London: University of California Press, 1986.

53. Lindberg, D., *Science in the Middle Ages*, Chicago and London: University of Chicago Press, 1978.

54. Maierù, *University Training in Medieval Europe*, Leiden·New York·Kӧln: E. J. Brill, 1994.

55. Moore, R. I., *The First European Revolution, c. 970–1215*, London: Blackwell Publishers Ltd., 2000.

56. Murray, A., *Reason and Society in the Middle Ages*, Oxford: Clarendon Press, 1986.

57. Myers, A. R., *English Historical Documents 1327–1485*, London: Eyre & Spottiswoode, 1969.

58. O'day, R., *Education and Society 1500–1800: the Social Foundation in Early Modern Britain*, London and New York: Longman, 1982.

59. Pantin, W. A., *Oxford Life in Oxford Archives*, Oxford: Clarendon Press, 1972.

60. Pederson, O., *The First Universities: Studium Generale and the Origins of University Education in Europe*, Cambridge: Cambridge University Press,1997.

61. Pollock, F., & Maitland, F. W., *The History of English Law before the Time of Edward I*, Cambridge: Cambridge University Press, 1968.

62. Postan, M. M., *The Medieval Economy and Society*, Harmondsworth: Penguin Books Ltd., 1986.

63. Pounds, N. J. G., *An Economic History of Medieval Europe*, London: Longman Group Ltd., 1974.

64. Rashdall, H., *The Universities of Europe in the Middle Ages*, Oxford: Oxford University Press, 1936.

65. Reynolds, S., *An Introduction to the History of English Medieval Towns*, Oxfrod: Clarendon Press, 1977.

66. Reynolds, S., *Kingdoms and Communities in Western Europe,900–1300*, Oxfrod: Claredon Press, 1984.

67. Ridder–Symoens, H. D., *A History of the University in Europe, Vol. I: Universities in the Middle Ages*, Cambridge: Cambridge University Press, 1992.

68. Ridder–Symoens, H. D., *A History of the University in Europe, Vol. II: Universities in Early Modern Europe*, Cambridge: Cambridge University Press, 1996.

69. Rudy, W., *The Universities of Europe, 1100–1914: A History*, London and Toronto: Associated University Presses, Inc. 1984.

70. Sarton, G., *Introduction to the History of Science*, Vol.I & Vol.II, Huntington: Robert E. Krieger Publishing Co. Inc., 1931.

71. Southern, R. W., *Medieval Humanism and Other Studies*, Oxford: Basil Blackwell Publisher Ltd., 1970.

72. Southern, R. W., *The Making of the Middle Ages*, London: Arrow Books Ltd., 1953.

73. Stone, L., *The Past and the Present*, Boston, London and Henley: Routledge & Kegan Paul Ltd., 1981.

74. Swanson, R. N., *The Twelfth–century Renaissance*, Manchester and New York: Manchester University Press, 1999.

75. Thijssen, J. M. M. H., *Censure and Heresy at the University of Paris 1200–1400*, Philadelphia: University of Pennsylvania Press, 1998.

76. Thorndike, L., *A History of Magic and Experimental Science*, Vol.I, New York: Columbia University Press, 1947.

77. Thorndike, L., *A History of Magic and Experimental Science*, Vol.II, New York: Columbia University Press, 1949.

78. Thorndike, L., *Science and Thought in the Fifteenth Century*, New York: Columbia University Press, 1929.

79. Tierney, B., *Foundations of the Conciliar Theory: the Contribution of the Medieval Canonists from Gratian to the Great Schism*, Leiden · New York: Brill, 1998.

80. Tierney, B., *Origins of Papal Infallibility, 1150–1350*, Leiden · New York · Köln: E. J. Brill, 1988.

81. Tierney, B., *The Idea of Natural Rights: Studies on Natural Rights, Natural Law and Church Law, 1150–1625*, Atlanta: Scholars Press, 1997.

82. Ullmann, W., *Medieval Political Thought*, Harmondsworth: Penguin Books, 1975.

83. Ullmann, W., *Principles of Government and Politics in the Middle Ages*, London: Methuen & Co. Ltd., 1978.

84. Verger, J., *Men of Learning in Europe at the end of the Middle Ages*, Notre Dame: University of Notre Dame Press, 2000.

85. Wieruszowski, H., *The Medieval University: Masters, Students, Learning*, Princeton: D. Van Nostrand Company, Inc., 1966.

论文：

86. Aston, T. H., “Oxford's Medieval Alumni” , *Past and Present*, No.74. (Feb., 1977), pp.3–40.

87. Aston, T. H., “The Medieval Alumni of the University of Cambridge” , *Past and Present*, No.86. (Feb., 1980), pp.9–86.

88. Biddick, K., “Medieval English Peasants and Market Involvement” , *The Journal of Economic History*, Vol. 45, No. 4. (Dec., 1985), p.823–831.

89. Brockliss, L. W. B., “Patterns of Attendance at the University of Paris, 1400–1800” , *The Historical Journal*, Vol. 21, No. 3. (Sep., 1978), pp. 503–544.

90. Brockliss, L., Corporatism, "Church and State: The University of Paris, c. 1200–1968" , *Oxford Review of Education*, Vol. 23, No. 2. Writing University History. (Jun., 1997), pp. 217–222.

91. Brubacher, J. S., "The Autonomy of the University: How Independent is the Republic of Scholars" , *The Journal of Higher Education*, Vol. 38, No. 5. (May, 1967), pp. 237–249.

92. Charles T. D., "Education in Dante's Florence" , *Speculum*, Vol. 40, No. 3. (Jul., 1965), pp. 415–435.

93. Cobban, A. B., "Medieval Student Power" , *Past and Present*, No. 53. (Nov., 1971), pp. 28–66.

94. Courtenay, W. J., "Inquiry and Inqusition: Academic Freedom in Medeival Universities" , *Church History*, Vol. 58, No. 2. (Jun., 1989), pp.168–181.

95. Courtenay, W., "The Bible in the fourteenth Century: Some Observations" , *Church History*, Vol. 54, No. 2. (Jun., 1985), pp. 176–187.

96. De Wulf, M. "The Society of Nations in the Thirteenth Century" , *International Journal of Ethics*, Vol. 29, No. 2. (Jan., 1919), pp. 210–229.

97. Funkhouser, H. G., "A Note on a Tenth Century Graph", *Osiris*, Vol. 1, (Jan., 1936), pp. 260–262.

98. Gibson, S., "The Oldest Account Book of the University of Oxford" , *The English Historical Review*, Vol. 24, No. 96. (Oct., 1909), pp. 735–743.

99. Gross, C., "The Political Influence of the University of Paris in the Middle Ages" , *The American Historical Review*, Vol. 6, No. 3. (Apr., 1901), pp. 440–445.

100. Haskins, C. H., "Arabic Science in the Western Europe" , *Isis*, Vol. 7, No.3, (1925), pp. 478–485.

101. Haskins, C. H., "Latin Literature under Frederick II" , *Speculum*, Vol. 3, No. 2. (Apr., 1928), pp. 129–151.

102. Haskins, C. H., "Mediaeval Versions of the Posterior Analytics" , *Harvard Studies in Classical Philology*, Vol. 25, (1914), pp. 87–105.

103. Haskins, C. H., "The Latin Literature of Sport" , *Speculum*, Vol. 2, No. 3. (Jul., 1927), pp. 235–252.

104. Haskins, C. H., "The Life of Medieval Students as Illustrated by their

Letters" , *The American Historical Review*, Vol. 3, No. 2. (Jan., 1898), pp. 203–229.

105. Haskins, C. H., "The Spread of Ideas in the Middle Ages" , *Speculum*, Vol. 1, No. 1. (Jan., 1926), pp. 19–30.

106. Haskins, C. H., "The University of Paris in the Sermons of the Thirteenth Century", *The American Historical Review*, Vol. 10, No. 1. (Oct., 1904), pp. 1–27.

107. Haskins, G. L., "The University of Oxford and the 'Ius ubique docendi'" , *The English Historical Review*, Vol. 56, No. 222. (Apr., 1941), pp. 281–292.

108. Holland, T. E., "The Origin of the University of Oxford" , *The English Historical Review*, Vol. 6, No. 22. (Apr., 1891), pp. 238–249.

109. Jacob, E. F., "Petitions for Benefices from English Universities during Great Schism" , *Transactions of the Royal Historical Society*, Fourth Series, Vol. 27, (1945), pp. 41–59.

110. Kibre, P., "Scholarly Privileges: Their Roman Origins and Medieval Expression" , *The American Historical Review*, Vol. 59, No. 3. (Apr., 1954), pp. 543–567.

111. Kibre, P., "The Intellectual Interests Reflected in Libraries of the Fourteenth Centuries", *Journal of the History of Ideas*, Vol. 7, No. 3. (Jun., 1946), pp. 257–297.

112. King, E. B. "The De contemptu mundi Attributed to Grosseteste". *Speculum*, Uol. 58, No. 3. (Jul., 1983), pp. 724–726.

113. Koeppler, H., "Federick Barbarossa and the Schools of Bologna" , *The English Historical Review*, Vol. 54, No. 216. (Oct., 1939), pp. 577–607.

114. Leader, D. R., "Professorships and Academic Reform at Cambridge: 1482–1520" , *Sixteenth Century Journal*, Vol. 14, No. 2. (Summer, 1983), pp. 215–227.

115. Loomis, L. R., "Nationality at the Council of Constance: an Anglo-French Dispute" , *The American Historical Review*, Vol.44, No.3. (Apr., 1939), pp.508–527.

116. Makdisi, G., "The Scholastic Method in Medieval Education: An Inquiry into its Origins in Law and Theology" , *Speculum*, Vol. 49, No. 4. (Oct.,

1974), pp. 640–661.

117. Mckeon, P. R., "The Status of the University of Paris as Parens Scientiarum: An Episode in the Development of Its Autonomy" , *Speculum*, Vol. 39, No. 4. (Oct., 1964), pp. 651–675.

118. Mitchell, R. J., "English Law Students at Bologna in the Fifteenth Century" , *The English Historical Review*, Vol. 51, No. 202. (Apr., 1936), pp. 270–287.

119. Mitchell, R. J., "English Students at Padua" , 1460–75, (The Alexander Prize Essay), *Transactions of the Royal Historical Society*, 4th Ser., Vol. 19, (1936), pp. 101–117.

120. Poole, R. L., "The Masters of the Schools at Paris and Charters in John of Salisbury's Time" , *The English Historical Review*, Vol. 35, No. 139. (Jul., 1920), pp. 321–342.

121. Post, G., "Master's Salaries and Student–Fees in Mediaeval Universities" , *Speculum*, Vol. 7, No. 2. (Apr., 1932), pp. 181–198.

122. Post, G., "Parisian Masters as a Corporation, 1200–1246" , *Speculum*, Vol. 9, No. 4. (Oct., 1934), pp. 421–445.

123. Post, G., "Three Letters Relating to the University of Paris, ca. 1284–1289" , *Speculum*, Vol. 14, No. 4. (Oct., 1939), pp. 478–482.

124. Pregues, F., "Royal Support of Students in the Thirteenth Century" , *Speculum*, Vol.31, No.3. (Jul., 1956), pp. 454–462.

125. Reynolds, R. L., "Two Documents Concerning Elementary Education in 13th Genoa" , *Speculum*, Vol. 12, No. 2, (Apr., 1937), pp. 255–256.

126. Mckeon, R., "Rhetoric in the Middle Ages" , *Speculum*, Vol. 17, No.1, (Jan., 1942), pp. 1–32.

127. Sarton, G., "A History of Magic and Experimental Science during the First Thirteenth Centuries of Our Era" , *Isis*, Vol.6, No.1.(1924), pp.74–89.

128. Thorndike, L., "A Historical Background of Modern Science" , *The Scientific Monthly*, Vol.16, No.5. (May, 1923), pp. 488–497.

129. Thorndike, L., "A Historical Sketch of the Relationship between History and Science" , *The Scientific Monthly*, Vol. 26, No. 4. (Apr., 1928), pp. 342–345.

130. Thorndike, L., "Copyists' Final Jingles in Mediaeval Manuscripts" , *Speculum*, Vol.12, No.2. (Apr., 1937), p.268.

131. Thorndike, L., "Elementary and Secondary Education in the Middle Ages" , *Speculum*, Vol. 15, No. 4. (Oct., 1940), pp. 400–408.

132. Thorndike, L., "Mediaeval Interest in Intellectual History" , *Speculum*, Vol. 25, No. 1. (Jan., 1950), pp. 94–99.

133. Thorndike, L., "Mediaeval Magic and Science in the Seventeenth Century" , *Speculum*, Vol.28, No. 4. (Oct., 1953), pp. 692–704.

134. Thorndike, L., "Public Readings of New Works in Mediaeval Universities" , *Speculum*, Vol.1, No. 1. (Jan., 1926), pp. 101–103.

135. Thorndike, L., "Public Recitals in Universities of the Fifteenth Century" , *Speculum*, Vol. 3, No. 1. (Jan., 1928), pp. 104–105.

136. Thorndike, L., "Some Thirteenth-Century Classics" , *Speculum*, Vol. 2, No. 4. (Oct., 1927), pp. 374–384.

137. Thorndike, L., "The Survival of Mediaeval Intellectual Interests into Early Modern Times" , *Speculum*, Vol. 2, No. 2. (Apr., 1927), pp. 147–159.

138. Thorndike, L., "The True Roger Bacon, I" , *The American Historical Review*, Vol. 21, No. 2. (Jan., 1916), pp. 237–257.

139. Thorndike, L., "The True Roger Bacon, II" , *The American Historical Review*, Vol. 21, No. 3. (Apr., 1916), pp. 468–480.

140. Thorndike, L., "Whatever was, was Right" , *The American Historical Review*, Vol. 61, No. 2. (Jan., 1956), pp. 265–283.

141. Trompf, G. W., "The Concept of the Carolingian Renaissance" , *Journal of the History of Ideas*, Vol. 34, No. 1, (Jan. - Mar., 1973), pp. 3–26.

142. Watt, D. E. R., "University Clerks and Rolls of Petitions for Benefices" , *Speculum*, Vol.34, No. 2, (Apr., 1959), pp.213–229.

143. Weisheipl, J. A., "The Structure of the Arts Faculty in the Medieval University" , *British Journal of Educational Studies*, Vol. 19, No. 3. (Oct., 1971), pp. 263–271.

144. Wyatt, M., "The Universities of the Italian Renaissance by Paul F. Grendler" , *University of Toronto Quarterly*, Vol. 74, No. 1. (Winter, 2004), pp.393–395.

中文类

专著:

1. 陈曦文:《基督教与中世纪西欧社会》,中国青年出版社 1999 年版。
2. 程汉大:《英国司法制度史》,清华大学出版社 2007 年版。
3. 丛日云:《西方政治文化传统》,大连出版社 1996 年版。
4. 丛日云:《在上帝与恺撒之间:基督教二元政治观与近代自由主义》,生活·读书·新知三联书店 2003 年版。
5. 戴本博:《外国教育史》,人民教育出版社 1989 年版。
6. 杜美:《德国文化史》,北京大学出版社 1990 年版。
7. 何勤华:《西方法学史》,中国政法大学出版社 2003 年版。
8. 侯建新:《经济—社会史:历史研究的新方向》,商务印书馆 2002 年版。
9. 侯建新:《经济—社会史评论》(第一、二、三辑),生活·读书·新知三联书店 2005、2006、2007 年版。
10. 侯建新:《农民、市场与社会变迁——冀中 11 村透视并与英国乡村比较》,社会科学文献出版社 2002 年版。
11. 侯建新:《社会转型时期的西欧与中国》(第二版),高等教育出版社 2005 年版。
12. 侯建新:《现代化第一基石——农民个体力量增长与中世纪晚期社会变迁》,天津社会科学出版社 1991 年版。
13. 黄福涛:《外国高等教育史》,上海教育出版社 2003 年版。
14. 蒋孟引:《英国史》,中国科学出版社 1988 年版。
15. 李兴业:《巴黎大学》,湖南教育出版社 1988 年版。
16. 李志平:《中西医学史》,人民卫生出版社 1999 年版。
17. 梁慧星:《为权利而斗争》,中国法制出版社 2000 年版。
18. 刘城:《英国中世纪教会研究》,首都师范大学出版社 1996 年版。
19. 刘景华:《欧洲文艺复兴史·科学技术卷》,人民出版社 2008 年版。
20. 刘景华:《西欧中世纪城市新论》,湖南人民出版社 2000 年版。
21. 刘明翰:《欧洲文艺复兴史·教育卷》,人民出版社 2008 年版。
22. 刘明翰:《人类精神文明发展史》,中国青年出版社 2003 年版。
23. 刘新城:《西欧中世纪社会史研究》,人民出版社 2006 年版。
24. 刘泽华:《专制权力与中国社会》,天津古籍出版社 2005 年版。
25. 罗芃:《法国文化史》,北京大学出版社 1997 年版。

26. 马和民:《新编教育社会学》，华东师范大学出版社 2002 年版。
27. 马克垚:《英国封建社会研究》，北京大学出版社 2005 年版。
28. 马克垚:《中西封建社会比较研究》，学林出版社 1997 年版。
29. 潘懋元:《高等教育学》，福建教育出版社 1995 年版。
30. 彭小瑜:《教会法研究》，商务印书馆 2003 年版。
31. 钱乘旦:《英国文化模式溯源》，上海社会科学院出版社 2003 年版。
32. 滕大春:《外国教育通史》，山东教育出版社 1989 年版。
33. 王喜旺:《学术与教育的互动》，山西教育出版社 2008 年版。
34. 王亚平:《权力之争——中世纪西欧的君权与教权》，东方出版社 1995 年版。
35. 王亚平:《修道院的变迁》，东方出版社 1998 年版。
36. 吴敬梓:《儒林外史》，百花文艺出版社 2002 年版。
37. 吴康宁:《教育社会学》，人民教育出版社 1998 年版。
38. 徐浩、侯建新:《当代西方史学流派》，中国人民大学出版社 1996 年版。
39. 徐善伟:《东学西渐与西方文化的复兴》，上海人民出版社 2002 年版。
40. 阎康年:《牛顿的科学发现与科学思想》，湖南教育出版社 1989 年版。
41. 杨东平:《大学精神》，辽海出版社 2000 年版。
42. 杨东平:《通才教育论》，辽宁教育出版社 1989 年版。
43. 杨立德:《西南联大的斯芬克斯之谜》，云南人民出版社 2005 年版。
44. 姚介厚:《西欧文明》，中国社会科学出版社 2002 年版。
45. 张斌贤:《大学：自由、自治与控制》，北京师范大学出版社 2005 年版。
46. 张广智:《世界文化史》(古代卷)，浙江人民出版社 1999 年版。
47. 张芝联:《法国通史》，北京大学出版社 1989 年版。
48. 赵敦华:《基督教哲学 1500 年》，人民出版社 1994 年版。
49. 朱孝远:《近代欧洲的兴起》，学林出版社 1997 年版。

译著：

50. [比] 亨利·皮朗:《中世纪欧洲经济社会史》，乐文译，上海人民出版社 2001 年版。
51. [比] 亨利・皮雷纳:《中世纪的城市》，陈国樑译，商务印书馆 1985 年版。
52. [德] 汉斯 – 维尔纳・格茨:《中世纪生活》，王亚平译，东方出版社 2002 年版。
53. [德] 里夏德·范迪尔门:《欧洲近代生活——宗教、巫术、启蒙运动》，王亚平译，东方出版社 2005 年版。

54. [德] 马克思:《马克思恩格斯选集》(第四卷), 中共中央马克思恩格斯列宁斯大林著作编译局译, 人民出版社 1972 年版。
55. [德] 马克斯·韦伯:《经济与社会》(上、下), 林荣远译, 商务印书馆 1997 年版。
56. [德] 马克斯 · 韦伯:《新教伦理与资本主义精神》, 于晓等译, 陕西师范大学出版社 2006 年版。
57. [德] 诺贝特 · 埃利亚斯:《论文明、权力与知识》, 刘佳林译, 南京大学出版社 2005 年版。
58. [德] 诺贝特 · 埃利亚斯:《文明的进程》, 吴佩莉译, 生活 · 读书 · 新知三联书店 1999 年版。
59. [德] 约阿希姆 · 布姆克:《宫廷文化》(上、下), 何珊等译, 生活 · 读书 · 新知三联书店 2006 年版。
60. [法]P. 布瓦松纳:《中世纪欧洲生活和劳动》, 潘源来译, 商务印书馆 1985 年版。
61. [法] 爱弥尔·涂尔干:《教育思想的演进》, 李康译, 上海人民出版社 2006 年版。
62. [法] 费尔南 · 布罗代尔:《文明史纲》, 肖昶等译, 广西师范大学出版社 2003 年版。
63. [法] 基佐:《法国文明史》, 沅芷等译, 商务印书馆 1993 年版。
64. [法] 拉伯雷:《巨人传》, 胡茜译, 北岳文艺出版社 1992 年版。
65. [法] 马克·布洛赫:《封建社会》(上、下), 张绪山等译, 商务印书馆 2004 年版。
66. [法] 孟德斯鸠:《论法的精神》, 张雁深译, 商务印书馆 2004 年版。
67. [法] 让·韦尔东:《中世纪的旅行》, 赵克非译, 中国人民大学出版社 2007 年版。
68. [法] 瑟诺博斯:《法国史》, 沈炼之译, 商务印书馆 1964 年版。
69. [法] 雅克 · 勒高夫:《中世纪的知识分子》, 张弘译, 商务印书馆 1996 年版。
70. [法] 雅克 · 韦尔热:《中世纪大学》, 王晓辉译, 上海人民出版社 2007 年版。
71. [美] 沃伦 · 霍莱斯特:《欧洲中世纪简史》, 陶松寿译, 商务印书馆 1988 年版。
72. [美]E. P. 克伯雷:《外国教育史料》, 任宝祥主译, 华中师范大学出版社 1991 年版。
73. [美]M. 克莱因:《古今数学思想》(第一册), 张理京译, 上海科学技术出版社 1979 年版。
74. [美]P. K. 默顿:《十七世纪英国的科学、技术与社会》, 范岱年等译, 四川人民出版社 1986 年版。
75. [美]S. E. 佛罗斯特:《西方教育的历史和哲学基础》, 吴元训等译, 华夏出版社 1987 年版。

76. [美]W. H. 沃克迈斯特:《科学的哲学》，李德容译，商务印书馆 1996 年版。
77. [美] 阿尔文・施密特:《基督教对文明的影响》，汪晓丹等译，北京大学出版社 2004 年版。
78. [美] 爱德华・格兰特:《中世纪的物理科学思想》，郝刘祥译，复旦大学出版社 2000 年版。
79. [美]爱德华·麦克诺尔·伯恩斯:《世界文明史》(第一卷)，商务印书馆 1987 年版。
80. [美]爱因斯坦:《爱因斯坦文集》(第一卷)，许良英等译，商务印书馆 1976 年版。
81. [美]爱因斯坦:《爱因斯坦文集》(第三卷)，许良英等译，商务印书馆 1979 年版。
82. [美] 布鲁斯・雪莱:《基督教会史》，刘平译，北京大学出版社 2004 年版。
83. [美] 查尔斯・霍默・哈斯金斯:《12 世纪文艺复兴》，夏继果译，上海人民出版社 2005 年版。
84. [美] 戴维・S. 兰德斯:《国富国穷》，门洪华等译，新华出版社 2001 年版。
85. [美] 戴维・林德伯格:《西方科学的起源》，王珺等译，中国对外翻译出版公司 2001 年版。
86. [美] 格莱夫斯:《中世教育史》，吴康译，华东师范大学出版社 2005 年版。
87. [美] 哈罗德・J. 伯尔曼:《法律与革命》，贺卫方等译，中国大百科全书出版社 1993 年版。
88. [美] 贾恩弗兰科・波齐:《近代国家的发展——社会学导论》，沈汉译，商务印书馆 1997 年版。
89. [美] 克里斯托弗・道森:《宗教与西方文化的兴起》，长川某译，四川人民出版社 1989 年版。
90. [美] 林恩・桑戴克:《世界文化史》，陈廷璠译，上海三联书店 2005 年版。
91. [美] 罗伯特·E. 勒纳:《西方文明史》，王觉非等译，中国青年出版社 2003 年版。
92. [美] 诺斯:《西方世界的兴起》，张炳九译，学苑出版社 1988 年版。
93. [美] 乔治・霍兰・萨拜因:《政治学说史》(上)，盛葵阳等译，商务印书馆 1986 年版。
94. [美]汤普逊:《中世纪经济社会史》(上、下)，耿淡如译，商务印书馆 1997 年版。
95. [美] 汤普逊:《中世纪晚期欧洲经济社会史》，徐家玲等译，商务印书馆 1992 年版。
96. [美] 梯利:《西方哲学史》(增补修订版)，葛力译，商务印书馆 1995 年版。
97. [美] 威尔・杜兰:《世界文明史》，幼狮文化公司译，东方出版社 1999 年版。
98. [美] 威利斯顿・沃尔克:《基督教会史》，孙善玲等译，中国社会科学出版社 1991 年版。

99. [瑞士] 雅各布・布克哈特:《意大利文艺复兴时期的文化》，何新译，商务印书馆 1979 年版。

100. [意] 彼德罗・彭梵得:《罗马法教科书》，黄风译，中国政法大学出版社 2005 年版。

101. [意] 卡洛・奇波拉:《欧洲经济史》(第一卷)，徐璇译，商务印书馆 1988 年版。

102. [意] 卡斯蒂格略尼:《世界医学史》(第一卷)，北京医科大学医史教研室译，商务印书馆 1986 年版。

103. [英]M. M. 波斯坦:《剑桥欧洲经济史：中世纪的农业生活》，郎立华等译，经济科学出版社 2002 年版。

104. [英]A. J. M. 米尔恩:《人的权利与人的多样性——人权哲学》，夏勇等译，中国大百科全书出版社 1995 年版。

105. [英]A. N. 怀特海:《科学与近代世界》，何钦译，商务印书馆，1959 年版。

106. [英]W. C. 丹皮尔:《科学史及其与哲学和宗教的关系》，李珩译，广西师范大学出版社 2005 年版。

107. [英] 阿萨・勃里格斯:《英国社会史》，陈叔平等译，中国人民大学出版社 1959 年版。

108. [英] 安东尼・肯尼:《阿奎那》，黄勇译，中国社会科学出版社 1987 年版。

109. [英] 安东尼・肯尼:《威克利夫》，周晓亮译，中国社会科学出版社 1992 年版。

110. [英] 菲利普・沃尔夫:《欧洲的觉醒》，郑宇建等译，商务印书馆 1990 年版。

111. [英] 亨利・斯坦利・贝内特:《英国庄园生活：1150—1400 年农民生活状况研究》，龙秀清等译，上海人民出版社 2005 年版。

112. [英] 肯尼思・O. 摩根:《牛津英国通史》，王觉非等译，商务印书馆 1993 年版。

113. [英] 李约瑟:《中国科学技术史》(第二卷 科学思想史)，何兆武等译，科学出版社 1990 年版。

114. [英] 李约瑟:《中华科学文明史》(第一卷)，上海交通大学科学史系译，上海人民出版社 2001 年版。

115. [英] 理查德・亨利・托尼:《宗教与资本主义的兴起》，赵月瑟等译，上海译文出版社 2006 年版。

116. [英] 罗伊・波特:《剑桥医学史》，张大庆等译，吉林人民出版社 2000 年版。

117. [英] 迈克尔・曼:《社会权力的来源》，刘北成等译，上海人民出版社 2002 年版。

118. [英] 梅因:《古代法》，沈景一译，商务印书馆 1984 年版。

119. [英] 牛顿:《牛顿自然哲学著作选》，王福山等译，上海译文出版社 2001 年版。

120. [英]佩里·安德森:《绝对主义国家的系谱》，刘北成等译，上海人民出版社2001年版。
121. [英]托马斯·马丁·林赛:《宗教改革史》，孔祥民等译，商务印书馆1992年版。
122. [英]威廉·布莱克斯通:《英国法释义》，游云庭等译，上海人民出版社2006年版。
123. [英]伊丽莎白·里德姆－格林:《剑桥大学简史》，李自修译，山东画报出版社2007年版。
124. [英]约翰·亨利·纽曼:《大学的理想》，徐辉等译，浙江教育出版社2001年版。
125. [英]约翰·麦克曼勒斯:《牛津基督教史》，张景龙等译，贵州人民出版社1995年版。
126.《西方哲学原著选读》(上卷)，北京大学哲学系外国哲学史教研室编译，商务印书馆1981年版。

论文:

127. 陈洪捷:《何谓 studium generale ？》,《北京大学教育评论》，2006年第2期。
128. 陈日华:《中古英格兰地方自治研究》，天津师范大学2005年博士论文。
129. 从日云:《西方政治法律传统与近代人权学说》,《浙江学刊》，2003年第2期。
130. 何勤华:《中世纪西欧大学法学教育述略》,《法学评论》，1996年第5期。
131. 贺璋瑢:《中世纪神学中的理性思想》,《世界历史》，1991年第4期。
132. 侯建新:《“封建主义”概念辨析》,《中国社会科学》，2005年第6期。
133. 侯建新:《“主体权利”文本解读及其对西欧史研究的意义》,《史学理论研究》，2006年第1期。
134. 李曼丽:《关于“通识教育”概念内涵的讨论》,《清华大学教育研究》，1999年第1期。
135. 李中原:《罗马法在中世纪的成长》,《环球法律评论》，2006年第1期。
136. 刘景华:《封建时代中西城市比较的几个问题》,《天津师范大学学报》(社会科学版)，2007年第2期。
137. 沈文钦:《近代英国博雅教育思想及其古典渊源——概念史的视角》，北京大学2008年博士论文。
138. 王亚平:《浅析西欧中世纪社会中的权力和权利》,《天津师范大学学报》(社会科学版)，2005年第4期。

139. 吴忠:《自然法、自然规律与近代科学》,《自然辩证法通讯》, 1985 年第 6 期。
140. 张乃和:《近代英国法人观念的起源》,《世界历史》, 2005 年第 5 期。
141. 张绪山:《经院哲学: 近代科学思维之母体》,《经济—社会史评论》(第一辑), 2005 年。
142. 张绪山:《“学而优则仕” 传统之功过说》,《炎黄春秋》, 2007 年第 1 期。
143. 赵敦华:《大学的理念与科学民主的价值》,《北京大学教育评论》, 2005 年第 2 期。
144. 赵文洪:《中世纪欧洲的村庄自治》,《世界历史》, 2007 年第 3 期。

| 网络资源 |

1. Edwin, R., *John Wycliffe: Morning Star of The Reformation*, 见 http:// www. thirdmill. org/ files/ english/ html/ ch/CH.h.McLaughlin.Wyclif. html。
2. Gerald Cambrensis (1146–1223), 见 http://en.wikipedia.org/wiki/Gerald_of_Wales。
3. Zodiac, 见 http://baike.baidu.com/view/18592.htm。
4. 知识分子，见 http://baike.baidu.com/view/22129.htm。

后 记

对我而言，这本书像是一份迟交的作业。在交出作业之时，首先想到的是自己一路走来遇到的老师们。本书的出版，首先感谢我的导师侯建新教授。数年前，承蒙先生不弃，将一个对历史学懵懂无知的我招至门下。先生渊博的学识、宽广的理论视野、严谨的治学态度让我倍感崇敬。从选题时的循循善诱，到提纲的拟定以及写作过程中的悉心指导，都离不开老师的辛勤指导。该书成稿之后，导师在百忙之中通读全文，提出了许多宝贵的修改意见，使我受益匪浅。对于我这样一个跨专业的学生来说，如果没有导师的不断鼓励和谆谆教诲，本书难以付梓。先生强烈的问题意识和深切的现实情怀是我应该努力追随的，虽不能至，心向往之，心存敬畏。可以说，我之所以成为现在的我，都与老师多年来的耳提面命、言传身教分不开。

感谢刘景华教授、王亚平教授、孙立田教授和龙秀清教授，各位老师对我的教导、关怀与提携，一直令我十分感激。

此书的面世是我人生中的幸运！感谢天津师范大学历史文化学院和欧洲文明研究院各位同人的友谊和帮助。

感谢郭华、陈沛志两位同学，在异常艰辛的求学之旅中，幸亏有了你们的相伴与相助，使我不至于“独学无侣”。三人同住一屋檐下，潜心苦读、交流切磋的时光令人难忘。

感谢天津师范大学外国语学院的领导和同事，在我求学期间给予我的理解、关心与支持。感谢家人们的无私奉献和辛勤付出，他们帮我分担照顾家庭和孩子的重任，他们永远是激励我不断前行的坚强后盾。始终对女儿怀有歉疚之心。为了我的学习，仅仅两岁的女儿就开始品尝与母亲暂时分离的痛苦。当懂事的女儿搂着我的脖子说出“妈妈您好辛苦，我非常感谢您……”这些感人肺腑的话时我不禁潸然泪下。

关于著作本身，我所能说的只是这样一句话，尽管为它付出了近四年的辛劳，但它仍然只是我一个学术研究阶段上的成果，并且是更深入和全面研究的一个开端。如有谬误或引用不当，全由笔者负责并敬请原谅。

在此，对帮助过此书写作与出版的朋友们，深表谢意！